閩臺歷代方志集成・福建省志輯・第48册

福建省地方志編纂委員會 整理

[乾隆]
福建續志
（四）

（清）楊廷璋、定長 等修；
（清）沈廷芳、吴嗣富纂；（清）王傑補修
乾隆三十三年（一七六八年）刻本

SSAP
社會科學文獻出版社

福建續志卷四十一

人物一

昔有漢圏欽氏載筆陳留綱羅耆舊厥後汝南先賢諸傳嗣興於是品藻前修人操評旦其沿流廣矣閩南人士近世如何喬遠閩書號稱詳博而國史議其甄採頗繆於君子何哉蓋古今非常間生之材功德彰聞聲施宇內落落不過數人而外此或遵道終身潛光未顯或功名焜耀細行微愆以彼則是以此則非毀譽之端其有所試者蓋已鮮也然故國衣冠非無文獻海

濵閩氣代有偉人今理學諸賢旣巳登諸別簡其拔羣之彥則倣正史列傳例書之以紹前志而一行一技不與焉將所謂此邦之良庶幾瞭如指掌歟續人物志

福州府

唐

黄岳福州人博通經典尤邃歷數之學唐末由鄉貢入太學王審知爲威武節度聞其名累辟爲屬力辭不就無何審知受王封必欲起岳岳度不能拒遂投淵而死岳妻林曰夫能爲忠臣妾獨不能爲

忠臣婦乎亦投淵從之邦人爲立祠祀之又來徵

岳者崇舒趙田四人亦死十國春秋

五代

潘承祐晉安人初仕吳爲光州司法參軍因爭郡大

獄不得棄官歸閩仕至大理少卿王延政爲富沙

王時領鎮武節度使辟承祐爲度支判官時與延

羲構隙治兵相攻承祐極諫不納會福州使至富

沙王大閱甲卒以誇示之辭氣益悖承祐長跪切

諫王怒顧左右曰汝可爲我食判官肉承祐曰與

其不義而生孰若抱義而死早死爲幸久之乃解

及王稱殷帝以承祐爲吏部尚書俄加同平章事是時幸臣楊思恭用事承祐復與爭之陳奏十事書上削爵勒歸私第南唐查文徽破建州以禮致之元宗署爲衛尉少卿遷鴻臚卿委以南方之事升降人物制置郡縣數用其言薦陳誨林仁肇許文稹陳德誠鄭彥華多著功效老病乞骸骨以禮部尚書致仕隱於洪州西山卒子慎修入宋爲翰林侍讀學士有集五卷十國春秋

葉翹永福人博學質直王延鈞擢爲繼鵬友官六軍判官命繼鵬以師傅禮待之繼鵬嗣位進翹內宣

徽院使參政事繼鵬漸驕縱不與翹謀議一日方視朝翹衣道士衣服過庭中繼鵬召還曰軍國事殷久不接對孤之過也翹對曰老臣輔導無狀致陛下無一善可稱願乞骸骨繼鵬曰先帝以孤屬公政令不善公當極言奈何棄孤去厚賜金帛慰之元妃梁國夫人者李倣女也賢妃李春鸞被寵夫人頗不見答於繼鵬翹諫曰夫人先帝之甥也陛下聘以禮奈何因新愛而棄之如遺乎繼鵬不從未幾翹復上書言事遂署其楮尾曰一葉隨風落御溝放歸永福以壽終十國春秋

宋

李餘慶字昌宗亞荀從子起家應天府法曹叅軍知歸安縣判秀州爲石隄自平望至吳江捍除水患後知常州卒官家蘇州閩書叅浙江通志

劉渙字孟潛閩縣人太子洗馬仲甫之孫隱釣北溪之上歌詩自娛元祐中鄉人千餘薦之郡守許懋乞應逸民之詔懋聞於朝渙力辭不就子達夫字宜子元豐中入太學以父渙年老歲一歸省父卒隱居北山崇寧中舉遺逸有司以應詔授松江主簿擢温州教授有薦於朝者辭曰非志也遷越州

敎授卒闕書

李彌大字似矩彌遜弟崇寧進士以大臣薦召對除校書郎累遷起居郎試中書舍人同修國史童貫宣撫永興走馬承受白鍔恃貫不報師期彌大論之鍔坐除名彌大亦出知光州移知鄂州召爲給事中拜禮部侍郎除刑部尚書初朝廷許割三鎭界金人既而遣种師道師中援河北姚古援河東彌大上疏乞起河東路及京東近郡兵以濟師道師中之師爲腹背攻劫之圖遂除彌大河東宣撫副使張師正領勝捷軍敗於河東潰歸彌大誅之

復遣①餘卒援眞定餘卒叛宣撫罷命彌大知陝州建炎元年除知淮寧府尋召爲吏部侍郎帝如杭州命權紹興府試户部尚書兼侍讀呂頤浩視師以彌大爲參謀官彌大奏邊圉幸無他頤浩不宜輕動又言已爲天子從官非宰相可辟陛下必欲留臣當別爲一司伺察頤浩過失忤旨奪職歸知靜江府入爲工部尚書未幾罷去紹興十年卒年六十一宋史

陸蘊字敦信候官人少知名登進士爲太學春秋博士崇寧中歷官至太常少卿議原廟不合黜知瑞

校注：①遣

金縣還爲太常進國子祭酒累擢御史中丞蘊頗論事嘗言御筆一日數下而前後相違非所以重命令輔相大臣宦官戚里賜第營築縱徹民居縣官市材於民而不遺直貴游子弟以從官領閑局奉朝請爲員猥多無益於事又賜予過制中外用度多於賦入數幸私室乖尊卑之分亦非臣下之福以龍圖閣待制知福州改建州加顯謨閣直學士引疾提舉鴻慶宫方二浙用兵旁郡皆繕治守傋①蘊聞命就道使者劾爲避事奪職稍復集英殿修撰卒弟藻字敦禮由列曹侍郎出知泉州時蘊

校注：①備

方知建州過廨合樂燕歆邦人以爲盛事宋史參閩書

貴珪字元功候官人政和中辟海寧鹽官縣丞時方臘亂後給復三年俟停鹽法後復舉行帥府屬珪珪呼邑父老踰①之曰有司持此以供公吾寛若程督免若追胥若亦樂輸耶衆感泣踰月而辦紹興中累遷吏部郎嗜學不倦寓止必大書誠意正心四字於座右官杭日外臺有掾官寺進者欲進珪珪却之在吏部時中執法使所親語之曰將屈公再入臺中珪曰起居中丞某小人也乃班從官首某小人也乃班庶官此二人汙眼目敗名節如何

校注：①諭

不擊去如某安用之其卒也張九成銘其墓閩書浙江通志合參

吳昉字彥昭候官人建炎中權知荊南軍與賊戰歿
贈朝議大夫官其子閩書

林安上字民瞻長樂人歷國子博士累官福建兵馬
鈐轄安撫使廣東路經略使因劾丞相汪伯彥黃
潛善誤國不聽遂致仕閩書

張本中字崇正長樂人紹興初知陽山縣勞心撫字
循行阡陌察其豐儉施之以政士人婚喪以歌爲
禮本中嚴禁之閩書

林棨字國和長樂人通判紹興賑濟水災活二萬餘人累官兵部尚書禮部侍郎嘗陳岳飛之冤乞再加褒贈因得封鄂王然以劾朱子爲世所短閩書

王純字長紘閩縣人紹興中知崇安縣摘發奸伏吏憚其明他日數一吏罪過吏懼賂庖人置毒炊餅中食未畢丞入廨仆地卒後二日神附婢體踞榻坐請丞簿尉至斥吏杖數之曰諸公皆在好啓吾棺吏與庖人皆伏辜邑人哀祀之閩書

林安宅字居仁候官人紹興中知新昌縣改建學宮置田養士築東堤以禦水患浚七星井開孝義碑

洑縣渠自南入郭出西門與碘水合以溉民田新昌人稱縣令自宋中興後安宅爲最遷户部郎中孝宗即位擢左司郎中試右諫議大夫遷同知樞密院事兼權參知政事端明殿學士誥詞稱其剛毅直諒凛然立朝有古諍臣之節敏於從政爲時良吏之師閩書於越新編合纂

棐①紹閩縣人紹興十七年知龍泉令行禁止訟牒至庭燭見誠僞委曲開諭曉之以理習俗好爭敎以懲忿息怒全身養生率多感化閩書

陳衡字公權候官人父僖爲軍掌籍靖康初福州軍

校注：①葉

亂殺守臣柳廷俊朝廷將致討僖抱籍焚之家人恐禍及僖曰以一身易百千人命所甘也衡質亘嚴重對妻子未嘗見齒居鄉斂退樂易惟恐失色於人子孔碩歷官有名矣而訓飭彌厲平居告語要歸於守道循理愛人及物之意其卒也市里如悲親戚閩書

陳表臣字正甫永福人乾道中武舉知宜州經畧張玠邀功誣韋文仲等六十四人爲寇邊欲寘之死表臣按獄知其非辜必欲盡出之忿爭未決賦詩諷張遂得活爲政以循良稱閩書參正德府志

盧沂字詠道永福人榕子初尉東莞破劇賊綦和尚乾道中判韶州俄攝英州剿盜李全抑犯廣英人心驚潰簽判請棄城遁沂誓死守竟以獲全進二秩命遂卽真復與賊戰死高宗憫之官其子鑄閩書

韓璧長樂人淳熙中爲瓊管帥釐籍薄征敎以耕耨絀官吏無狀者爲民陳禮義廉恥之大端以開曉之又表從化者以厲不率出入阡陌勞來不怠期年民吏浹和黎人感悅乃作新州學海外之士皆有以自表於當世朱子爲作記閩書

林采字伯玉閩縣人淳熙中知遂昌縣新學①舍請還

校注：①舍

贍學金於郡括匿稅田於鄉以廩士旬有課季有考學者翕然向風核隱戶定稅名置都籍事無不舉　括蒼彙紀

陳伯霖字震之知泰州累官廣東經畧使龍圖閣學士嘉定中奉命使金以數言折服強敵人稱不辱　閩書

徐範字彝父候官人少孤刻苦授徒以養母與兄同舉於鄉入太學丞相趙汝愚去位祭酒李祥博士楊簡論救之俱被斥逐同舍①生議叩閽上書書已具忽夜傳韓侂胄將置言者重辟範之友勸止之

校注：①舍

範慨然曰業已書名矣尚何變書奏侂胄大怒各送五百里編管範謫臨海與兄歸同往禁錮十餘年登嘉定進士授清江縣尉辟江淮制置司準備差遣屬邊事紛紜營砦子弟募隸軍籍者未及涅洶洶相驚一夕秉燭招刺千餘人踊躍爭奮累遷國子監主簿入對言多事之秋所貴全萬民之命紓一時之急獨柰何坐視其無救而以虛文自蔽哉願懲既往一意養民以培國本毋外添差通判澤州湖湘大旱振救多裨益知邵武軍奔召赴行在言功利不若道德刑罰不若恩厚雜霸不若純

王異端不若儒術諛佞不若直諫便辟不若正人奢侈不若詩書盤遊不若節儉玩好不若宵衣旰食窮黷不若偃兵息民是非兩立明白易見幾微之際大體所關積習不移治道舛矣遷國子監丞以朝奉大夫致仕卒贈朝請大夫集英殿修撰宋史

王伯大字幼學福州人嘉定進士歷官國子正知臨江軍歲饑振荒有法民受其惠遷國子監丞知信陽軍改知池州端平三年進直寶謨閣樞密副承旨兼左司郎中進對言人主之患莫大乎處危亡而不知人臣之罪莫大乎知危亡而不言陛下親

政五年於茲盛德大業未能著見於天下而招天
下之謗議者何其籍籍而未已也議逸欲之害德
則天下將以陛下爲商紂周幽之人主議戚官近
習之撓政則天下將以朝廷爲恭顯許史武韋仇
魚之朝廷議姦儔佞朋之誤國則天下又將爲漢
黨錮元祐黨籍之君子數者皆犯前古危亡之轍
迹陛下誠能布所失於天下而不必曲爲之回護
凡人言之所不貸者一朝赫然而盡去之務使蠹
根悉拔孽種不留如日月之更如風雷之迅則天
下之謗不改而自息矣陛下何憚何疑而不爲此

哉又極言邊事曲盡事情後拜參知政事以監察御史陳垓論罷以資政殿學士知建寧府事寶祐元年卒宋史

林宋偉字力叟永福人在太學時袁公燮無罪而與羣小同被孽言去國士論不平宋偉送袁詩有云韓非老子俱同傳乞與時人子細看之句詩出名震輦下擢嘉定進士累佐浙幕平金人有功又督兵討沅溪削平猺洞三十一所破賊寨十一所降賊黨千五百餘人草告捷檄文氣甚壯移吉州倅進守湖北運判廣東提刑自稱橘園居士閩書

黃岌閩縣人紹定中知南雄州政先教化尤重表揚忠節久旱禱雨歷三晝夜歲以大稔秩滿遷廣東提舉奏蠲本州歲上供銀三千餘民祠祀之閩書

鄭寅字子敬永福人以父任補官歷知吉州召對言濟邸寃狀指斥權臣坐罷端平初調爲左司郎中兼權樞密院副都承旨又請爲濟邸立廟具言三邊無備宿患未除宜正綱紀抑僥倖裁濫賞汰冗兵以張國勢出知漳州除直寶章閣致仕卒寅靜重博洽多識典故家所藏書分爲七略曰經曰史曰子曰藝曰方伎曰文曰類眞德秀李燔陳宓皆

與爲友燔嘗疏薦海內名士十二人寅其一一云閩書

陳塏字子爽襄曾孫占籍嘉興端平二年登第①畧官右文殿修撰知平江府兼淮浙發運使以戶部侍郎趙必愿舉詔特轉一官遷大府卿終端明殿學士謚清毅塏爲司農時嘗上疏請進恬退斥容悅以勵士大夫廉恥養難進易退之風知太平州請蠲諸郡灾傷又發公帑代三縣輸折絲帛錢五十萬九千三百六十餘貫屢歷麾節軍民愛戴而尤樂薦士著可齋瓿稿二十卷萬曆府志

林公玉字文振連江人年十三善屬文與兄宜高同

校注：①累

舉淳祐進士調建武教授郡初未有登第者公玉嚴課試勤導撙節浮費發貢士莊由是舉進士者興内州等郡人因祠公玉①於學嘗校文懷澤其郡守怙權黷貨私囑公玉爲取士公玉指天誓曰義不爲屈後終太學博士自號雙澗正德府志

何仲慈字伯齋福清人理宗朝應薦舉判興化軍廉謹方正莅官肅若神明不畏强禦有犯法雖權貴亦不貸吏民服之福建通志

林畊閩縣人景定二年以太常丞攝惠州事嘗察盜得其情諭之曰人性未嘗不善汝亟自新因遺錢

校注：①玉

三縉釋之盜感泣自是境内無盜閩書

王霖龍福州人景定五年任浦江知縣有兄弟訟者霖龍愀然曰是明倫之化未孚也令與有責乃授以孝經朝夕誦習由是感悟和好如初遶嶠村氓久不輸賦霖龍移文呼之氓欣然相率拜庭下曰吾侯清聲稔矣何幸得親見耶悉完積負後轉奉議郎東陽續志

鄭思肖字憶翁連江人父震字叔起道學君子思肖由上舍生應博學宏詞科元兵南下扣閽上太皇太后幼主疏辭切直忤當路不報初名某宋亡乃

改今名思肖即思趙子孫一身念念不忘君形於詩文坐卧不北向扁其室曰本穴世界以本字之十置下文則宋也精墨蘭自更祚後爲蘭不畫土根或問其故則云地爲人奪去汝猶不知耶趙孟頫才名重當世思肖惡其宗室而受元聘遂與之絕孟頫數往候之終不得見自是行無定跡疾亟時屬其友唐東嶼曰思肖死矣煩爲書大宋不忠不孝鄭思肖語訖而絕蘇州府志

林谷字聲之閩縣人①家泉州知上虞縣通判嚴州以倪思薦召審察時權臣專國有欲婿之者挽谷輸

校注：①家

金爲壽谷歎曰資生攻苦俸錢尚不敢多取焉有以奉權要若然審察餉我耳徑注潮州通判歸谷善審訟或疑其以數鉤索笑曰吾臨事無私心子灝知寧化縣閩書

元

賴天賦閩縣人至正中舉人任興寧簿縣有賊屯兵龍母砦出與戰敗績賊追執之不屈死閩書

明

王孟字文浩①福清人洪武中以明經薦授如皋教諭歐鹽城擢國子博士永樂初擢大理評事文皇②嘉

校注：①浩　②皇

其明允御書葵軒二字賜之出知沔陽州有惠政召修大典卒於京孟性勁直居官所至以清著名萬歷府志

趙明字景純閩縣人洪武中由國子生拜監察御史與同列七人俱忤旨處以大辟明獨以狀貌英偉特赦爲民三十一年以薦授閩清縣學訓導永樂初擢知上饒縣乞仍舊職以便養親不許既抵任悉心民事正風俗革吏弊均賦役息盜賊治聲茂著在官三載日維二食及卒衣笥中餘白金一兩邑人哀之如失父母立廟祀焉明人物考

林源字士仁長樂人洪武間中應天鄉試永樂初知餘杭縣首興學校勸課生徒科目得人爲盛均賦役緩催科凡部使行縣詢林令莫不以公勤廉敏稱云杭州府志

蕭福福清人洪武末以儒士授嘉興縣典史廉勤寬恕爭訟者咸稱其平雖處卑官而理劇餘閒讀書講學不輟也永樂元年又補樂安典史其聲無改於嘉興錚擢爲監察御史萬歷府志

陳灝字繼周長樂人永樂丁酉鄉薦授松陽訓導①擢監察御史疏劾左右姦貪置於法以僉事督學山

校注：①擢

西轉陝西按察使致仕初灝爲教官時同郡嚴烜薦其才於朝及灝爲監察御史克舉其職故世以烜爲知人廣東通志

吳復閩縣人由吏員任吳縣主簿改豐濟倉大使宣德九年知府況鍾知其能擢知吳縣有治績陞工部主事侍郎周忱巡撫江蘇辟爲屬椽累官通政司右通政尋遷工部右侍郎天順甲申致仕歸卒復莅官淳厚明敏綽著能聲分省人物考參蘇州府志

翁瑛福州人四歲能誦古詩丁酉薦於鄉洪熙乙巳授仁化教諭日進諸生講學時鄰近失火勢將入

學舍①瑛稽顙籲天俄風返火息遭外艱歸卜葬父於石廊山山多虎且陰雨浹旬人無所用力瑛號泣禱於天明日雨止虎亦斂跡服滿典教桐鄉時桐鄉新置縣未有廟學瑛度地鳩材始作之又以內艱歸後歷國子助教帝視學講先聖明日入謝各賜衣一襲錫宴於奉天門瑛雍容進退動中禮度四月陞翰林檢討分省人物考

鄭序字志禮長樂人正統進士歷兵部郎中湖廣參議時列郡歲祲荆襄盜起都御史督賦趣辦朝夕序寬簡如平時曰寧我得罪不忍吾民顛沛也都

校注：①舍

御史以序非理劾才牒吏部更任序遂乞休居家三十餘年年九十卒萬曆府志

陳叔紹名振以字行閩縣人精春秋學少無宦①情劉忠愍球與其兄叔剛善勸之仕補博士弟子年三十矣正統中舉進士選監察御史景泰初朝廷多故臺中建白彈擊皆叔紹率先擢湖廣副使叔紹有孝行母病嘗糞以驗差劇叔剛没孤煒甫十歲叔紹撫成之閩人至今稱焉

何顯字繼善閩縣人成化進士歷知湖州府屬邑安吉孝豐民頑獷顯奏改安吉爲州治其尤無良者

校注：①宦

一方遂安胡安定書院祭田久入於僧寺顯歸其裔孫明仍增祭田湖人頌焉陞浙江參政以忤瑾編管瑾誅起貴州參政有事鎮算調發給餉以功受賞性豈弟敦樸經學精深奉親睦族嘗極力爲之蒞官至誠愛人去後民爲立碑正德府志

王俊字世美閩縣人成化進士選庶吉士改户部員外郎陞袁州知府政令明肅吏民畏憚修學宫建大成殿新明倫堂課授生徒時臨稽閱一時士風翕然振起九載治平陞廣東參政撫化獞猺廣人深戴之袁州府志參萬歷府志

鄭烱字叔亮閩縣人成化進士歷户部郎中奉命總理宣府糧儲悉清宿弊四川歲歉爲建救荒之策寢鬻爵之議陞貴州右叅政彝以中傷左遷廉州知府勤政慎刑恤民興學吏民畏愛之正德府志

林鎮字世堅懷安人成化進士歷湖廣叅議改貴州鎮言若不出口而議論縝密在部諸司奏草多鎮許定然性恬淡薄於進取未六十致仕結廬叅山之麓琴書自娛足不至城府者十餘年卒正德府志

林璧字世調閩縣人辛卯與仲弟璧同鄉舉璧登壬辰進士授工部主事歷湖廣叅政廣西左布政居

毋喪終制無意仕進卒年六十五號塈坦東有器量湖廣視藩篆政務叢委處之裕如在廣抑柄臣進香之擾時議縮諸生費塈曰為國育材奚費焉又有窮治驛私廩者塈曰法去太甚官徵祿薄未易責之深也居官囊無餘貲所著有愧蘧集塈字世南成化戊戌進士授工部主事歷貴州右叅議塈靜黙有思荆州算商往往苛細漁贏利塈至罷之僧道僧緣內降給度歲且數萬人塈白宗伯論罷時韙其議正德府志

鄧焯字廷昭閩縣人成化進士授南京刑部主事歷

郎中議獄必究情理出爲雲南右參議釐弊興利

築嵩明城民免夷寇之患丁巳會試同考官得士

有知人之鑑論貴賤禍福多奇中詩文恒追古作

者弟燧字廷曜亦成化進士選翰林院庶吉士授

編修預修憲廟實錄進侍講正德府志

陳仲堅福州人成化舉人宏治初知麗水縣發摘如

神吏民無敢欺者凡鄰邑疑獄上官必檄往核實

每得其情遷廣信通判歸貧不能自存括蒼彙紀

林瑭字廷玉侯官人成化進士觀政刑部檄修周藩

塋域區畫有方撫臣上其事由行人遷監察御史

巡按雲南勦鐵索箐寇滅之督學南畿嚴考校公勸懲學者相慶得師卒於官配眞德秀列祀學宮象萬歷府志

鄭昇字仲平侯官人成化癸卯舉人署揭陽教諭問學該博歷寒暑必衣冠與諸生訓解經義嘗和龜山此日不再得詩以勵之時有議省學倉歸邑者昇爭之曰此祖宗成法不可變也使吾師生候支於有司豈所以養士哉巡撫是之嶺東道學倉賴以不廢陞國子助教官終岷府長史萬歷府志

黃源大字子通閩縣人成化舉人正德間任襄陽教

授嚴立科條敎諸生日夜不怠轉知瑞昌縣有介節不爲事物屈撓興利祛弊政績丕著明一統志

張澤字孔仁閩縣人幼孤讀書自奮成化甲辰成進士歷大理寺正持心公恕獄案遇當駁者必付回原問至再方議駁多賴平反有棘臺駁稿二卷陞廣東按察僉事卒於潮正德府志

陳元憲字一章連江人宏治鄉薦授崇明令邑有豪族施氏紐氏爭田鬭殺各聚衆千餘人官捕懼誅遂航海爲盜元憲招令復業尋陞臨江通判政尚廉平會大帽山賊掠諸郡縣元憲以兵討之俘獲

甚衆內五十餘人販商也太守疑為盜元憲鞫得其實縱遣之尋遷雲南提舉子秉誠秉讜俱登賢書分省人物考參江西通志

廖雲騰字時和懷安人宏治進士歷刑部郎中清白自厲每自公歸閉門謝客出則加鑰戒家人無擅納書問嘗論讞與部堂不合乃以病告刑曹所轄多負權撓法雲騰初至多忤久察其狷介無敢以私干奉命按蔚州貴戚獄舉正其罪抵死者二人有尊官被訐奏者法當就獄力求免執之甚堅或諷以自保之策曰吾行且謀歸安能曲法事貴人

平居簡靜退遜若易與者臨事毅然莫奪處家孝
友約於自奉布袍蔬食如士時著有雲亭稿正德府志
黃泗字尚孔福清人宏治舉人知興國縣邑當焚蕩
之餘民日夜恐寇至乃募壯丁守城沿城置警鋪
二十四以處之建樓城上重構文廟齋廡而按追
田塘之侵蝕者以贍學毀諸淫祠改建二程祠移
安湖書院於學舍時王守仁方撫虔唐龍視學江
西俱極嘉獎之江西通志
鄭伯和字節之閩縣人宏治舉人授州學正轉國子
博士秩滿當遷吏部郎薛蕙其門人也欲援之伯

和固求散地乃以爲壽府長史久之致仕歸伯和未第時以禮經授門下士甚衆及爲敎職不樂他徙歸後猶誨誘後進不倦天性至孝嫡母林幼撫有恩遇忌日必哀慕年逾六十祭猶泣下親黨貧者隨厚薄周給力雖不足而意每有餘鄉人咸敬服其德焉萬曆府志

謝天錫字廷爵福清人正德進士授行人奉命山西公暇輒敎授生徒非人因得傳其經學歷監察御史巡按北直隸衡水及魏縣苦洪水田稅糧多負乃爲開渠數千丈人德之爲立碑記再按廣西卒

於官有静軒集正德府志

藍淦字德深閩縣人正德舉人嘉靖間令湖口素性清苦以勸士課農爲務嘗夜半微行見二婦人績久而饑家中獨有酒一瞿議存清者飲客濁者自飲至底無濁置酒歎曰是酒一清徹底有如藍君矣翌日召兩婦厚賜之巡按御史至立清廉貪酷四表令屬吏自揣立位次衆莫敢措步淦攝衣直趣廉字下御史曰藍令之賢尚未止此當更進一步卽以嶺北一人薦之以陞去民遮道攀轅作去思亭江西通志

方日乾字體道福清人嘉靖進士任德清縣下車召邑中父老咨詢民隱剗剔吏弊凡廟學公宇釐然整頓時阻歉多方賑貸民得不饑縣志久缺考訂勒成一書擢御史在臺論事通達國體畿輔通志

李性字仲復長樂人嘉靖進士知東莞縣不以家累隨政尚平易而公庭肅清吏胥望而畏之時勢豪奪海利性追而歸之蛋民徭役悉均里甲不擾官至辰州知府廣東通志

袁成能字從道閩縣人嘉靖舉人授太平教諭歷官太僕少卿未上卒於道成能仕三十餘年未嘗治

生產俸入與兄弟共之縉紳高其行義其卒也旅於常德府之傳舍囊無貲童僕方悲號有龍翔霄者罷郡家居素重戍能買棺斂之及葬卜地又力不能售鄉人聞爲袁太僕也割數畝以讓不取其直萬歷府志

陳京字世周懷安人嘉靖進士由大理寺正出知金華府政持大體不事煩苛有鄉官乞城中隙地京拒之曰是安可以私與人也當道檄與之竟不聽有舊坊久毀復建或告宜鐫巨室姓名京曰郡守惟經野建學通商惠工吾事也他何問乎於勢要

一無所阿嚴禁溺女所活以千百計以病乞歸萬歷金華府志

王鈛字公儀候官人嘉靖進士南京户部主事左遷瑞金令廉明強幹政教兼舉有山賊其鳩衆竊發鈛多方備禦時出偏師以挫其鋒又平陳奮之寇邑以敉寧遷東平知州終紹興知府江西通志

藍濟卿字用楫候官人嘉靖進士時弱冠賜歸娶初授中書冊封河南徽府尋遷四川道御史以議大禮幾陷不測又忤權貴謫判宿州改知弋陽後擢户部員外晉郎中奉勘浙江災傷歷梧州知府以

終養歸卒舊福建通志

翁世經字可直福清人嘉靖進士授户部主事歷員外郎中擢梧州守官終廣東布政世經峻潔有才在郎署著聲爲郡釐剔積弊梧人稱便撫臣至下其法爲列郡式秩滿觀風使者奏留之郡人立祠以祀梧州志

鄭元韶字善夫候官人嘉靖中任松江同知會巡撫林潤奏請履畝均糧元韶以才望擢按察司僉事賜勅專理徧歷阡陌畫①經界繪形版籍書其步積之數乃量腴瘠分上中下以定賦復請以五年一

校注：①畫

編徑役著爲令自是民户一年力役得五載休息焉江西通志

王應槐字汝旦閩縣人嘉靖鄉薦授高唐州學正服闋再補太倉州應槐敦尚氣節以方正率士州守廷辱士應槐叱守白其冤即拂衣歸年三十餘以尚書教授子弟家徒四壁窮約終身萬歷府志

林偕春字孚元閩縣人嘉靖進士選庶吉士授檢討草張居正誥詞無所誇飾居正憾之改湖廣副使遂請罷報可居正敗起浙江提學副使裁鑒精審請寄無所受會稽陶望齡客遊燕及補試偕春奇

其文以冠其軍于廪餼誦言兩浙士有先望斷舉者吾不相文後名第相待人服其神識性骯髒不能事權貴屢起屢廢仕終湖廣參政獻徵錄參分省人物考

洪世文字國華閩縣人英曾孫暄子嘉靖進士由户部擢湖廣參議浙江山東副使世文歷楚藩有平徭功轉浙僉倭亂戢暴掠居齊值歲荒廣賑濟民皆德之築以母老乞終養承歡者十年弟世武殁爲撫其孤世武嘉靖丙午鄉薦第一名終評事書得蘭亭筆法有詩名萬歷府志

黄功懋閩縣人以户部郎中任嚴州至郡卽語寮屬

曰兹郡幸無髖髀焉用斤斧况大荒之後生理殊
艱道宜寬恤惟盜賊竊發獨嚴比閭之法萑苻潛
消四郊無警時遇洪水入城乃設糜分給及赤旱
經旬百計虔禱甘澍立沛叉發倉賑饑建躍龍亭
民藉寧謐萬歷嚴州府志

張德熹字宗儒福清人嘉靖進士授寧波府推官決
獄精明處以詳慎考律例參輿論不以明察自矜
昌國卒奪人妻致夫婦自縊獄數年不決慈溪民
爭水殺人自殺其家之尫瘠者以互毆訐德熹一
訊而服鄞民市於海濱賊數人殺而攘其貨德熹

偵得其人金貨置諸法豪族殺人沉諸河驗其實坐之不以勢免其明敏果斷皆此類也獄中瘦驗囚非當死者皆縱之歸如期赴獄無後者遇火往救之火隨滅人以爲誠信所感赴京擢户部主事遷工部郎中總理河道浙江通志寧波府志合纂

王希周字文治閩縣人嘉靖舉人授瑞安教諭秉性沖夷持身端謹士之貧者常捐貲恤之士以是愛而懷焉擢和平知縣僅三月東埧居民張德傑有鄰邑人寄宿去通判黃隹以爲盜縱牙爪捕之急德傑受迫而死因言東埧居民盡窩盜欲屠之促

縣同舉希周不聽夜勃開門發兵希周曰事急矣無如之何遂拔劍自刎倅乃止參瑞安縣志惠州府志

林森字起新閩縣人嘉靖鄉薦知嵊縣奉母孝嘗曰吾無以慰母惟當爲好官耳舊有糧長常例金森革之每恤困窮抑豪右定圖均役吏胥束手調象山行李蕭瑟里老醵金爲贐卒不受其治象山有定海富民以寃下獄讞者多避嫌不决其子叩登聞理父寃事下命森鞫之森白其寃前後被薦陞知均州紹興寧波二府志合纂

陳懋觀字孔質長樂人嘉靖進士知會稽縣甫數月

政聲流浹以憂歸服除適山陰令缺邑人願得慥觀遂補山陰慥觀爲人廉靜寬和順民好惡緩征簡訟恬淡若寒士邑當前令暴虐之後民喜若更生拜給事中以言事謫推官調南京吏部郎中出爲廬州知府遇士以禮斷獄不輕入人罪士民愛慕不啻會稽山陰也舜入覲還渡淮舟覆不死人謂天實庇之舜卒於官越民祠於卧龍山麓紹興廬州二府志合纂

鄭惇典字君勑候官人嘉靖進士授無爲知縣歷刑部郎中出知袁州府撙循貧弱禁戢豪強清逋負

節浮冗境內肅然袁人爲之謠曰抱案吏從冰上立訴寃人向鏡中來先在無爲築圩以障水患民至今德之萍鄉縣志無爲州志合纂

林世章字尚闇長樂人嘉靖進士授吉安教授敦行誼葺白鷺書院以居弟子遷國子監博士轉南京工部主事歷郎中以水衡督課眞州平價懲猾立短載法收濱江浮屍瘞之置義冢買園供祀眞之商民德焉尋請告歸平生語絕緣飾於世味一無嗜好身不衣帛分產義讓其兄暇則課耕灌園以養方廸子弟卒鄭世威銘其墓萬歷府志

陳繼衡長樂人萬曆進士知溫州府設策平伏莽之奸①措餉安脫巾之伍葺理學宮修築塡埭汰庫頭以便僉收調沂邑以絕侵漁惠政傳於一時溫州府志

游廷柏福清人萬曆舉人以戶部郎中出守永州識精才朗善詞賦兼精行草其於法紀持正不阿府治後有東湖逼近高牆使宅遂爲所匿廷柏檢郡志勒令還官猶以厚貲託有力者札三上廷柏不答湖左有輝山綠井亦爲他豪占廷柏悉清復之譙樓圮捐俸以新尋告歸永人懷焉永州府志

施三捷字紹泰福清人萬曆舉人知嵊縣强毅有爲

校注：①奸

尤精於律吏無敢骫法待士有禮有私謁者謝不受上官皆敬憚之建南橋邑人名以施恩陞順天府推官嵊縣志

薛應齡福清人天啓恩貢任鄧州州同平易近民民愛服之崇正丁丑春流寇數萬逼鄧城衆議撤外城守內城應齡曰外籬旣撤內豈能保督丁壯力戰而死家人盡殉於河御史劉令譽以聞詔䘏鄧州知州廕一子世襲縣志

陳一新字惺初候官人崇正歲貢授遂昌訓導以薦辟知雲南定遠縣有黑琅二井俱屬內界居民向

食餘鹽時奉有計口食鹽之令一新極力請蠲十①司貢嵎害民以計擒治有婦朱氏前令以謀殺夫擬磔一新詳鞫得情白其寃衆服其明舊福建通志

林英字雲夫福清人崇正歲貢積學負文名任昆明令俗多輕生英嚴反坐之禁澆風以戢有藩司吏茍體乾手斃僕置古井誣他人以償英突至其家執其稚子詰得其實置體乾於辟人服其神明舊福建通志

鄭羽儀字敬生閩縣人崇正癸未進士授中書舍人典試粤中明亡殉難著有戴禮新旨福建通志

校注：①土

人物二

國朝

張可立字蔚生福清人順治乙未進士授萊陽令履畝清丈民德之改興化令開濬市河設立藥局息訟省刑水旱災傷必上籲得請後巳邑志散佚聘名士排纂焉晉知凉州值王師西征有强卒虐民可立抗論置之法禁旅肅然攝凉莊道擢刑部郎中治獄多平反年七十餘致仕卒崇祀鄉賢子晟西安通判江南通志

陳魁宇字學薦福清人康熙丁未進士耿逆變僞遊擊迫脅紳士助餉魁宇不從軍士羣毆之遂逃匿深山逆黨平錄用靖節士夫魁宇未及受職而卒雍正二年督撫奏請祀忠義祠福清縣志

李燦字君發宋延平先生裔孫先世遷候官燦與兄尚斌鍵戶讀書尚斌補博士弟子終魏縣令燦以閩清籍登康熙丁未武進士甲寅吳三桂反總督董衛國薦燦於　安親王隸將軍石進麾下數立戰功隨征建昌後營將縱兵擄民間子女燦爲親送寧家凡四百餘人丙寅春江西賊韓大任據吉

安勢方張城外列舟師犄角燦夜半以兵百小舟

五襲其水寨奪巨艦九以歸自是賊喪膽撤水柵

兵明年三月城内賊急渡江燦同水師將沈甸侯

進截戰達旦斬獲無數大任大懼遂棄城遁偪復

吉安燦功居多戊午燦以遊擊隨將軍林興洙用

兵長沙大小數十戰皆捷賊走衡州追奔三百里

進復寶慶次紫陽河鏖戰三晝夜大勝之有營卒

奪八子女白將軍還十二人抵卒於法庚申五月

督師由沅州進貴州力戰連勝隨王圍雲南省城

雲南平累陞至貴州銅仁協副將擢福建金門總

兵卒於銅仁燦號令嚴明法無濫及雲南之平以功獲賚美女十六初陽受隨悉召其親還之子培坊皆縣令有政績陳宏謀撰傳

陳一夔字瞿石候官人丹赤長子丹赤死節一夔年甫十三已露頭角耿逆欲芟夷之晦跡得免康熙癸酉耿逆平一夔列其父殉節事上於　朝　賜謚忠毅一夔以難廕入監授浙江安吉知州甫下車立十戶督催單聽民封兌自投匱里胥不能爲奸徵漕斛躬履各倉廠較量斗斛除浮滿諸弊毀淫祠葺雉堞修學校建橋梁利無弗舉以卓異擢

兵部武選員外郎陞刑部郎中出知湖州絶請託
却苞苴捐修文廟兼造諸祭器率博士生徒訂鐘
鼓柷梧悉如古法而於生民利弊尤加意抉剔請
減米價以救德安之饑緩漕徵以甦蝗傷之困勘
水利以備旱澇戢匪奸以靖里閭吳興七州縣無
遺便任湖十三年罷官起知寧波府攝兩浙鹽法
道事明年杭州饑出廩賑之計口授粥計粥給米
全活無算有王士元者自稱明宗室盜魁張念一
輩從而和之煽惑愚民　上命大臣會督撫訊鞫
委一夔辨之爲審其虛實按律詳整剖晰無枉遂

成定讞尋擢糧儲道以疾卒湖人立碑以紀其績
祀名宦祠陳氏家傳
陳書字犄卿長樂人性豁達八歲失怙事母以孝勤
讀書爲文自成一家康熙辛酉舉人授安仁令值
有南獄差革在例以蘇百姓訪苗之詐術者按治
之刁風以息丁內艱服闋補通江令減茶稅革重
耗詳免加賦民德之壬午乙酉分闈校士俱稱得
人爲治務德化不事刑威擢刑部廣東司主事歷
浙江道監察御史法司會讞多平反不肯阿狥巡
視中城神奸巨棍訪治殆盡掌登聞院及掌江南

四道事凡所條奏多稱　旨在臺數載　賜御纂經書及佩文韻府等集後卒京邸祀楚蜀名宦入本縣鄉賢祠縣志

陳子威字其畏閩縣諸生康熙十七年海上寇擾子威與其叔君翼獻策軍門曰寇所恃者沿海之人爲之耳目故鴟張豕突猝不易制若聯絡海上漁艘斷其聲援賊不難盡矣撫軍吳興祚善其言啓

康親王入見備陳內地奸宄遂招募鄉勇澳民三千名建聯絡營給聯絡僉事道劄所在勦捕歷著戰功克復金門廈門與塗澎湖招撫臺灣等處

輿祥上其事授南韶道遷涼莊鄖襄參政致仕歸生平長於詩有嵩山詩集君翼閩縣貢生授聯絡通判劄擒僞都督章元勳又追殺僞將王亮歷戰有功卒於軍子瀛襲授金華府通判府志

龔嶸字岱生閩縣人父其裕際耿亂領鄉兵隨將軍進勦躬爲嚮導復江西上高新昌二縣以功授吉安府陞兩淮鹽運使力除鹺弊民德之嶸爲其裕長子弱冠隨父任吉安阻於耿亂不得歸鄉試以父命勉就縣職授餘杭令嶸稔知諸弊下車即戢營丁禁關役甦派累葺城垣新文廟創義學以及

開渠築堤百廢具舉尤長於讞鞫有某生以奸殺其僕坎而埋之截其足枝指投路若虎傷者嶸推勘得其屍處而置生於法衆乃大服擢松江府崇明海漲嶸渡海安集災黎全活以千數調保定守直屬三木之刑製短僅尺且不鑿臼寃者往往畏刑誣服嶸力請更之清監獄恤驛遞格蝗蝻開河渠政勤而利無不舉擢江西饒九南道饒爲江湖窟穴號難治嶸至法立令行萬年都綱煽變嶸策款段疾行數百里抵縣召衆從容曉譬以散其黨刑渠魁一二人奸謀遂寢嘗見鎖闈湫隘乃捐俸

尨材拓屋五百餘間都人士以爲盛舉歷任四十餘年而歸宦橐蕭然年六十七卒吳文煥撰誌銘

李馥字汝嘉福清人康熙甲子舉人任工部員外轉刑部郎中以治九門提督陶和器獄有聲出守重慶郡經流寇亂後田賦無考馥履畝清丈侵佔弊息遷河東運使調蘇松常鎮道晉江蘇按察制府擒治奸民株連百餘人馥察其寃溢①者盡白釋之轉安徽布政巡撫浙江時亢旱請截漕二十萬民不知饑又漕米例用白糧馥疏請兼收紅白民便之以失糾屬員去任馥家素封義所得爲必勇爲

校注：①濫

之在官以廉慎稱家遂中落歸田二十年借屋以棲怡然自樂與士大夫文酒往還年八十餘重宴鹿鳴文數年卒府志

陳學孔字集斯號紫山侯官人康熙庚午舉人父恭六安州牧遏惡旌善爲政寬猛兼濟州人德之居家以孝友稱學孔夙秉庭訓篤學勵行初知遂安縣剖獄如神飛蝗入境爲文禳之即去歲饑力請賑卹按戶載冊計口給糧吏胥無絲毫中飽行取擢戶部主事釐清曹務擢河南道御史凡國家建置與民生之欲惡利弊知無不言一時想望丰采

稱爲眞御史數年乞歸築室道山之麓與二三老友唱和著有道山堂詩文集從兄學夔康熙已酉舉人力學有孝行耿逆煽亂矢志不汚僞命閩人重之陳氏家傳

鄭善述字孚世閩縣人康熙庚午舉人除固安令邑旗民錯處强者或凌暴細弱民苦之善述一切繩以法乃不敢逞地瀕永定河河工椿葦輙取給於民善述調度有方人以不病以失出鐫級歸家居閉戶却掃文酒自娛著有敬修堂集子方城字則望籍建安少受業於嚴父隨任固安習知政體以

貢授泰寧訓導善課士雍正癸卯舉於鄉時季兄方坤先登第歷景州知州方城在署佐理益負經濟才暇則兄弟拈韻賦詩今所傳唱和集是也府志

周懋勳字錫弓連江人康熙庚辰進士里居八年閉戶讀書不攺儒素授廣宗知縣廉潔自矢邑有例金立革之會大旱民饑籲於大府發常平倉以貸復額外借穀三千石爲粥以活貧餓陞吏部主事未行卒敝篋蕭然士民爲之感泣縣志

林兆惠字子方閩縣人康熙己卯舉人知貴縣平易近人人懷其德擢泗州同知州邇苗黎土番雜處

兆惠以至誠臨之不假威嚴入覲特擢廣南韶道正己率屬爲制府所器重有忌之者以奉文採買楠木不如式去官兆惠胸無城府與人交有終始尤篤於故舊周恤貧乏而窮約自甘有古君子之風焉府志

鄭任鑰字惟啓號魚門長樂人章仲子康熙丙戌進士由庶常洊歷侍講在京邸與李公光地孫公嘉淦倡明理學引掖後進甲午典試江西庚子視學江南風清弊絕所拔皆知名士福撫潘公思渠其一也　世廟在潛邸稔其名初擢湖南藩司尋調

湖北繼陞巡撫官楚兩年正□之①屬封疆②肅然嘉魚等二十七州縣水災任鑰立飭賑貸慮遲③緩預以養廉倡之全活無算署湖廣總督纂訪湖南逆賊謝祿正等密授機宜逆黨旋平　召入掌副憲旋往江南查倉穀民戴之建祠祀焉雍正十一年回籍卒於杭州著有樂善述略自治要覽朱子或問小註古文正宗蒹川詩集縣志

鄭金章字若敏閩縣人丙戌進士授梓潼令再補河内值鄰邑河決水勢瀰漫奔潰金章露立河岸率工人築土護隄如是旬餘隄堅而水不得入民恃

校注：①僚屬　②疆肅然嘉　③遲緩

以受隄外被水災黎流離瀕死金章法汲黯策先發賑而報聞全活甚衆卒以此①上官乃鬻產償之罷官歸當事重其學品延主龍峯者六年教人棄浮名而崇實學士風丕振金章篤學性耿介罷官後饘粥不給而傲骨凜然人遺之金弗受年八十五卒著有詩文稿黃任撰傳

余甸字田生初名祖訓字仲敏福清人籍寄南平康熙丙戌進士巡撫張伯行開鼇峯書院延甸主之每事咨焉郡守周某將登白簡以丁艱免疑甸排也後甸知江津縣周適補本郡守將修怨焉甸不

校注：①忤

爲動攜一僕蒞任早起坐堂皇民有控牒者據情
事輕重即命之檄召所訴人不以屬吏單辭立決
訟爲清簡惟日據案與諸生誦說文字徵收錢糧
即貯庫中絲毫不入私室守廉其實亦加敬焉時
總督年羮堯虔視郡縣吏甸懲其官弁之虐索夫
役者羮堯亦不加譴以積最擢吏部考功主事每
事必親不假手胥吏出入封緘其室自佩鑰鑰上
官有疑事必以屬甸不畏强禦同官皆不悦遂乞
假歸陳鵬年總督河道薦爲濟寧道清白勤事一
如江津後鵬年卒上官忌之鐫秩去民號呼數百

聖事聞蒙　召見諭移時特授山東按察使甸同二僕買驢之官人競傳曰此三間大夫也入爲順天府丞適知縣某以賄敗坐失察除名歸築葭湄草堂藏書其中復爲觀風整俗使摘其集唐詩爲怨望賴　聖德矜全獄白而卒年七十二甸剛方清簡長於吏治仕宦三十年屢起屢仆而名不衰其文章書法亦冠一時府志

嚴夔兩字伯任號覺軒爲人倜儻善詩文康熙戊子副貢生補八旗教習雍正初當軸薦授中書①台人奉　命四川丈量民田精密不苛民懷其德同官

校注：①舍

多被譴而夢雨・於事畢加一等議功例擢主事以親老乞外授慈谿縣有訟殺人者審鞫①無凶器太守欲重其罪夢雨不可曰吾豈可殺人以媚上官乎歷攝台州寧波紹興三府同知太府重其才凡巡視海塘轉運官銅諸役輒檄夢雨董其事乾隆六年補義烏縣居官勤慎專撫字緩催科修文廟及東江橋好士下賢歲時進秀民而訓導之縣試所拔多英才邑人以比連青天連亦閩人名一鳴有遺愛於義烏者也夢雨與攝守忤免官歸囊槖無遺未幾卒著有詒經堂詩集居官格言子永

校注：①鞫

鄭國學生篤學有文名縣志

鄧言綸字思飭連江人康熙己丑進士知息縣邑多豪族猾吏言綸繩以法使不得逞凡常例所派於民悉禁革之培植人才識拔皆一時之雋方正嚴毅與上官多齟齬爲總督田文鏡所劾安置濟寧蕭然自得無幾微見於詞色後卒謫所府志

陳治滋字以樹號德泉閩縣人穎敏力學十歲通五經大義能屬文康熙癸巳進士主庶吉士授編修丁酉戊戌鄉會兩科同考官所取皆知名士丁父憂服闋　御試各翰林詹事治滋試稱　旨嘗家

恩賞賚母老乞歸歸八年而親喪畢改擢江西道
御史尋掌京畿於民生利病詳切敷陳如奏文武
科場應需物件勿借端攤派以飽吏橐凡入官抵
帑之產未變價而奉 旨豁免者請各地方官造
冊報部查現在未變價者按籍給完本人不必輾
轉飭查啓吏胥措勒需索之弊 上允其請擢奉
天府丞府丞司學政事洽滋振興文敎親率師儒
講學示以行已立身讀書敦行之要又選定古文
時藝爲多士模楷當是時奉士登賢書者前後二
十餘人四攝府篆政成事理莅任凡十載以病乞

歸歸三年而卒治滋家庭盡孝嘗纂輯家禮一卷冠昏喪祭諸大節先自躬行爲都人士倡教子居家以孝躬居官以清愼勤爲勗著有留都草學圃詩文集憶昔錄子朝礎內閣侍讀朝柄議敘知縣朝棟慈谿知縣俱舉人雷鋐撰傳

蔣迵字濬川康熙丁酉舉人初任博羅縣繼任永安再調南海皆有聲以足疾告歸起補天長縣乾隆五年冬調任崑山明於聽斷不事苛細半載中濬瀝河禁廠山掩骼埋胔義學義倉橋梁道路次第修舉薦於自奉嘗曰留一分清俸爲民間作一分

善事分校入閩①積勞卒年五十五子奕湛字椒堂
乾隆庚辰進士工詩文補福寧教授未及任而卒
府志
何瀚字君濟閩縣人少有至性以孝行聞康熙丁酉
舉於鄉雍正間授從化知縣以清廉自矢邑久旱
禾苗蟲生瀚步烈日中祈禱雷雨大作苗潤而蟲
消近礦設四鑪鑿礦丁以千計多不法瀚嚴約禁
礦丁畏不敢犯革常例金千餘并除民夫六千餘
名立碑以示一縣稱爲神君旋調電白奉檄查丈
新舊墾復之地不煩苛擾民而豪猾悉照歲甲寅

校注：①闈

高州颶風大作各邑田舍俱壞而電白日霽風清民安堵如故上官以是知邑令之賢也先是邑苦潮患遇秋汛水漲田廬每多湮沒瀚治電兩載潮患俱息以耿直不容於時改崇安教諭至則修學宮新樂器朝夕訓課多士士風丕振年老致仕囊無長物嘗讀書平遠山房博學通貫而長於詩古文著有粵東草平遠臺詩文及詩說諸編黃任撰傳

許均字叔調號雪村侯官人康熙戊戌進士選庶吉士改吏部主事在考功冰心鐵面人不敢干以私前官余甸亦慷慨任事人有閩中二考功之謠

擢禮部郎中以薦山清查江南虧空錢糧均分查

揚州不苛不縱方以上績奏俄卒於署揚州守陳

宏謀爲殯焉復捐俸歸其喪均在官嚴正有重望

與人交久要不忘許氏三世皆以詩書畫名均克

承家學著有雪村集府志

何勉字尚敏候官人少倜儻有大志學書不得意敗

從戎康熙巳亥候官土寇薛彦文嘯聚後洋勉以

計擒之授把總是冬浦城山寇竊發制府令勦之

勉請以單騎便宜從事僞爲行旅直至賊巢得其

實檄附近營將一鼓平之擒賊首江一清等以獻

授千總辛丑臺灣匪寇朱一貴作亂制府率兵討之勉隨行間臺灣平時餘孽竄入山谷乘機煽亂大軍不能深入勉出奇制勝搜餘黨幾盡制府上其功奉旨褒嘉賞給拖沙喇哈番准襲兩代以守備用尋陞臺灣北路參將時北路水沙營等社自恃險阻不納餉奉檄討之軍從竹腳寮正路抵水裏湖勉率奇兵二百由北投社昌①險潛師襲其後擒首惡骨宗父子及麻著等其二十五社盡服輸社餉計歸順男婦四千四十五名班師回與水裏湖師會全臺以安陞湖廣洞庭協副將貴州逆

校注：①冒

苗不法奉委往援乘霧而進用火攻法苗大潰戰功第一陞雲南鶴慶總兵尋調廣東左翼又調臺灣鎮掛印總兵又調南澳總兵歷鎮十年清操自持以目疾乞休卒於家府志

謝道承字又紹閩縣人幼孤力學康熙庚子舉鄉試第一明年成進士選庶吉士授編修乞假歸省晨昏侍養築一枝山房率子弟讀書其中家居十三年母卒喪畢　召見授中允晉侍讀轉國子祭酒即移居監中與生徒昕夕講習崇正學斥浮囂躬率先以敦厲之太學風氣爲一變尋遷內閣學士

兼禮部侍郎仍領祭酒事未幾卒於官道承鄱酈開敏不羣長從舅氏候官林佶遊所學日進爲詩歌古文詞輒出輩流性介特不騖聲譽時漳浦蔡世遠長洲徐葆先以文學有盛名先後造謁皆不報再官翰林驟被峻擢前大學士趙國麟實薦之道承未嘗執門下禮國麟以是益重焉在朝歷職日淺未盡其藴時論惜焉著有二梅亭集子璲字徵雲乾隆戊辰進士官户部額外主事璟字徵宋戊午舉人俱文學有父風早卒府志

張應渭福清籍閩縣人康熙庚子舉人以會試明通

榜授尤溪教諭邑爲紫陽鍾英地敎人一以白鹿洞學規爲法再調鳳山啓賢闢正士習月與士子講明大義風氣丕變秩滿擢知武鄉甫下車吏進例金却之俗多告訐有數年不決者應渭神於聽斷兩造是非曲直一見立剖決而民無株連守候之苦其徵糧行滾單法先期清查里戶保甲順庄挨滾全納者經歲無擾邑民便之遷霑化令再調高密有僧智朗久骫法而民受其毒應渭至立置之法一邑稱爲神明又重濬泊縣湖周七十餘里墾田千餘頃民受其利捐俸以賑被水災黎整完

流民逋賦八百餘金其潔己而多惠政如此數年乞歸卒年六十三子登樞庠生孫颺揚乾隆壬午舉人

李振聲字崇墉福清人雍正癸卯舉人任沁源縣晉省徵糧較輕議加征振聲力爭於州守以地瘠民不堪苛反覆數千言上官甚以屈卒從其議計每歲免浮額四千餘兩沁人德焉莅政以明禮義端敎化爲本及寢疾百姓見緋衣導呼而出輿僕甚盛越五日卒於官所著有寶陸堂詩集與紀纂言府志

周紹龍字允乾閩縣人少穎敏以文學名雍正癸卯進士丁內艱丁未廷試選庶吉士時四川有清丈之役紹龍承　命以行蜀經獻賊之亂四野荒蕪糧課鈌額紹龍設自首法親覆丈之課有加而民不病以績最授編修尋改監察御史巡察山西和衷協理上下安之任滿巡撫據情請留一年遷右通政積勞以疾聞　上命巡撫爲醫治尋愈途中丁生母艱　上慰留紹龍以終制請懸鈌以待皆異數也服闋晉順天府丞卒於官紹龍風度清整蕭灑出塵遇事籌理有方方嚮用而遽卒善書法

人得其尺幅皆藏弆之子正思庚戌進士由庶吉士編修典試河南有聲府志

李肇梅字和甫福清人補郡諸生以貢入太學謁選發湖廣以知州用初署麻城令緝硝磺私販倡捐社穀二千餘石旋署知廣濟繕釁舍置禮器建義學於鴻鵠山又修龍坪江漢書院文學以興廣濟年徵南漕一萬三千餘石徵納多浮羨肇梅置斛於倉令民執槩自平之由是輸者率負餘米以歸武湖有浮屍驗無傷痕時有僧在傍神色稍異肇梅召訊之知屍爲江右人向寓宿廟中詰其嘗所

求任其得奸豪誘鬻其妻子因即擠之湖中情事
乃抵主名者於法人以爲神邑瀕長江有隄亘七
十里例飭三鎮里甲修築肇梅請大府均其役於
田畝力分勞輕至今便之調授蘄州牧丁内艱歸
卒三縣民爲刊其德政於石府志
張世燦字雲階閩縣人萬年子雍正癸卯舉人歷知
增城饒平普寧興寧永安歸善新會七縣多善政
始任饒平歲旱饑世燦先賑後詳上官重之邑之
隆都隄近海幾潰於水世燦親率工堵築連三晝
夜隄復完固邑賴以安於永安建廻瀾書院置學

田以育士於歸善開水利灌田鑿除浮稅以利民
治他邑政亦如之皆以拯災恤患興利除弊為己
責獄多平反絕一切餽遺干請以疾乞歸世燦天
性篤孝年十五親吮父癰居喪哀毀盡禮其歸田
也葺家廟訂譜牒瘞族屬之不能葬者卒年七十
著有葩經質疑子岱宗乾隆壬午舉人

許良臣字思蘷號石泉侯官人雍正癸卯與父鼎同
舉於鄉知增城縣尋署電白邑有林氏女仇家誣
訐以帷薄事女忿憤死爰書已定良臣為直其冤
調鎮平七載以最擢崖州牧崖為瘴鄉守土者率

僑駐郡城艮臣獨至治所除採香陋規黎困以甦擒逆者王亮臣論功讓不居建唐李德裕祠訪其後教以學行歷儋化連三州皆有聲連有韓愈燕喜流盃二亭久頹圯爲葺而新之署理猺同知篆有平猺功遷廣州澳門同知歸食貧久之年七十無疾而逝黄任撰傳

林枝春字繼仁號青圃候官人邦楨子由雍正癸卯舉人授中書舍人出蔡文勤公世遠之門乾隆丁巳進士以第二授翰林院編修性至孝讀書崇實學時禮部侍郎桐城方苞教習庶吉士枝春與論

經術性命之學深相契合督學河南江西進諸生庭授作文之法以經書爲根本先正爲準繩所至俱號得人晉翰林院侍講學士歷通政①使副使在河南時有三教堂設儒釋道三像其位次以佛居中老子聖人居左右通省計百餘處奉祀皆緇流羽士比邱尼枝春奏請禁止 上可其奏又陳學政事宜凡生員科試宜試性理論樂舞生宜令學臣選取部議俱從之未幾乞假歸當事延主鼇峰書院朔望集諸生於講堂示以立品持躬之要文章氣識之大一時閩中賢士爭出其門嘗議開水

校注：①司

部門沙合河當事從之水利爲近城最要鄉人頌焉家居十一年卒枝春至性純篤幼爲舍人母家居多疾感噩夢心動翌日家書至即虔禱於天請急航海而歸歸侍湯藥者五十餘日母歿哀毀骨立撫仲弟飲食憂樂同之五十年無間言生平持躬力學老而彌摯閩中奉爲圭臬書法不拘一體單詞小札人爭寶焉弟夔彩字景仁純謹善讀書與兄友愛甚篤一日侍舅氏晚食盤中剝蛤蜊舅氏摘二巨螯以賜不食退謂兄曰家中罕覯此明日持歸一奉祖母一奉吾母有嫂嫁而家極貧及

病且卒藥餌棺衾獨力任之無何姊壻殁叉經紀其喪謀育其嗣其至性多此類乾隆戊午舉於鄉枝春子儀鳳浙江知縣一彪丙子舉人林氏家傳

興化府

宋

張式字景則仙遊人天聖進士調將樂主簿有銀冶坐歲課不足繫者嘗數百人式籍其人使貧富財力相兼亡者釋之課且羨歷知古田縣遷太常博士知咸平縣呂夷簡方罷相以許州觀察推官辟

之爭擇河北吏當道者舉式知洛州州改虔州三司市舶絹十餘萬匹式以非經數拒之復知濠壽二州縣志

蔡高字君山仙遊人襄弟景祐進士調長溪縣尉有媼二子漁於海而亡媼指某氏爲仇告縣捕賊縣吏難之高獨曰媼色有冤乃陰察仇家得其跡與媼約曰吾與汝宿海上期十日不得屍則爲汝受捕盜責凡宿七日海潮浮二屍而至驗之皆殺也乃捕仇家伏法民有夫婦偕出而盜殺其守舍子者高急召里民環坐而熟視之指一人曰此殺人

者也訊之果服遷太康縣主簿卒於官年二十八高嘗語歐陽修曰天子以六科策天下士而學者以記問應對爲事非古取士意也乃刻苦爲學及卒襄發其遺稿得十數萬言皆當世急務後朝廷與大臣講天下利害爲條目其所畋更於高之稿得五六焉因共嘆爲奇才太康人哀其貧以錢二百千爲聘妻程氏泣曰吾家素廉不可以此汚吾夫拒而不受修銘高之墓稱其能以惠愛其民以廉化其妻云閩書參歐陽修墓誌

林深之字原叔莆田人諟五世孫熙寧進士調南劍

州錄事參軍侍御史張汝賢察訪閩部見建州訟牒叢委付深之理决時他郡連起大獄追隸相屬於道二州獨賴深之以免改知下邳縣秩滿年六十以知開封府都廂致仕子雩以父任補明州刑曹掾州守毛友治尚嚴峻雩决讞一無所徇遷通判福州適朝廷計僧口給食籍餘財輸戶部雲①以閩地瘠民貧州郡多取辦寺觀若餘財盡籍戶部則州之歲計必斂於民即白府帥張澄乞以利害奏聞自計口外餘財充歲計朝廷爲止不籍而閩之民遂免橫斂矣官終朝奉郎閩書參縣志

校注：①雩

黃君俞字廷僉莆田人校書璞京①孫爻問字君裕傳通五經創上林義齋以聚英俊之士立為五規曰修身謹行曰立志抗節曰潛心經術曰留意世務曰限日收功卒後左丞皇甫泌誄之曰義成逸士君俞幼強學著書一百卷名動京師試開封進士第一四黜禮部鄭獬滕甫王珪陳襄等交章論薦召試舍人院除國子監直講改館閣校勘卒閩書

林絪字吉夫仙遊人少讀書於香山與陳易爲忘年交稍長通六經工詞賦再舉於鄉入太學登上舍優等紹聖中第進士授福州左司理古田縣上刻

校注：①玄

盜五人廸曰此廸民耳法不當死縣吏文致其罪如民命何爲釋其寃旣而獄具帥疑焉再上再却廸持愈堅帥竟從之遷知龍溪縣平易近民有古循吏風丞相蔡京林出也欲因是內交於廸廸以非族拒之歸自龍溪三上詞請休建炎中朝廷舉遺才廸與秘監李朴列在文學之科卒年七十六廸操履端方爲人所推重鄭樵稱其耆老碩德所在歷有治效凡著詩文百餘卷又詠唐史別爲一編皆寓褒貶之意縣志

張珂字玉川仙遊人葆光處士陽子紹聖間以明經

官右正言兼樞密院編修立朝忠正不爲權奸所
容時哲宗任用章惇蔡京安置元祐君子於嶺南
珂申救不納願與同貶慷慨登途未至貶所而卒
縣志

黃琮字子方莆田人元符進士調長溪尉戢吏便民
丁父憂邑令憫其貧鳩錢幾千緡以賻琮却之徒
步護喪歸服闋知閩清縣時興道藏安撫黃裳命
屬縣斂民錢各數百萬琮獨不應命自詣郡以巳
俸四月輸之除通判漳州時鄉人方翼爲守琮與
之可否相濟卒成美政未幾致仕傅崧卿爲給事

中薦之於朝曰政宜閩邑令以治行稱者黄琮陳麟翁谷閭部號三循吏而琮爲冠乞起用不報居毋喪哀瘠不食甘露降於繐幃歷官三十年無一夫之田半畝之宅年八十卒舊縣志

方偁字作謀莆田人崇寧進士提舉廣東常平宣和初以不附燕雲之議忤王黼貶知瓊州恩威并行官吏肅然又爲文勸諭黎蠻使不爲擾後知潮州建炎中秩滿乞辭歸年四十八雅喜積書有萬卷僂弟昀字文耕以兄任紹興中知長溪廉謹著聞調通判潮州未上卒縣志

吳公誠字君與莆田人大觀進士調古田尉政和初林利等寇山谷公誠擒利置諸法盡散其黨改承奉郎轉朝奉大夫致仕公誠清介絕俗歷官三十年凡衣服布帛家人所須悉因鄉里市致未嘗取之民間奉祠日以餘俸委之官至千緡死之日家無餘貲書闕

林正字明輔仙遊人大觀中恩賜釋褐歷嚴州福州濟南教官知定海邵武二縣尋除廣西西路提舉歷屯田司員外郎除廣西提刑奏罷病民十數事先是陳感嵇遐高雷間擾擾諸郡正至海上招降

之盡散其黨數千人親押首領數十人歸於桂林及論功自使臣以下遷官有差正獨不肯受賞除廣南路轉運副使移兩浙運判遷左司郎閩書參①縣志

林一鳴字聞鄉仙遊人立之子以父廕補官尋以煩言去職奉母家居累無干進意後梁克家當國起知南雄州以母老丐祠尋丁艱服闋知惠州立祠祀陳文惠陳史良蘇東坡唐子西四君子歲饑請發常平賑糶民賴以活又奏罷病民十數事諭民力學務本禁喪樂修坡塘等事有殺牛者方揮刃牛忽奔至堂下若有所訴見者驚異一鳴命飼其

校注：①參

牛爲治居者人以爲仁化所及官滿日僅存數擔書而已改知常德府卒官至朝請大夫子灃以廉勤自持知崇安縣有治績芝生縣圃閩書

陳可大字齊賢仙遊人政和二年第進士除熙州司戶改潮州教授主試循州道遇畬寇聞可大名皆引避靖康初知長樂縣加本路運幹奸民高溪等千餘人帶兵器販鹽可大集弓兵出東關捕獲之餘散走事聞封奉議郎興學校勸農桑整陂塘邑人立碑紀德知肇慶府郡多蠱毒設法除之端溪出石硯常貢外多加取以媚權貴民受其害可

大以舊鎮庫石裁製如式應貢民得聊生繪像祀之旋以養歸官至朝散大夫累贈大中大夫卒年八十八著有尚書解行世子伯玉仲珪皆以父蔭補官縣志

傅佇字凝遠仙遊人楫之諸孫也年十八入大學重和元年進士授無棣縣主簿會金人陷全燕乘虛南下兩河皆震郡檄佇餉軍佇得檄即行飛芻挽粟軍以無乏調南安縣丞會歲饑民棄妻子者相屬佇請出常平錢米設安養院具糜粥食之民不失所踰年歲豐悉訪所親歸之遷知晉江縣會部

造戰艦佇勞費半他邑而事獨先辦帥張浚聞於
朝特擢磨勘轉南劍州通判卒疾革猶戒諸子曰
吾生平無愧俯仰歿後汝曹居官主淸治家主嚴
奉先主敬敍族主恩造次顛沛必主忠信雖貧賤
不失爲有德君子不然獵取光顯奚爲哉官至朝
奉大夫累贈金紫光祿大夫陸游爲行狀閩書

林師蒧以父蔭任奏補三班借職授樞密院宣差雞
澤縣尉上書論邊防利害譏切時政留京師候旨
金兵深入廷臣奏師蒧論多可采有旨差充京畿
第十四副將提舉京城四壁守禦使司後軍統制

及金犯京師以侍從孫傅等薦改第一副將楊晞在講筵奏師益曉達軍政使專督訓練必有績效可觀授正將守禦鄭州原武金人自滑州渡河再犯京師諸將皆遁惟師益孤軍守原武不動劉幹爲丞相何㮚謀亟召師益兵入援師益行次封邱遇金人迎戰大破之明日金兵大至師益謂其副曰敵衆我寡此吾致命之秋也遂力戰死之一男若淵甫晬一女九歲妻葉氏與乳媪襁負南歸兄師舜官中大夫全家蒙難師蘷通直郎亦歿於王事縣志

傳知柔字德潛仙遊人宣和進士調循州判盜曾少龍逼境知柔教民造百枝弩及置砲石寇至乘城發擊寇潰去事聞改秩知龍巖縣會虔寇發聞知柔威名卒不敢犯調泉州僉判海寇林元仲猖獗帥檄知柔招撫元仲遂降官至朝請郎福州僉判著有文集閩書

蘇欽字伯承仙遊人宣和進士歷惠州錄參調知閩淸帥張浚嘉其廉退能治劇改閩縣與漕帥賀允中交薦改知新建時諸邑多逋賦稱責盡數徵之欽謂民力告竭賦足常歲幸矣必欲取辦非重施

籠楚不可爲民父母何忍出此吾有去耳守不能屈改江西帥屬値贛卒叛帥多諮謀①書事平論功擢守巴州巴無牙兵例出脚粟三千緡欽悉封還以代輸賦尋除轉運使時吳璘屯重兵於興元知欽出張浚門深加欽敬尋卒欽廉儉出天性文學飾吏治割俸市田分給諸弟嘗寓福州嘉福院有鐘樓爲黥卒所穢鐘不鳴及欽至鳴如初爲記其事有兩漢提要十卷子洸以父廕補官知臨川縣縣有述陂久廢洸復之民蒙其利時經錢缺解洸捐俸代輸尋倅賓州又攝桂府武弁陳某以鬻爵

校注：①畫

爲邊吏交通諸蠻納賂巨萬事覺逮獄當路觀望莫能决屬洸治之卒正典刑除知雷州秩滿赴闕面陳三剳一乞折納徐聞丁米以便民一乞籍海舟以緝奸盜一乞戒約廣西寨不得差人回易孝宗嘉納除知新州賜對便殿又請易常平陳米除鹺耗折虛數及經理邊江被水民田租稅上趣之郡比至百姓歡迎州賦無欠餘月給廩俸皆先屬吏去日持空卷出嶺移封州首請減丁米及經制無額之數丁丙艱服闋除知辰州尋退休扁所居曰止足年七十八卒洸爲政務興利除害不以經

擿爲聰明故所至民安所去民思稱廉吏焉子權
登第長子奧孫熹皆以廕補縣令縣志
孫知微仙遊人以朝請大夫通判舒州紹興元年賊
劉忠入其境執知微以去知微不屈賊怒臠而食
之縣志
楊興宗字似之莆田人紹興進士授鉛山主簿孝宗
即位上封事召入審察言和議非便忤湯思退除
武學博士丞相陳俊卿舉充館職除秘書省正字
遷校書郎與師林光朝同省修四朝會要成轉宣
教郎權尚書司勳論張說不當與趙汝愚同拜不

報①又以封爵大擾不書勳忤時相出知温州以嫌改嚴州終湖廣提舉舊通志

林師說字箕仲豫第三子少舉進士以父廕當補官遜於從兄師文及弟師龍晚試銓曹第一調嚴州司士時青溪盜初平作新寨屯兵驕甚郡請師說攝理經畫悍卒知警遷知德化縣還道桐廬會盜發邑民遮道乞留郡白之朝因改建德縣賊平倅新定寇犯二浙新定民大恐師說白郡將請靜待之自擁十餘騎出城遇寇騎諜曰若以城降者賞師說叱之立擒斬於市以故新定之民嬰城死守

校注：①報

累遷兵部員外郎知建昌軍丞相趙鼎力薦之拜
廣東運判韓京以武將立功知循州驕不可制師
說上其姦狀後京謂人曰監司直須還此老弟於
我少恩耳除浙東提點刑獄山陰爲畿內貴人多
肆豪奪師說一繩以法因忤權貴請祠歸里九年
卒閩書

薛珩字景行莆田人與弟璆聯鄉薦珩紹興十二年
進士歷廣東湖北檢法官疑鼎州鞫盜華五等非
辜與憲臺爭不合欲投劾去未幾果獲眞盜憲臺
交薦之凡四爲法官平反百餘人璆字景徐乾道

二年特奏名監廣州西南道場有鬻私鹽至六萬觔者吏捕以告法當得賞璆嘆曰刑數十人易一官吾不忍爲遂諭吏以十之一聞官餘悉投水中皆得輕坐終南恩州推官縣志

許巽字少陽仙遊人稹之子乾道五年進士知歸善縣時尉有捕民爲盜以求賞者巽驗問非實不爲理太守入尉說庭詰巽巽曰行法在太守執法屬有司守不能奪知滁州時監司及鄰郡皆有互送錢每月不下三百餘緡巽盡歸公帑吏胥慴服有以百金餽吏吏辭曰使秘書知之措身何地改知

漳州未任召赴行在卒終朝散大夫人號爲耐貧翁先是父禎卒例以恩廕命未到不敢歛曰人子不能自致功名希致仕恩以累先人乎人皆賢之子彦爲進士縣志

吳珏字仲玉仙遊人淳熙十四年特奏名尉南海縣以捕盜應格改承務郎知龍巖縣節浮費以益學廪郡僚有議增諸邑轉輸者珏爭罷之會有詔造戰艦州下取材珏拒以非故例不獲免則高其直以市不以擾民簽書寧國軍節度判官有娶婦無子或以戸絶將沒入其貲珏曰利毫末以絶人將

隆之緒不仁請聽其立嗣通判漳州未及上而卒縣志

蔡洸字子平仙遊人父伸左中大夫洸以廕補將仕郎中法科除大理評事遷寺丞歷戶部郎總領淮東軍馬錢糧知鎮江府會西溪卒移屯建康舳艫相銜時久旱郡民築陂瀦水溉灌漕司檄郡决之父老泣訴洸曰吾不忍獲罪百姓郤之已而大雨漕運通歲大熟民爲歌曰我瀦我水以灌以溉俾我不奪蔡公是賴除司農少卿言鎮江三邑稅戶客戶輸丁各異請爲一體所輸丁絹依和買之直

計尺折納人給一鈔官自買絹起發公私皆便上
嘉納之以戶部侍郎召試吏部尚書移戶部上謂
侍臣曰朕以版曹得人爲喜洸嘗言財無滲漏則
不可勝用未幾求去除徽猷閣學士知寧國府歸
卒年五十七洸事親孝曾祖襄未易名請於朝賜
謚忠惠所得俸每以分親戚之貧者去日垂橐至
售所賜銀鞍韉以行人服其淸後居霅川宋史
葉棠字次魏仙遊人以祖顒廕授承務郎累遷知邵
武軍陛辭首奏法孝宗仁孝勤儉光宗納之乞外
知台州紹定元年夏大水城幾圯棠極力防衛卒

賴以全委僚屬之愛民檢禾蠲放既足分又增一
分遣官糴米浙西以充濟糶民賴之尋擢浙東提
舉明年九月台城陷於水朝廷以棠得台民心亟
發常平錢米遣棠措置賑䘏棠至即奏乞撥紹興
府官會五萬貫米二萬石仍乞免本州茶鹽酒醋
稅一年有旨令棠權州事仍撥降安邊所官會二
十萬貫米七萬石以助不給其五縣冬苗夏稅盡
行蠲放棠分遣僚屬隨鄉煮粥以活餓者復用貲
遣以撫流民造糴鄰郡以濟急缺招誘客販以備
接續拯瘠羸埋遺胔於是重築城堤堅厚完固越

歲再水不能爲害台民德之旋提舉成都府玉局
觀丞相杜範舊有相知之雅以將作監召命下而
歿自號萬竹陳宗卿銘其墓子彥昞歷司農寺丞
知邵武軍閩書
丁南一字宋傑莆田人伯杞子少爲叔伯桂所奇平
生屢挫塲屋寶祐元年年五十七始登進士第二
人調懷安尉公族有僦居以婦墜胎告屋主者南
一辨胎以藥墜坐誣民有負逋自經者子訟債主
南一曰汝父縊死誰斷其舌搜其家得舌於圃民
有溺死者父訟主家南一曰兩手有泥沙自溺也

人皆服之改東莞監稅帥使謝子强曰此非所以浼儒者欲處以他職力辭子强薦之於朝復以忤外臺劾罷貧不能出嶺嶠南士人率子弟行束脩師事之漕使鄭協辟爲廉泉書院山長洪天錫至檄攝海陽教授兼文公元公兩書院山長縣志

陳堯則字敬于仙遊人可大四世孫以父廕補餘姚尉歷知吉水帝昺瀞海堯則死之縣志

福建續志卷四十二終

福建續志卷四十三

人物三

元

林濟孫字石友號鳳梧仙遊人元久罷科舉至元元年因巎巎奏始再舉行濟孫初第進士第一授翰林院修撰尋除侍講時饑饉洊至盜賊蜂起濟孫上治安十策順帝奇其才嘗以江南豪士稱之三年奉詔與歐陽元呂思議修宋遼金三史十一年上治河十策詔同漕運使賈魯塞北河通南河以復故道凡五閱月告竣除六府通議丁內艱服闋

將赴任會明太祖兵起克金陵四方鼎沸濟孫絶意仕進結庵隱於龍華寺左焚香讀易以終天年云縣志

明

陳潛中初名元亮以字行仙遊人少孤有至性居家以孝友聞洪武十三年舉聰明正直知閩建縣廉静不擾百姓德之秩滿民多攀轅留者建文元年聞燕王將舉義赴闕上書陳忠信四事又疏便民十二事且請說燕上召問給紙筆以對辭語激烈人服其忠尋遣歸里建文四年靖難兵起潛中至

燕上書曰欽惟太祖皇帝詔曰諸王各守信地今王棄太祖遺命違朝廷將何以對天下惟願思太祖父命爲尊骨肉至親守正護國史書中亦爲美觀如固哉志蹈管蔡遺事潛中誠爲痛哭是以不顧微命來諫堂上王怒命下獄尋放歸得不死永樂八年有旨取閑官不願仕者起送選用延久不到者七十以上寧家未七十者充軍潛中劾解至京以年七十一免縣志

黄謙字益甫莆田人初以明經薦永樂甲申成進士授魯府伴讀朝夕勸講因事納忠王好獵則有諫

獵之書作字則誦筆諫之言嘗曰使吾王無愧於東平河間則謙亦可無忝於董賈矣王詩文書法與林教諭喦並爲士林所重著有願學齋稿閩書合參縣志

林長懋莆田人永樂間以鄉薦歷青州教授擢編修與禮科給事中戴綸俱侍皇太孫說書成祖命太孫習武事太孫亦雅好之長懋與綸以太孫春秋方富不宜荒學問而事游畋時時進諫仁宗即位進中允長懋爲人剛嚴累進直言宣宗即位綸以諫獵忤旨命叅贊交趾軍務而長懋自南京後至

出爲鬱林知州無何坐怨望與綸並逮綸抗辯觸帝怒箠死而長懋在獄十年英宗立乃得釋復其官還守鬱林有惠政其卒也州人立廟祀之明史

林文字恒簡莆田人與環同出九牧葦之後宣德五年廷對第三授翰林編修正統初預修宣宗實錄成轉修撰時年已五十官將九載僅循常例不爲優敘不計也景泰三年陞諭德四年修歷代君鑑成七年修天下郡志成陞庶子天順元年拜學士四年請老上謂內閣李賢曰林文老成忠厚仍留供職憲宗即位以舊講讀官陞太常寺少卿兼翰

林侍讀學士再乞致仕歸文雖年逾七十然神觀清爽應對精明安靜守禮接人無大小皆以誠意朝野士大夫踵求詩文酬之無倦色卒年八十七贈禮部左侍郎謚襄敏遣官諭祭營葬縣志

李翠字廷正仙遊人正統進士任監察御史慷慨直臨事敢言十四年也先入寇英宗以中官王振言將北征翠上疏曰臣待罪御史爲朝廷耳目之官竊不敢食君之祿而時危勢迫緘口不言以避斧鉞①之誅伏睹今日之時勢內踩江南告變左支

校注：①鉞

右吾幾無寧日①頊又也先大舉入寇利我土地而甘心焉我兵失利城堡陷沒陛下首戒六師將駐蹕邊圉親冒矢石以臨不測臣等不知計將安出毋亦左右首倡誤國之議而陛下熒惑之過也臣以爲揀將銳兵以搴其旗不當賫我天怒而自褻其尊此臣以爲不可者一也臣聞天子稱朕中外同聲即内廷起居毋敢輕有出入邊陲何地也兵戰何事也虜新入寇鋒不可當萬一乘輿失謹陷我王師即誅鼠首以謝誤國之罪曾何補於泥中之辱比②臣以爲不可者二也陛下今日之天下非

校注：①頊　②此

陛下之天下也陛下今日之身非陛下之身也以
祖宗櫛風沐雨之天下而甘爲敵侮以祖宗托重
不貲之身而輕爲敵嘗縱不自愛其如宗社何其
如祖宗所托重何此臣以爲不可者三也臣始聞
變股栗痛入鏤骨知今日有言而身不保然國憂
臣辱死亦臣職竊恐陛下不自愛而使彼得肆其
夌侮之威誤國之罪可勝誅哉臣固不辭斧鉞冒
死以聞惟陛下保留聖駕毋聽浮言不報及駕陷
土木乘輿北狩景帝守社稷以深先事敢言將大
用同官柴文顯以巡按失機坐刑深臨之察其冤

方上疏與白而卒縣志

陳燮字廷輔仙遊人父顯自莆遷仙遊之羅峰景泰元年舉人卒業胃①監會兩京御史缺員詔嚴考監生拔其尤者與進士相兼補用燮名在優等遂拜南京監察御史嘗巡視在京及鳳陽倉儲剔蠹剗弊豪強不得逞有托鄉人謝瑚等行百金求寬縱瑚等紿其人而沒其金燮發其奸狀置於法由是清操益白江以南有刼盜當路檄燮捕之畫策勦獲無遺遷廣東僉事時洋船互市諸司皆有例錢燮獨不受未三載卒於官著四書經義千餘篇

校注：①胄

縣志

黃乾亨字汝亨成化甲午鄉試第一明年登進士拜行人奉命爲副使册封滿剌加至羊嶼孤山颶風大作舟壞乾亨與從弟乾剛皆罹禍贈司副録其子如金入監始乾亨奉使時取道歸别母瞻戀泣下謂叔父仲昭曰茲行天涯萬里不可無骨肉相依仲昭聞其言而悲之即命子乾剛偕行乾剛亦無難色舟壞羊嶼乾剛漂且登矣顧乾亨急不忍去遂同溺天倫大義顛沛弗離海内稱乾剛孝友云縣志

林繼賢字宗器莆田人正德鄉薦初任徽州通判時同邑鄭玉爲知府操尚不同然因心任職兩人甚相得也繼賢言不出口身不勝衣而砥礪名檢每欲希蹤古人徽故東南貨府又多訟務納賄求勝繼賢守法訟無大小必以情聽民咸信其不可私干部内都御史汪鋐子壻恃勢干請繼賢一斷以法鋐銜之已遷寧波同知會守入覲繼賢署篆夙興視事決獄立斷無弗當情不攜妻孥祗一蒼頭給役敝袍布被食麤啖蔬宦譽翕然而汪進冢宰竟考繼賢目疾罷既歸而貧怡然無悔縣志

俞維屏莆田人嘉靖進士授刑部主事時嚴嵩當國扥①人道意欲羅致附已維屏絶不與通有所囑堅持不可忤意謫官嵩敗起補主事遷員外郎中轉嘉湖僉事河南叅議築長隄障河民今永賴宗室侵奪民田民無控訴維屏歎曰窮通有命吾豈可惜一官畏其側目而使民隱不上聞乎即具白兩臺遂奏請還民遷廣東副憲値峒猺反攻陷州郡維屏會師合勦絶其糧道斬首九百餘級賊大困願撫維屏單騎按其營壘賊黨悦服解散敉平詔賜金帛内侍王守忠捕翡翠海濱大肆民害維屏

校注：①托

一繩以法守忠怒誣奏落職父老攀哭祀名宦後事白遷貴州左叅政右布政使卒於長沙維屏性清介嚴明興剔利弊奸胥豪猾望風屏息子近華見選舉志縣志

林汝永字君修莆田人洪元孫嘉靖鄉薦授南樂教諭戊子典試浙江得相國呂本等遷國子博士侍經筵賜品服改南戶部主事歷郎中権税淮關清介自持税銀日發山陽貯庫按季彙解出爲思恩知府值猺獞盧順藕闐等搆叛汝永計擒之夷民聾①服總制張經上其事賜帑金三十兩後補黎平

校注：①讋

陞長蘆運使奏減拖負鹽課十餘萬灶人德焉致政歸與諸大老結八老會賦詩年八十卒以子廷陞貴進階嘉議大夫廷陞字彥賓萬歷進士授行人陞戶部主事督餉小灘親歷水次以驗糧儲宿蠹爲之一清歷郎中出爲雷州知府雷僻在海隅民貧盜藪甫下車卽擒巨寇鄭紹隆等數十人賊黨解散颶風壞海岍田禾淹沒廷陞請帑金五千兩築長堤二千丈溉田萬餘頃雷人塑像祀之陞廣西副使備兵昭江適岑溪猺亂督府檄攝蒼梧至則調度兵食畫策督戰斬獲千餘級捷聞賜白

金文綺晉三品俸未幾昭江猺復叛廷陞冒暑視師勞瘁積病因解組歸卒年七十七[縣志]

黃懋官字君辨莆田人嘉靖進士授禮部主事歷文選郎中擢太僕卿順天府尹晉南京戶部侍郎南中積貯久虛懋官至按籍稽數裁可給半歲乃具疏請毋歲運舟之北者量留若干實南庾而大司農復以邊餉爲重輒報罷會南京戶部尚書馬坤方考最去而以蔡克廉代蔡至復被病在告以故懋官得久綰部篆於是諸以故事不領常經者悉從停格而振武營一軍多召募江南無賴人以實

之因而變生懋官遂坐削籍而首難罪至殊死者僅兩三人餘置不問懋官居職所至以精核名縣志

鄭大同字皆吾莆田人嘉靖進士授行人擢吏科給事中累陞都給事中是時嚴嵩持要衡清秩奔走天下士大同私舍與嵩第聯未嘗私命騎一入丁未分校禮闈楊忠愍繼盛其所得士也已陞南京通政司歷太僕太常大理卿更七八年不內召會太宰李默柄用乃引之北轉刑部右侍郎後默為趙文華誣奏坐怨誹下詔獄屬刑部案當默罪大同謂默發策用事詿誤無訕上意當除籍而嵩密

遣人恫喝諸曹郎謂天子切讓黜罪應不貴恤勿輕附於是大同遂目爲李黨歸矣其鄉郡生吳脉死於賊大同爲位哭諸寢者累日仍爲槀葬郊外人稱其厚云閩書

林應標字君儀莆田人嘉靖進士授禮部主客司主事會夷人進玉郎中陳九川驗入旋失之事覺詔赴獄郎中謾抵云是日爲林主事直署期司隷詰之再應標佯不省坐誣服杖繫人問之曰幸得爲同舍郎情親遇小利害輒抗辯是市交也奈夷人笑何久之進玉者復至司隷出二人令譯者通其

意吏熟視應標數搖首見九川撫掌領之誣始白於是朝士咸稱應標長者出爲江西僉事累陞廣東按察使有取吏舟覆漂物者爲怨家所中罣重刑應標廉其狀出之轉江西布政時嚴嵩柄國江西歲出籍錢數十萬市上方物輸少府故事宰聽嵩子壻及駔儈之徒司之應標至嵩壻袁應樞復以爲請堅持不與又藏巾無名錢先是諸左使輙括之爲問遺嵩具應標誠慎封識於權門無私覿坐①是調山西時晋府以子錢糴食諸王子孫諸王子至不能厭糠覈應標每散祿必召諸王子至庭

校注：①坐

以次授之晉府積空劵無所舒憤乃摭他事誣訟
闕下嵩受晉邸金猶以前銜未已遂司其奏僊標
歎曰吾獨不念爲主客時尚能激昂置不辦事平①
遂趣裝歸卒於家子熙章字繼暉嘉靖進士工部
虞衡主事遷營繕員外出爲貴州副使備兵威靖
時法令久弛十七司土酋常搆兵逋賦絕跡熙章
約身率下諸酋漸受約②束而祖亦寖復嘗以平邛
水道苗討白泥司叛酋功兩拜帑金之賜晉安州
判胡土功以壘敗下熙章按治趙中丞以姻好故
爲之周旋不聽坐是失中丞指疏論之時方有東

校注：①平　②約

籓之命以候勘輟行逌直指蔡廷臣按部疏白㜸章無它尋起補雲南左叅政擢貴州按察使牙州之役當事者急首功㜸章乃悉召諸護軍爲稱引古名將事戒毋妄殺賊平賞賚甚渥晉雲南右布政未幾復晉粤東左布政裁冗費議役法而大察以左使不及調時莅官甫踰月聞者異之後謁補卒於京舊志

陳大珊字若寶莆田人嘉靖進士授兵部職方主事進車駕員外郎出爲廣東鹽法僉事鹽𡙡貨府賈人吏胥互爲奸蠹大珊祛積習却羨餘宗人某詐

受金覺縄以法廉聲大震進廣西參議會田州土
目盧蘇弒其主岑邦相督府陶諧誤以邦相病死
欲右盧蘇大珊議曰盧蘇敢畧稱亂弒主戕民安
可蓋也第當亟約以聞令立功自贖督府置不問
兩江土官咸出怨言而藤峽之役蘇逗留不進縱
賊逸去當事者乃歎督府失刑而服大珊正名定
罪之當已進海南兵備副使值征黎之役大珊部
署行伍聚師數萬糧餽飲散皆斷其手計簿煩碎
主者緣之爲奸嘖有煩言謂大珊囊橐厚利其實
一錢不持也竟坐罷歸晚遭寇警家赤貧服御單

陋至老安之閩書參縣志

陳祥麟字士仁莆田人嘉靖進士授東安知縣東安地狹隣猺時詔徵土兵討田州所過騷掠祥麟搜剔弊蠹犒餉具而民不擾嘗修學宮作社學毀滛祠改諸佛刹為書院以廉能調麻城足疾疏改湖州教授主江西文衡所得多名士遷南京刑部主事常提獄命人洒濯囹圄不深錮諸囚囚甚德之歴郎中出守姚安郡雜夷難治祥麟約以威信靡不輯服母喪歸補南安或有諷祥麟稍稍為子孫計者祥麟艴然曰昔人遺後世以安吾豈欲置之

危哉嘗自言吾自筮仕以來未嘗畏一人於重辟及謫戍者其廉慎仁愛如此擢山東提學副使至則崇禮教作士氣每閱諸生文必爲之改正以積勞卒於官著有四書詩經正蒙（閩書參舊志）

白仁字道顯世興化衛中所千户少喜奇功遇事敢任先是嘉靖二十三年海寇猝至仁以分巡姚鳳翔檄領水軍捕追至連盤四澳與指揮丁桐並力奮擊生捕倭寇十四人再歲寇登福清屯海口仁以參將尹鳳檄帥所部兵先嘗賊鋒仁持槊躍馬列栅於梛尾爲陣以待而賊勢銳甚時與仁軍同

遣者各頓兵依險自保仁刺血矢衆薄暮風起賊見仁陣整未敢侵軼是夜仁出巡徼斬伏聽者四人遲明復陣於東嶽廟口方蓐食而賊忽從間道至仁持短兵接戰殺傷相當久之兵寡力困援者不至而賊突出於背以鏦仆之仁猶空鬬麾腕殊死戰頃竟絕時十一月望日也撫按具實以聞詔贈明威將軍今南城東有忠勇祠云時舍人檀文貢亦從行間戰死縣志

邱珍字君實世平海衛千户少具方略以奇節自許嘉靖三十四年倭寇數十艘循海涯焚刼時珍有

督捕之役即帥所部卒爲游兵扼其要害使不得傳岸賊怒焚舟潛往白湖江登珍即令數卒乘夜縋城從間道鳴金鼓大呼曰寇至寇至於是人始知寇匿平明以輕騎數百追至海口與之力戰墜馬被縶死朝廷嘉其忠贈秩立廟如白仁云縣志

葉巨卿字弼甫世平海衛後所副千户嘉靖二十二年持檄領水軍守泥滬澳巡徼南日塞會倭艦數十截海至巨卿駕帆率組練迎風鏖戰生捕十四人次年賊颿風夜半入郎登叔巨卿堅壁令寨中無夜驚遲明遂勒所部卒與之力戰身中十餘創

死撫院上其功增秩立廟于煥然癸亥賊攻城死
城上縣志

丁桐字崇文興化衛指揮僉事猿臂善射有膂力最
習海上事每駕颿艫自持柁截海又於舟檣傍馳
突呼嘯人謂趙子龍姜伯約不能過也先鎮小埕
疾戰刧敵斬首二級捕賊九十五人次調南日又
殊死戰斬首一級捕賊三十四人後守浯嶼以小
艦廹攻斬首二級捕賊二百三十三人獲敵船夺
貨鎧仗無算已而以禁海太宻遂爲蜚語所中御
史金城簿責其多受夺金請籍産繫逮如京後刑

部郎中陸穩以恤刑至力爲疏理會倭奴侵軼江浙給事中曹禾復薦桐材勇請貰罪赴轅門詔釋之而桐以孤憤久結出狴遂絶縣志

鄭瑞星字廷奎仙遊人萬歷進士知信陽州有巨室姻戚獄求解不從潛譖當道改調崖州州峒蠻久爲民患瑞星恩威並用遂歸化州賴以寧陞刑部員外大司成范屏麓罹慘禍妻擊朝鼓訴寃瑞星力代爲白朝論韙之轉郎中三殿被權璫火屬瑞星議竟按以法奸黨交擠之左遷贛郡通判時権權久爲大璫所攘瑞星曰権稅以供軍餉非王陽

明戚議耶若攘之利括內帑害貽地方如守土何奏請歸郡長淮之廟灣盜藪也瑞星築壕勒卒擒賊首陳注華等殺之自是商船無虞性最嗜學雖莅事亦以文史自隨尋以終養歸年五十九卒縣志

林恭章字爾肅莆田人深之之裔幼孤讀書刻厲居恒自誓以清修報母萬歷戊戌成進士令海寧不受私請邑大姓方據要地欲以夙憾杖一窶人恭章堅不許爲所扼坐徙廣東陽江縣陽江舊有羨稅一無所取盡以修驛舍街亭丁艱補新淦有勸之營產業者曰吾胎而孤賴母氏以有今日今祿

養已矣尚敢浚民膏以貽子孫乎在途數月召爲都察院經歷轉僉繕司員外郎管街道長安中街廳最雄劇五兵馬隸焉恭章莅以簡靜諸坊官敬而畏之靡敢以寸絲一器進者陞吉安知府轉廣東雷廉副使雷廉爲交趾通貢出入之所例有羨稅恭章榜於關曰受交趾一物者不得生還清苦不避權貴擢湖廣右布政使將展其才用而浩然賦歸積俸無一金餘縣志

郭君會號近渠仙遊人以年勞授翁源縣尉縣有巨寇據險殺掠官兵爲之屢蹶君會挺身諭降夷其

穴而歸因請築城爲久安計縣民如獲再造遷德清主簿踰年以前功擢海寧縣丞佐政勤敏郡邑有難事必委治之未老歸田卒年八十一縣志

唐顯悅字子安仙遊人大章仲子天啟二年成進士授諸暨縣有賢聲有巨犯托勢豪求解不納因忤當道改湖州教授轉國子助教陞南京戶部主事調兵部陞員外郎補襄陽知府歲饑出倉穀賑濟民賴以活會陝賊渡河突入襄陽顯悅防守策應兩閱月賊不敢犯後鄖陽荆州郡多殘破襄屬獨全事聞遷下江兵備副使駐蘄州時鳳陽既破流

賊蝎子塊等千餘入楚圍麻城麻係全楚咽喉乃
檄顯悅移鎮至則守禦備至賊往來七次不得近
陞襄陽巡道參政并署監軍有奉招漁兵八千道
荆州大被擾害顯悅單騎諭降之尋被劾歸起補
蒼梧道奉勅會勦湖廣藍臨陳朝龍等猺賊廹賊
巢而單斬獲甚衆救回難民七百餘口凡三閱月
而賊平陞北海道副使開屯田千餘畝轉淸軍驛
傳嶺南巡道內艱歸未幾寇陷京師懷宗死社稷
唐王建號閩中陞右通政以兵部右侍郎致仕歸
隱於雲頂巖自號雲衲子以壽終著有亭亭居等

集縣志

林㸌章字繼照莆田人應采子萬歷鄉薦初任永平郡丞淸愼敏幹石門兵譁有單騎定變之功爲當道倚重爰章首薦擢刑部員外郎旋晉湖廣按察司僉事備兵湖北時播事起飭兵督餉轉運隨征日無寧晷以平播功賜賚帑金子堯俞貴贈禮部尚書閩書

鄭楚勳字叔魁莆田人天啓鄉薦爲雩都令有惠政邑天華山神最靈歲禱祀得香錢千緡宗藩欲攘爲已有楚勳曰山皆民山不可入藩府力爭於當

道取還民崇正初擢御史屢陳守禦策多見採納
時冢宰鄭三俊都憲劉宗周以敢諫黜楚勳累疏
論辨直聲震都下後歸隱澄溪卒子泰樞順治辛
丑進士署延平教授倣胡安定課士法核其文行
純粹者薦之府以示奬勸著有辨騷悅莊讀陶定
齋集若干卷
戴震亨初名震元字貞生仙遊人崇正舉人以親老
就教諭甌寧與諸生講課寒暑不輟秩滿陞鉛山
知縣鉛民餽遺胥却不受又河口巨鎮有年例輸
官數千金悉罷之會計吏或勸震亨以厚貲營之

震亨曰吾飲紫溪一杯水何敢以此汚當道哉常語家人曰民吾子也吾何忍家視子而邑視民哉丁外艱歸適山寇嘯亂巡撫張某親勦震亨措餉佐籌獲渠魁四十餘人殲於社寇遂平士人作文以紀其績縣志

林蘭友字翰荃號自芳仙遊人崇正進士授知臨桂縣故多宗室猾法難治蘭友與約犯無赦貴戚歛手宗藩有謀奪嫡者蘭友曉以禍福刑其罪首而藩嗣以定欽取授南京湖廣道御史疏論輔臣張至發薛國觀冢臣田惟嘉樞臣楊嗣昌負國之罪

忤旨，連三上，留中。禍且不測，詹事黄道周、翰林劉同升、趙士春、給諫何楷交章論救，謫浙江按察散員，直聲震京師。時有五諫之謡。既而荆襄師潰，上思言臣先見，特旨賜環，起爲光禄寺丞，轉南京考功司員外郎。北都失守，賊抄迫群臣，樹青紅二幟，令降者立紅幟下，不降者立青幟。蘭友徑立青幟下。賊怒，縛晒之。有道士乘間以濡帕投嚥之，得不死。蘭友終不屈，賊遁，脱歸。唐王建號，起爲太僕少卿，陞兵部尚書、右副都御史，總理撫討軍務，糧餉督師泉漳。蘭友歎曰：此臣子疆埸致命日也。丙戌九

月　國朝大兵至天下一統蘭友奉老親挈妻子遯入海中羈窮漂泊凡十五載尋卧病預知死日至期端坐而卒年六十六著有迯迯草等集縣志

林衍培字仲卿莆田人幼敏慧過人博涉經史崇正己卯以貢入雍文譽日起值遴選雍貢准舉人用衍培與其選授江西興國知縣每讞獄片言折兩造觀者咋舌時土寇闖總躪吉贑興爲贑門戶防守客兵不能禦寇而肆暴邑民患之衍培乃選城內外壯丁以忠義激發日夜訓練成精鋭於是詳請盡𢿱①客兵而將所練義勇人自爲戢②衍培復身

校注：①撤　②戰

先士卒臨危制勝屢剉賊鋒邑恃以無恐當事異①
其才薦授職方主事仍管縣職賊探知遷信併力
攻興之臼羊坳禦之遁去又突至艮口設策以禦
賊不敢犯而退擢爲監軍僉事念母吳氏年老先
以守土不敢請至是堅請歸養乃築室村居蒔花
種蔬爲娛親計母卒哀毀盡禮屢徵不起衍培生
平言笑不苟終日危坐子四人皆克承家學年六
十二卒蔡世遠撰傳

國朝

吳名煌字繼朱仙遊人母董氏有賢德善訓課名煌

校注：①異

舉順治五年鄉試授廣平府推官治獄多所平反毋亦為加餐曲周盜賺城劫獄有司捕未獲以良民抵案已具名煌反覆辨訊屢拂上官意不少屈卒為之白尋舉卓異以鈌裁當詣部選名煌竟拂袖歸居迫城湫隘甚自得也耿藩叛命偽黨借勒餉迫之仕拷斃其僕沒其產名煌置弗顧有偽都統江某者闖城見其居為豁之縣志

任東觀字敦全仙遊人順治五年舉人授東鹿知縣正供外一絲不擾有爭訟者委曲解諭每升堂輒有憫色邑貧民多重利稱貸於兵至有鬻妻子以

償者東觀捐俸代還民咸德之踰二年丐歸貧不能行百姓爭爲投贈道至鎮江卒縣志

許侃字淸甫仙遊人順治九年進士授邯鄲知縣課士恤民賢聲大起縣罹水災輕徭賦簡刑獄與之休息民饑而不病文廟久傾捐俸修理士民爲之立石子必昌副榜孫斗字滄南生而俊偉伉爽雅善文章會受知於學使汪薇後爲榜首益矜重自勵惜早卒縣志

王鳳九字而軒莆田人夙善讀書順治中舉鄉試宰涉縣捐築水堤忤當事劾歸時耿逆蓄異志拘鳳

九餌以好官不爲屈得間逃歸耿敗家居著書積三十年晚尤究心理數性命天文地理之學於漢宋儒外多所發明患律呂之不傳也則作黃鐘五聲十二律變聲解謂聖人先截管以取數非定數以截管而辨彭氏埋管定氣之非患先天後天之說之不明也則論順逆體用之理陰陽剛柔之數日心天地心之辨大約斷之以理參之以數而會合於性命之說其他經史子集多所論訂著霞菴文集四卷縣志

嚴昌構字孟修布政使淦從孫淦以興化軍生登景

泰甲戌進士授翰林累遷湖廣左布政有廉聲①昌

構舉順治十七年鄉試任建平縣政簡刑寬有縣

可張羅水澄見底之謡嘗捐俸修整學宫力除積

弊以循卓陞潼州知州莅政未逾年循聲四著卒

年八十六縣志

張新字在阜性俠烈有膽智順治間草寇竊發乃集

衆備捍禦康熙丙辰大兵入閩身爲前驅遂同定

興化及泉漳等府尋辭歸閱歲泉漳復被圍撫軍

吳興祚辟之所至輒奮勇當先恢復永春德化二

縣後解泉漳之圍鄭成功遣兵屯惠安䪨設奇直

搗其壘降卒甚衆以功授榮祿大夫總兵官左都督縣志

施而寬字容臣仙遊人甫弱冠膽氣過人總督姚啓聖深器之委署同安守備值 王師南征海寇而寬帥偏師進勦復海壇平海湄洲直抵金厦兩島以副將銜授銅山守備奉檄從攻彭湖克臺灣功加左都督世襲拖沙喇哈番累遷虎門副將會洋盜騷擾而寬單騎往撫平之以內艱歸起補西安副將改龍門水師陞狼山鎮總兵絕規例禮文儒①甄將材立義塾瘞遺骼奉 召入都賜賚甚厚土

校注：①甄

民感其德爲之設祠立碑年七十一卒於官加太子少保賜祭葬縣志

朱卷字黄初莆田人贊從弟康熙癸卯鄉薦任宿松縣適歲饑出資市米分路設厰施粥又建積穀倉自捐米石爲倡勸輸以備救荒邑有彭惠安韶祠年久頽壞卷爲修復仍置租充祭楚逆夏包猖獗據蘄黄離邑三十里卷竭力效守民賴以寧辛酉分闈得黄夢麟輩時號得人巳巳行取入都邑人建生祠祀之擢工部主事累遷户部郎中告歸年八十卒縣志

林嘉楠字楢僊莆田人鳴播孫少孤事母至孝康熙己酉舉於鄉旋值耿變毁形自晦不授僞職後授阜平知縣未期年聞母病即請歸養嗣補楚之保康邑爲明季流寇屠殘遺黎數十家嘉楠招徠撫輯蒲鞭不試民稱之爲林老佛有兄弟爭產者嘉楠諭以大義兩人感泣相推讓而去在任十二載飲氷自勵上官廉其守擬疏薦之以老乞休縣志

林麟焻字石來莆田人康熙庚戌進士授中書舍人辛酉分校京闈識拔皆知名士奉　命冊封琉球副翰林檢討汪楫以往至則氷蘖自矢却宴金庸

費口糧中山人敬之使還　召對瀛臺詢水程條對甚悉尋陞戸部江南司主事監督京倉剔釐奸蠹宿弊一清晉本部員外郎遷禮部郎中甲戌擢貴州提學僉事絕請托拔單寒題請廣鄉試額黜士頌之黔既僻處荒陬文體卑鄙麟焻授以明時及　國初諸大家稿餙師儒朝夕講誦風會丕變以薦授參議需次旋里日與親舊觴詠未嘗一預外事甲申巡撫梅鋗聘修邑志考證品隲必詳必慎先是甲寅閩變將作麟焻方在籍愀然憂之由邵武潛出杉關甫抵南昌聞耿逆猖獗急月險入

燕人士咸稱其有先見之哲著有玉巖詩集續集星槎草中山竹枝詞郊居集竹香詞列朝外紀各若干卷縣志

林楨字少幹莆田人幼負至性甫七歲世母孀居於從子中擇爲嗣長隸博士籍康熙甲寅耿逆廹授僞職不從被逮榜餉幽囚數月荼苦備嘗耿克後年已四十絕意舉業入成均謁選吏部奉例改授邑宰需次都門念定省久曠遂假還屢檄不赴曰母老矣安能舍吾母而謀升斗哉爰築數椽於宅南奉甘旨承歡外吟咏自娛著有學詩庭集庚申

饑與伯兄殿桂捐貲爲糜全活萬人丙子丙戌又饑棄產自賑鄉邦德之邑木蘭陂上滙諸澗下障潮汐爲南北洋水利攸關歲久屢塌沿陂下里許有横山隄延亘百餘丈扼木蘭中流亦將潰決事聞郡守以下皆造廬問修理計楨力肩之並出金以襄厥成迄今梅溪安瀾數百萬頃桑田歲穫有秋皆楨力也縣志

朱元春字爾袞莆田人淛京孫七歲失恃母撫教之性聰穎爲文立就康熙辛酉鄉薦授蒲城縣革弊除奸政清刑簡時州縣蝗蝻大起監司委查元春

逐捕殆盡惠及鄰封邑歲方歉請倉貯急賑既而
大兵出征準噶爾奏委運餉無誤以軍功晉二級
巳卯行取入都士庶德之歲時攜壺漿菜甲饋於
京師概不納庚辰授山東道監察御史疏劾浙江
布政使趙良璧久虛　國帑安徽按察使董昭祚
用刑苛刻　上悉可其奏壬午巡視西城疏劾地
棍藉宗人府勢躧米騰價郎報丁內艱服闋補浙
江道兼掌江南道事劾山東巡撫王國昌大計不
公巡視中城時大名人候補道王愷入寃害元城
知縣徐廷芳一家致死獄中廷芳甥林朝棟探舅

無存得一匣血狀入都控告憕人方在吏部堂掣
籤疏入問擬都人稱快尋掌京畿道巡視東城疏
劾內務府勒索車輛凡所陳奏胥關國計民生振
肅綱紀有古諍臣風縣志

程震元字清士號湛園父之琦由莆田遷仙遊震元
舉康熙二十三年鄉試授新田縣新田故巖邑俗
悍民困震元下車即禁雜派革行戶除值日絕餽
送民皆戴之尋薦調城步郡庠久失名額震元詳
請復之時苗民梗化加意撫綏民害以寖①擢刑部
主事民爲立去思碑後以病告歸著有三湘賦詩

校注：①寑

草一卷（縣志）

程鯤化字季序莆田人康熙甲子舉人宰浮梁邑號煩劇又有景德鎮磁窰輻輳雜沓率多狡悍之徒鯤化撫馭有方無敢犯者輸糧分別儒戶民戶偏枯不一賦外有加凡此錮弊剔釐殆盡行取擢虞衡遷比部郎中工役不勞刑罰悉中出守東昌所轄十八州縣最稱難治鯤化至即以振興文教爲先聊城爲郡首邑向未有文廟捐俸創建時詢民間疾苦加意撫綏二年以積勞卒祀名宦祠（聊城縣志）

林洙字鶴斯莆田人康熙庚午鄉薦宰洵陽撫齊民

貧捐愛如子惠政甚多民稱慈父母以行取授戶部貴州司主事剔釐陋弊爲大司農所引重積勞卒於官其在籍時修木蘭陂築横山隄濬新海水利鄉人至今德之縣志

林源字奕逢莆田人光庭曾孫康熙己卯舉人任望都令時大兵西征源甫履任承辦軍需及協濟邊驛大兵經由芻糧故事勞費在民源獨任之吏蹋蹶增修文廟堯母陵唐帝廟立義學造士薦授屯田主事時陵寢立碑工費近三十萬吏執舊案要以重利源嚴斥之估算得法吏畏服至祭祀所需

物預備製造之項陋規盡絕擢御史管五城街道巡視西城兼刑科掌印體訪民隱風紀肅清旋命督修玉田城垣以工濟賑源訪知境內遷鄉河屢淹浸田廬請以河工易城工　上從源日在河干督率力除諸弊民受實惠河用安瀾以功授光祿少卿遷太僕寺卿凡所薦舉　上皆擢用封事皆關世道生民悉蒙嘉納年老致仕卒年七十六著有禹貢註解師會廣義家禮須知格言家訓文選詩選文集詩集箕裘集等書縣志

陳起鮫字在人莆田人幼事二親備極色養順治初

王母避寇殉節父號慟不已起跛侍立嗚咽父食寢必省視乃退康熙丙戌大饑鬻田數十畝周其鄰里族戚巳卯領鄉薦尋就教職初任晉江教諭轉泉州教授設立課條士風丕振有新進王生者鬻女以辦菜儀起駮聞之出俸金代贖盡斥一切常例諸生有以詿誤擬黜愛其才力請上官釋之後皆掇巍科有勢要覬學宮隙地持不可遂寢嘗復明理學名臣蔡清坊宋郡守王十朋明李文節廷機吳儀部韓起祠墓暨學舍傍侵地倡修晉江學掘地時獲嘉靖間銅器數十勳置充廟中法物

泉郡大成殿震櫝桶轟然有聲冐險抱　先師神主出未數武全殿崩塌若有陰相之者制府蒲保雅器其才會臺匪告警召同駐廈門叅贊機宜凡草檄悉出其手七日奏績泉遭水災捐賑爲富室倡其學行誠篤率類此年六十八卒於官泉人立祠祀焉縣志

薛天王字爾趙號崑山康熙五十四年進士知商河縣廉潔愛民捐俸整文廟河水横决於兵橋西北捐築隄岸保全三十二莊設義渡以濟艱涉者修浚①徒駭河先是商邑徵收漕米年例得担頭錢千

校注：①浚

金天玉詳革之會歲饑請發倉賑又自捐米爲饘以給舊欠漕米旱傷後苦於完納天玉爲悉捐之民載其德爲建祠立碑離任貧無以自存在商授徒閩六載始還縣志

林夔字有典莆田人康熙癸巳鄉薦授元氏令居官一本廉惡屏滌煩苛椽白故事給換牙帖可獲數百金置弗問市酤有犯厲禁者願歲餽三百金以便其私亦峻拒之所親或規之笑曰幸得清白以遺子孫足矣莅任數月案無留牘囹圄一空冬日徵見糧法當于杖會天大雨雪夔諭里甲曰旦甚

寒予不汝責後期來輸及期畢輸無一後者或誤溢於額必召而還之歲終爲他縣最巡察部使者恆交張鉞廉其才抵正定爲郡守言狀將調劇縣未果守故墨吏嘗授意於人陰爲微索變性拙竟失守懽改教職亡何卒士民嗟悼皆嘖嘖林循吏云縣志

宋達字爲謙莆田人家貧力學早擅文名領康熙丁酉鄉薦雍正丁未以明通榜揀用教諭歷大田南平甌寧三邑化導有方旋擢上高知縣甫下車即捐俸倡修文廟復於縣南河設立浮橋以濟病涉

行人德之歲徵漕糧例有餽送却弗受悉照田畝
歸民民尤感焉讞獄詳慎不徇豪右務得實情未
半載囹圄一空癸亥歲歉不拘糶三成例詳請大
發倉儲分賑復捐俸設粥以餔飢民全活甚衆巡
撫陳宏謀稱其實心行實政古所稱循吏不是過
也卒上高六載以勞瘁卒於官士民咸流涕云縣志

游崇功莆田人少列戎行驍勇知大義屢建戰功歷
任臺灣安平鎮左營遊擊康熙六十年賊首朱一
貴竊發陸路被擾崇功統水師官兵出洋巡哨聞
變迅航入臺同將主許雲奮勇殺賊敵衆繁多雲

與崇功力竭戰死及 大兵進剿臺地悉平臺民以崇功忠靈建祠祀之廕子金閣守備縣志

朱源淳字濬公莆田人天貴子難廕授湖廣興國知州甫莅任均民吏不平賦役銷數十年逃荒正稅持躬清正爲舊案詿誤改蜀藩經歷陞雲南晉寧牧晉寧山田多旱源淳隨山開渠三十餘里灌高亢之田數百頃承辦畢節塊澤兩廠倭鉛凡出入盈縮勒著成規猾吏奸商斂手計典得上考補蒙化同知擢武定知府適烏蒙玀猓跳梁騷動滇西邊境①源淳哨巡備禦猓不敢犯委署廣南道篆有

校注：①境

文士司吶赫兒爲仇所衊株連漢夷數百人幾與
大獄源淳讞決平反白赫兒冤釋株連犯誣衊者
按律抵法地方以寧陞濟東泰武道訪知各州縣
管驛僕胥扣減勒措諸弊首爲嚴禁泰安府岱廟
進香者例有稅係鹽道收貯前雖禁革日久弊生
源淳釐絕申飭陋規悉除未幾卒於官縣志

黃海字南若莆田人雍正甲寅以諸生選入成均後
充經史館校對授粤西縣丞初署臬司參軍纂授
以疑獄十七案裁決如流憲使唐綏祖以爲古之
老吏不過也未幾署興安令興故衝要地苗獞雜

處庚申春楚苗楊青保等勾結粤屬義寧奸民謀爲亂海偵知之先事堵禦團練鄉兵勵以大義結以恩信令各自爲守五月青保糾衆千餘突入邑之烟竹坪海授計村民陽餽以牛酒夜率八團丁壯斷絶其歸路至黎明四面攻擊梟其渠魁楊元保等十餘人生擒同保等十四人逃竄溺死者相枕於是克苗膽落戒無犯界督撫會薦補授興安七月紅苗逆黨竊據白巖界張家寨南山甘柴水等處憲檄分路征勦飭海贊軍務皆親督鄉勇以次討平海在軍前身先士卒未嘗以勞苦辭恩威

並著苗民見之感泣詣營投誠數月間不折一矢全師凱旋海之力居多已而陞西隆知州剔釐積弊一如令興安時徃例官始至得修署金千餘兩海力却之年五十九卒於官著有鯨濤雜稿縣志

福建續志卷四十三終

福建續志卷四十四

人物四

泉州府

五代

王忠順晉江人初閩王延曦爲朱文進所殺忠順與留從効董思安謀誅文進所署刺史黃紹頗奉建州王延政爲主後南唐攻建州忠順復與思安率兵赴難城陷忠順死之府志

宋

曾孝廣字仲錫晉江人公亮從子元豐末爲都水丞

元祐間大臣議復河故道孝廣以爲不可出通判保州久之復原官歷水部員外郎河决内黄詔孝廣行視𤀹疏蘇村鑿鉅溝導河并流紆澶滑深瀛之害遷都水使者洛水瀕歲溢涌浸齧北岸孝廣按河堤得廢渡口遺跡曰此昔人所以殺水勢也即日濬之累石爲防自是患息知潭府胡安國提舉湖北學事爲蔡京所陷置獄推治衆爲危言孝廣徃唁退謂僚佐曰胡提舉凝然不動賢於人逺矣遷顯謨閣直學士知鄆州以疾卒贈正議大夫孝廣莅宫①以嚴稱獲盜輒碎其首焉府志

校注：①官

曾孝序字逢原晋江人公亮從子以廕補官崇寧中以顯謨閣待制察訪湖北邊事遷見蔡京語及講議司事曰天下之財貴乎流通取民膏血以聚京師非太平法又論明堂辟雍事曰相公命講筵不得進讀漢史欲舉明主於三代之隆今乃循王莽已行之法耶京勃然有意擠之後命爲環慶路經畧安撫①使既至京下結糴俵糴法括民財充數孝序曰民力殫矣歷疏其弊京益怒遣御史宋聖寵②劾之諳鄜州追逮其家鍛鍊無所得但言與鍾傅③不約日出師幾誤軍期削籍竄嶺表遇赦量移永

校注：①撫　②寵　③傅

州京罷相授顯謨閣待制知潭州道州猺叛乘高
恃險機毒矢下石官軍不得前於兩山間仆巨木
横累以守孝序夜遣驍鋭攀援而上以大軍繼進
討平之進直學士遷龍圖閣直學士知青州繕城
練卒儲峙金穀有數年之備金人不敢犯會臨朐
士兵趙晟等聚衆爲亂孝序付將官王定兵千人
撫①之失利而歸孝序責以力戰自贖定知不免迺
以言撼敗卒斬關而入孝序出坐廳事瞋目罵之
遂與其子宣教郎訏皆遇害年七十九贈光祿大
夫謚威愍訏贈承議郎宋史

校注：①捕

陳妍晉江人初名豪受學於楊時後在太學與陳東上書留李綱東被誅變名遊瓊州卽家焉府志

曾懷字欽道晉江人孝寬曾孫建炎初金壇主簿毗陵吏張元貸民錢解發事敗戶部命鞫之或謂當死懷曰無文記以盜論今官有文記吏焉得死高宗南幸懷以攝宰面對奏法當貸高宗嘉獎令籍記姓名知眞州訓習民兵有紀律張浚督師大奇之乾道初擢戶部侍郎奏曰臣不敢進生財之說亦不敢進苦節之說但量入爲出使天下之財足天下之用孝宗悅進權尚書在版曹凡五年未嘗

以錢穀語人凡錢穀之數州郡所積出納之多寡纖悉必記上以蕭何劉晏目之除龍圖閣知婺州未幾賜同進士出身叅知政事代梁克家爲右丞相封魯國公淳熙初臺官因言事中懐遂求退以觀文殿大學士奉祠未幾復相以疾請罷卒年六十九贈少保懐爲相侃侃得大臣體嘗言事大者視之以小事小者視之以無天下無事矣人以爲名言著有文集三卷閩書叅琴川志

儲用字行之晉江人淳熙進士知建陽縣有惠政朱子亟稱之會黨禁起罷去後擢守光化移襄陽鄧

民樊快明率衆來附制司面約回時勦之用宣言謂勦不勝則吾代敵受禍約回陷之死地則吾代敵受怨他日豪傑謂吾戮已降更以仇我則吾代敵受仇貽書制閫制臣大恚竟以是罷歸時海寇犯泉境與眞德秀協謀捕其首趙郎餘黨遁去後直文華閣知廣州未上卒子耀知雷州閩書

林仲麟安溪人寧宗朝以明經賓興太學慶元元年同楊宏中周瑞等六人伏闕上書被韓侂冑編管五百里外天下號爲六君子府志

劉用行字聖與晉江人嘉定進士爲零陵令以最稱

魏了翁貶渠陽戒僚吏勿謁見用行扁舟詣之與語竟夕通判道州蠻入内地舉車臨城諭使自新蠻感泣去除知桂陽軍召爲太常博士出知潮州詳刑使者貪暴盛夏馳卒逮平民用行命左右掩卒得其贓釋民械卒引章自劾使者削秩用行亦坐貶知贑州剔前蠹聲華爗然終於郡用行質貌修偉遇事有執詩文典麗有北山漫遊十卷雜稿二十卷府志

趙時煥字元晦嘉定人進士授候官尉有能聲再調長溪奸惡悉奔他境號神明辟湖湘帥幕官一夕

訛傳北兵至官民恂恂欲潰時渙治文書自如留同幕飲人心以安累遷太常寺簿輪對首崇公道次極君子小人之狀攺禮部郎疏攻史嵩之爲其黨所忌以朝散郎出知撫州州軍素悍小不慊輒叫呶有剽人於貨執而戮之迄代去無敢譁者除廣東運判革潮州重稅戒飭汙吏聞者悚息卒於官府志

王大壽晉江人爲左翼隊將紹定五年海寇王子清犯圍頭郡守真德秀遣大壽領卒百人防遏猝與賊遇奮前搉弦斃賊十餘人後無援遂没從死者

五人然賊亦奪氣官兵乘進遂有沙淘之捷獲賊首林滁二等剖心以祭事聞贈官恤其家宋史 參府志

元

鄭壽字龜齡晉江人讀書能文早孤事母盡孝由千户陞宣武將軍上萬户至正間萬户賽甫丁阿迷里可叛竊據泉州壽謀討之機泄遭害一門死者數人第宅盡燬府志

明

史福字德有晉江人由鄉貢歷官刑部有能名洪武二十二年遣諭天下武臣比還奏劄稱旨遂授兵

科給事中擢四川按察使方覲遇疾連歲乃瘳及
入京師吏部欲置之法太祖知其才降松陽令松
陽民暴而好爭福痛繩以法召見父老問政所急
有所罷行民咸安之政滿以最聞懇歸養永樂中
復起授河池令未上官時縣幕長凌暴其民民相
踵竄匿山谷間幕長懼以民叛白府聞於藩閫韓
觀觀即發兵捕之兵入境而福至民知其爲新令
也奔走來訴福馳告觀曰民實不及官急租稅聊
走避耳觀驚愕曰不得君言生靈幾禍遂命返兵
後赴京時車駕方北巡福以才能被選扈行在補

慶雲令卒於京師子鍵雷州府同知閩書

莊琛字廷璽晉江人研精經傳子史尤工四體書永樂甲辰入貢成均祭酒陳敬宗以琛筆法猷勁簡進中書繕寫誥勅正統己未授官大理寺右評事奉命賑邊道經武邑邑令長博士乞書夫子廟額以綠縑白金致謝却不受廷臣聞之皆嘆曰莊大理當受不受所不當受寧受之耶擢廣西按察僉事矜恕廉謹上下咸宜景泰間詣闕行慶賀禮事竣乞歸卒府志

張茂字懋實惠安人天順間貢入太學授桐廬丞專

以恤孤弱釋寃濫爲心民有繼母告子不養己者茂問繼母自有子乎曰有然則何不安受其養而告前子曰宜均養茂廉得實紿母曰子不孝殺之母叩頭謝茂命痛杖之母色喜即召杖其少子曰子不孝弟不恭皆不可容母奔號請代茂怒曰杖前子則喜杖己子則號不慈孰甚焉并治母遣之其後母欲虐前子輒爲少子勸止一邑稱平有猛虎晝噬人移文告城隍自責虎遁去中使入閩陵轢沿道州縣將至邑令避不見茂曰丞自當之及入不爲禮茂瞠目責之曰七品郎官自朝廷外無

不爲禮者中使坐自如朝廷耶徑趣出頃之中使盛有取索茂曰舟則有之竟不能加巡按荆茂按部至縣召之講論經學曰君儒者也奈何屈此檄與秋闈闘外簾文字有友人沒京師子火骨以歸過城茂迎骨入廨設酒殽哭奠家人謂不祥茂曰設吾友生而過我不延欵之乎年六十致仕歸以文公家禮敎子孫叅據禮經酌以土俗著爲成書年七十九卒子綸閩書叅府志

莊恭字儀甫晉江人成化進士授刑部主事給事中韓文等以論兩宮事被拷訊恭首疏救之陞員外

郎出爲江西按察僉事風采飈發雷擊斧斷行部南安上游令望風解去成化丁未潁寇大閧禍延閩粤楚三省朝議知恭負文武才陞爲兵備副使踰月巨魁授首建昌瑞州寇復作間有長鬚善妖術者能騰空陷陣勢張甚恭用厭禳法出奇殲之前後俘馘無筭①餘悉平擢爲藩使歸卒恭孝友無間待人情禮備至善引後進識蔡清於童年期以大儒見李文祥指爲年家錚錚孫如愚新興令陞愚肇慶府教授並有聲閩書

李維字欽讓晉江人宏治舉進士未謁選請告歸養

校注：①算

親終出仕廷議以雍篤孝清苦特薦吏部驗封主事時人謂之赤脚吏部轉文選郎門無私謁正德初逆瑾竊禍欲樹私人雍介然抑之爲附瑾者所①忌出爲南寧太守臨行蹇驢敝笥而已至南寧因俗爲政不立赫赫名值歲艱請於朝減民租十之四瑾誅擢廣東參政會枹鼓起巡撫都史林廷選手書致之雍躬踐戎行不遑起居遘疾於電白官舍南寧人祠雍名宦載之郡志從舜孜嘉府志

王鏌字子鋒晉江人遊蔡清之門篤志勵學登宏治進士所居深滬海濱民皆以漁爲生登第自鏌始

校注：①忌

初授宜興縣均徭役時賦斂剔奸蠹勤聽斷以最
陞南大理寺左評事轉寺正讞獄明愼擢惠州知
府歸鍭孝事繼母篤愛異母弟建祠祀始祖至高
祖充田租八十石以供祭費深滬民不知兵海寇
肆剽掠毀室廬鍭倡議防禦之策選丁壯編隊伍
利器械授戰法而約束之復來寇衆奮力擒之無
遺類自是不敢窺其鄉卒年六十九采顧新山文集

林瑊字時獻晉江人從蔡清高弟田南山受易學宏
治中成進士授寧國府推官劇郡訟繁鎮以和靜
法無拘泥人稱平恕入爲户部江西司主事監稅

河西務商稱廉能轉山西司員外郎有宗戚奪河間民田搆訟二十年不决珹往訊歸其田於民還奏稱旨且疏所見數事以聞輿論壯之晉陜西司郎中督視京儲出納均平出知饒州府去煩苛崇寛大疏欝滯撫循而噢休之民以獲蘇尤加意學校時以德業課諸生差其賢否而施懲勸士益勵進科目日盛正德己卯宸濠叛宣言過饒士民洶洶欲遁珹曰彼以虛聲喝我耳戒所部練義勇嚴戒備時僞檄交至間諜踵於郡邑弗爲動已而賊竟向九江南京不犯饒陽會都御史王守仁檄珹

至郡提兵赴難克復藩城既擒逆濠珹繼督舟師之南康九江掃餘孽撫瘡殘民用安堵奏捷受金綺賞武廟南巡將幸江右命九江綜理舟餙刻期而集武廟卒不至有達官干以私弗聽遂爲中傷報罷移居郡城東南作羅峯書舍於居第之東圖書杖履逍遙自適採林次崖文集

黄春字伯熙惠安人宏治舉人少躭書力追古作者既雋肄業太學益刻苦覽究窮極要領爲詩文根攄騷括學者稱焉授惠州通判職捕盜賊才優繁劇應變濟務出以平易惻怛治名日起郡饒險阻

盜窟其中積逋暴抗詢要害規畫方畧以次追捕襲博羅盜張吾營盡俘之河源李文昌懾威聲遽求欵服龍①川盜謝榮宗者兄弟七人爲之魁勢甚猖獗迺命文昌往捕親督民兵夾攻盡戮其兄弟而散其衆凡三除巨寇閩郡乂安春周旋行陣跋涉原野芒屩杖竿步履上下更閱寒暑不憚勞瘁繼追興寧逸賊乘夜進兵暴雨大作遂嬰疾卒於官子甫週歲行囊如洗博羅歸善思其德世祀之著有學庸輯畧性理綱要原岐叢釆助化拾編一元天付諸書其文有晴溪稿小山類稿參閩書惠安志

校注：①龍

蔡祐字體順晉江人三歲而孤其母梁氏艱貞守之祐數歲哀不見父掩泣發憤稍長讀書從田南山受蔡虛齋易學既盡得田氏易復以新得疑義往質虛齋虛齋曰我學蓋如是遂傳虛齋之易最好文公家禮講肄行之造次必於禮度宏治中舉鄉薦授新寧教諭母艱服除改海寧遷湖州府教授致仕祐所至教士皆悅附動變其諭新寧時上官檄視邑篆省文書所宜施行上聞下施且行且請不取邑中一物會其母病思笋有持餽者遂受之邑人以爲特事其自海寧徙湖士爭畫像乞留衣

帶去湖亦如之子克廉閩書參王遵巖文集

黃河清字應期南安人宏治進士授吏部文選司主事歷郎中慨然以進退人才自任凡所舉錯甚稱冢宰楊一清意首薦劉大夏韓文林瀚熊繡王宗彝朱欽艾樸陳壽王質萬鏜程文程溫艾洪徐昂葛嵩張良弼呂翀潘鏜劉演蕭乾元黃昭道張瑋邢珣樊禹朱廷聲等二十五人又薦恬退之士四人曰潘府盧格張詡祝萃以風天下又若董玘萬鏜楊果聞淵姚繼磊夏良勝章拯唐龍周廣顧珀皆其所舉士論翕然歸之稱典選得人者前有黃

天台後有黄清源天台者黄孔昭清源謝河清也擢太常少卿提督四夷館一日羣立於朝有一巨璫來羣揖中惟不識河清或以姓名示之璫駭曰是彼是彼明日持雙幣謁河清瞰其亡返焉丁父艱歸嘉靖初遷南京通政卒於官著有蓮峰稿府志

曾仲魁字思逵晉江人嘉靖進士授順德令歲饑路有殍斃開廩平糶煮粥和藥饑者飽羸者起邑負山阻海宿偸蟠結仲魁蕩窟覆巢使民露積田間行者無虞法在募精卒除戎器謹候檄賊發必得安民而不擾民旣乃爲民畫便興利立社倉建社

學訓誦課業具有條式擢禮科給事中監京庫局東南百物之貢內寺主之宮府乖隔民輦輸入宮主者求賄無藝賄已半輸仲魁剔剗蠹本省賄萬計主者夜懷千金求稍寬弛正色曰吾以上聞若死矣貸若死監法不可弛也其人慚退始以役當輸官貢者皆相恐以破產廣歛他户充賄名曰汎費比所省既多乃盡罷以後汎費轉刑科右給事册封靖江出知嘉興府以母老乞養歸母没復補池州節嗇廚傳筐篋會陳御史以巡江歲滿檄取紙筆費仲魁曰吾知為民太守不知為御史胥吏

也御史上疏論劾吏部持之會論者至京奏事爭益力考功重拂其意遂報罷既歸杜門不出人益高其風年六十八卒閩書叅王遵巖文集

韋尚賢字思肖南安人正德進士授戶部主事督漕江南糧運先簡書二月至京從前未有也貴溪相夏言欲建築府城聞其才囑吏部遷尚賢廣信知府冀得托以行意及至郡殫心職業理詞訟平賦役六事畢修部使者以才能薦夏托以治第悉置之啖以美官亦不應啣之郡中四姓得罪於言每監司至輙希旨逮捕之致之死尚賢白免之言怒

甚言於吏部請改調冢宰汪鋐少宰霍韜知其賢為調毘陵郡民扶老攜幼走送毘陵大郡也言益怒乃改九江撫按交薦卒為權相所擠遽報罷年六十四卒南安志參林次崖文集

黄澄字廷肅南安人嘉靖進士任行人明制科道官員缺皆自行人選授人以得不得為憂喜澄獨不就選遂以司副遷刑部郎出為廣東按察僉事飭兵嶺西會猺刼高州朝議勦之督府以澄將中軍縣灘水進屯羅銀破賊徙十有三斬首千一百餘級獲俘八百餘人牛馬器械無算詔賜金帶高肇

二府居民與生熟猺相半往時禁市魚鹽澄令賈人得持魚鹽入峒獨不許其出耳熟猺或時至庭下獻茶蜜爲壽澄輙以魚鹽厚償之諸猺咸出望外終澄任無爲患者歸隱竹溪之上與其族子河清相倡和子養志府志

尤①麒字國禎晉江人受業於易時中嘉靖戊子舉人授武城令至則問疾苦罷不經之費與民休息補巨猾商鳳鳴置之法良善獲安有兄弟相訟壯年罹刑獄至白首不决出之庭諭以天性皆感泣聞之上官釋之委訊諸州縣獄多平反治存大體不

校注：①尤

務細苛接壤恩縣舊患水利不通民多失業流禍鄰壑爲相度疏築兩邑交賴報最行取擢南京戶部四川司主事士民請配祀東昌守芹山陳公至都門以疾卒年五十三武城人聞訃羣聚而哭臨焉節清源文獻陳道基撰志

莊一俊字君裴晉江人嘉靖進士授戶部主事會有北郊之役身先版築有役人逐於繼母因而操築其父自關中至相持泣憫而資遣之爲賦秋霜行辛卯典試山西得士獨盛孔天胤其著也調驗封司員外郎與唐順之諸君頡頏文辭稱同調精强

其職於人才特有推進獨斤斤功令罔敢少骩冢
宰汪鋐欲違制丐封堅執例格之恚甚以他事中
一俊下詔獄上章自辨肅宗奇之得不死旋釋之
改南京兵部出爲浙江參議所統三郡九衛六十
餘所大洋間阻民俗不羈提衛而廣厲之部下肅
然歲旱蝗爲災多方賑恤雨隨車至蘇寇餘黨潛
入海島爲亂犯難前驅寇遂以平尋以大計落職
歸戊巳間泉寇難起貽書京師諸知巳請發帑金
給兵餉登埤濬濠畫地而守矢石畚鍤以身當之
寇用奪氣土著乞招安勸當道許之所著有詩文

集府志

呂文緯字道充同安人嘉靖舉人授藍山知縣爲民求便利去蠹弊精聽斷舊有徵輸餘銀例充私費文緯請歸公上官按行部邑或有需求至藍獨無私饋邑居荒徼數苦黎患一日掠城下文緯勒兵追捕俘數十人以歸上猺可取狀遂按地圖部署兵所從入率敢死士擣其巢窟猺窘乃求撫文緯曰聽撫即吾民也定約束而遣之民立祠祀焉陞簡州知州未任而報罷文緯居家仁孝田宅盡讓與弟及置祀田三十六畝以奉祖先族黨交稱焉

採傳錄泉文集

鄭普字汝德南安人嘉靖進士授無錫知縣戒民去奢崇儉館舍舟輿不妄興作優禮賢士大夫其一二巨室橫放者置之法集諸生講經日開月益科目多出其門上官交薦之遷南京戶部主事榷舟維揚舊有大小二關皆征之普通其小關恣舟行榷計以足遷員外郎中擢雲南府知府以父喪歸免喪侍母不忍去居歲餘母卒服除赴銓卒於都下普勵志好古湛深經學嘗與林希元論易謂君子體易只取其意不必執定卦義何如如常德行習

敎事何與於坎只取一重字意獨立不懼遯世無悶何與於大過只取一過字意裒多益寡稱物平施分明是均平天下之道只取高而當損有謙之意耳又言人之爲學隨其所見皆足適道大抵君子立身只須箇正經道理循循做去成得一箇便成一箇之人成得十善便成十善之人彼聖賢道理典籍所載已詳不必日講是非也著有海亭文集閩書孫玉巖文集南安縣志

兪大猷字志輔晉安人少好讀書受易於王宣得蔡清之傳又聞趙本學以易推衍兵家奇正虛實之

權復從受業謂兵法數起五猶人身有五體雖百萬衆可使合爲一人也父歿棄諸生嗣世職百户舉嘉靖武會試除千户授汀漳守備連破海賊康老俘斬三百餘人擢廣東都司僉書平新興恩平峒賊譚元清等朱紈巡撫福建薦爲備倭都指揮賊犯欽州大猷戰數日生擒范子儀弟子流斬首千二百級檄莫宏瀷殺子儀函首來獻事平嚴嵩抑其功不叙時瓊州黎那燕構感恩昌化諸黎共反卽以大猷爲崖州參將會廣西副將沈希儀諸軍擒斬賊五千三百有奇招降者三千七百乃单

騎入峒與黎定要約海南遂安三十一年倭寇大擾浙東移大猷寧臺諸郡叅將與戰於寧波紹興松陽復邀諸海斬獲甚多旋代湯克寬爲蘇松副總兵賊犯金山大猷所將卒不三百人戰失利從總督張經大破賊於王江涇又敗之於鶯脰湖又追擊於茶山焚五舟擊擄及覆者無數賊屢敗趙文華等大軍廵撫曹邦輔劾大猷縱賊帝怒奪其世廕責取死罪詔立功自贖大猷偕副使王崇古入洋追賊焚巨艦八斬獲無數廷臣爭言大猷才遂罷總兵官劉遠以大猷代加都督僉事乘大雪

攻寧波舟山倭賊賊殘殆盡加署都督同知賊自柯梅泛海流劫閩廣胡宗憲利其去陰縱之不督諸將擊比爲御史李瑚所劾則委罪大猷縱賊以自解帝怒逮繫詔獄再奪世廕陸炳解其獄大學士徐階亦屢爲保持令立功塞上大同巡撫李文進習其才與籌軍事乃造橋獨輪車拒敵馬嘗以車百輛步騎三千大挫敵安銀堡文進上其制於朝遂置兵車營京營有兵車自此始也先論平汪直功許除罪録用及是鎮筸有警川湖總督黃光昇薦大猷即用爲鎮筸參將饒州劇盜張璉數攻

陷城邑積年不能平詔移大猷南贛合閩廣兵討之大猷連破之斬首千二百餘級用間誘璉出執之并執賊魁蕭雪峰廣人攘其功大猷不與較散餘黨二萬不戮一人擢副總兵協守南贛汀漳惠潮諸郡遂乘勝征程鄉盜走梁寧禽徐東州斬黃積山賊平請置平遠縣於五嶺間尋擢福建總兵官巡撫游震得請以大猷控制閩廣江湖數道命未下其冬倭陷興化明年大猷與劉顯戚繼光滅之徙鎮南贛改廣東潮州倭二萬與大盜吳平相犄角大猷與繼光夾擊破之平僅以身免而部將

楊克寬李超等躡賊後連戰不利平遂掠民舟出海大猷坐奪職總督吳桂芳留大猷討河源翁源賊李亞元等徵兵十萬分五哨進大猷使間攜賊黨而親搗其巢生擒亞元俘斬一萬四百奪還男婦八萬餘人乃還大猷職以爲廣東總兵官尋平蠻將軍印海賊曾一本犯廣州尋犯福建大猷合郭成李錫軍擒滅之錄功進右都督廣西古田獞黄朝猛韋銀豹等嘉靖末嘗再劫會城殺參將黎民表大猷徵兵十四萬分七道進討連破數十巢賊保潮水巢極巔攻十餘日未下大猷徉①分兵

校注：①佯

擊馬浪賊而密令參將王世科乘雨夜登山設伏黎明諸軍攀援上賊盡死馬浪諸巢相繼下斬獲八千四百有奇擒朝猛銀豹百年積寇盡除進世廕爲指揮僉事大猷爲將廉馭下有恩數建大功威名震南服其用兵先計後戰不貪近功忠誠許國老而彌篤所在有大勳武平崖饒平皆爲祠祀著有劍經正氣堂集子咨皐福建總兵官明史閩書合纂

按俞大猷晉江人應入泉州人物前志一載泉州一載汀州俱列之名宦且紀事蹟甚畧

故依郡志改入人物而加詳焉凡見名宦而
復見人物者其例倣此

何元述字元孝晉江人嘉靖進士疏乞教授惠州甲午分校浙江得陳善茅坤潘季馴皆知名士遷南京戶部主事進湖廣參議分守承天以修顯陵賢勞受金幣賞時鎮守中貴廖斌傾御史包節至被逮謫戍勢張甚其部卒橫恣於市騎逆二司不引避元述捕治之如法斌無以中京山有兄弟殺三人匿屍山巔石匣元述訪得其屍鞫伏之陞廣東副使搜閱故牘累千株連無數請於中丞可問者

問之餘悉除龍之塵案悉清商船輻輳心計吏因緣取倍息爲塞其竇正供外毋敢多科者故事御史行部不至瓊推臬司代行臬僚亦以浮海難之元述奮然往道化州黎寇襲白沙驛輿人奔走元述獨行叱之寇愕曰不知爲何使君也羅拜散去還報御史詳覈御史壯而服之尋爲勢家所擠罷歸林居四十餘年舊志參閩書三餘集景壁集

史朝富字節之晋江人嘉靖丁酉與其兄朝宜舉於鄉癸卯復與兄成進士授永康令時倭距邑三舍邑無城朝富率兵數千至境上禦之倭①疑不敢

校注：①果

下取徑遁去猥兵數千索餉驕悍主者方坐堂皇
猥兵湧至露刃坐側朝富從容諭曰若無譁安有
使若枵腹赴敵者餉旋給散去繼歷岳州同知有
盜掠臨湘帑衆咎莞庫者捕覈得藏金七十鎰父
子四人論死朝富覆覈之曰此非官帑物金色殊
劣似民家販麻苧所獲者捕急諉藏之故生疑耳
得從末減署郡篆時殿工興搆大木値踊甚比工
竣猶存木値三千鎰發商請給不聽丐藩司判給
又不聽掾爲之言朝富曰工興需木商故昻其値
岳居上游給最先商欲飽矣今未給者皆非商有

毋①乃欲官吏叢分而涸我耶掾叩頭請罪遂籍之藏以待覈其後上賦有不明者役委之郡藩司曰史岳州給商銀數千有藩司判行而不染反利此耶累遷南京武選郎中出知永州府立法與制考古右文築江華城兪大猷征粵苗苗奔巡察調兵五百戍之朝富曰未見苗而屯兵夫先自擾也卻之去苗亦竟不來省齋糧無算在郡三載綱舉百②修間爲諸生談說經藝士爭向學以疾乞歸臨行而東安置局征商之議起富力言其不可謂局開則稅重稅重則利薄而商不至士民大困事遂寢

校注：①毋　②目

年九十卒　閩書參雲臺藏稿

李一德字恒甫晉江人嘉靖舉人授陽山令地接壤西粵狑獠猺獞屢竊發時方有大征之命一德先輯民而後除盜以教化風俗爲先作十五保甲法令民自識察匪類盜賊稍息立鄉塾教子弟誦學宮進多士論文講學季試而甲乙之總督大師征夷道經陽山一德爲按地形指陳要害與賊虛實淺深之狀身率將士調糧食繼之戰屢捷猺患悉平復招撫其黨諭以禍福期與自新咸遵約束捷聞爲諸邑最擢知濟寧州調欝林修築城垣疏城

河歲收魚利貯備修城費是歲州南之沚有紫水湧出人謂文運瑞徵亭其沚曰瑞泉州故出葛申禁上供外不得混取自是例除以資當擢會協征潮冦上官請留任俟賊平轉官州人喜躍踰年轉襄府長史使傅世子王大漸欲以金銀寶玉殉葬一德引古義力止之居年餘忽夢母弗豫遂乞歸抵家而母沒人謂孝感歸八年卒採景璧集

翁堯英字熙采晉江人嘉靖舉人授懷集令築陂堰課耕種罷無名之税鋤聚斂之蠹上安撫經畧招恤十二寨流民占籍復其賦條書便宜鴆猺撞之

剽竊者不數月境內輯寧有兄弟析產而訟者繫
一室同寢食日使誦小學孝經久之涕泣相讓爲
兄弟如初聞者感服暇則葺學官購經史令諸生
談藝其中會賊酋鄧才銀僭號部使者稔堯英才
特屬之用間諜縛其酋餘黨悉平召爲大僕寺丞
會需馬數十萬疋值堯英病大司馬楊襄毅公突
入撫之曰事急矣卽病不可不出爲強起徵諸牧
廐貸諸閹豪及懸金募民馬咄嗟立辦故事兌馬
按籍唱給卒索豢馬者不得則詭言馬欵段譁不
可禁堯英下令先汰馬馬失芻而欵段者挾圉人

馬良而卒謬譁者罪如之故得從容集事遷南京戸部員外郎奉母歸著有易傳節解太極圖說忠孝經釋詩文論稿年五十九卒懷集人登之循吏誌祀名宦鄉賢採揚文恪文集

黃伯善字達夫晉江人九歲能屬文領嘉靖鄉薦選昌化教諭談經課藝諸生向化學使薛應旂爲葺萬松書院鳩浙士俊者令侍聽講擢知舒城縣剖析如流決事日以百計上官有疑獄朝檄下夕傳爰書未嘗不稱善是時起三殿有石綱役督使旁午又淮泗河決道不通使客多道舒城伯善區畫

撙節民以不困時嚴嵩用事有昆弟子嚴某道舒恃勢恫喝伯善不爲禮嚴題詩郵亭詆訓伯善命削其題嚴爲氣沮印馬蔣御史按事至伯善不能逢迎有所色授又佯不悟御史欲中以文法遷衢州同知署府事持大體衢故有上供段三千其直皆勢豪代爲關領市籍或不得半直段率粗紕伯善以時散給公私便之時有開礦之議伯善持不可議遂格旋爲御史劾歸老益精於詩王道思每曰此物是君家長技著有菊山詩文集讀書彙記連枝集諸書卒年八十六祀名宦鄉賢後以孫汝

貢貴贈太子太保禮部尚書雍正未刻志參楊文恪集爲時可傳

王時拱字曰臣同安人嘉靖舉人授杭州通判歷署仁和富陽錢塘海寧諸縣皆有政聲而富陽惠政尤多民尸祝焉浙兵苦乏儲健兒脫巾呶呶爲請發帑金以給譁伍以靖奉檄團練鄉兵日夜訓卒乘服習課績爲最璽書賜金擢廣信同知閩浙孔道游寇出沒飭扞禦惟謹有山東剿賊二十餘輩將入閩爲亂詐稱應募乘夜入城廉其狀以計捕之無一脫者署貴溪篆礦賊連結倭寇攻陷永豐玉山二縣且及貴溪邑本無城時拱倡率勇敢守

要抗險設伏置疑十餘日邑賴以完既而援兵至
敵皆殲焉因築貴溪城至今賴之署府篆罷歸時
父母各逾九十時拱亦年七十孺慕益篤採河干集
王時儉字本節晉江人嘉靖進士授刑部主事歷郎
中練習憲典奉命恤刑江北連郡數十獄入無痛
繼出撫漏網所矜全百餘家人尸祝之有卞姓坐
死罪廉其冤出之懷金致謝時儉怒曰吾爲國愛
法爲民愛命豈鬻獄耶責而卻之謝中玉以宰相
子坐罪權貴代爲開脫時儉曰法可勢奪乎竟奏
之然不爲深文巧詆峻法行威冬月置鼎自和椒

湯飲四多賴全活夏言柄國欲引置銓司謝不就嚴嵩握樞子世蕃故相知避匿不與通刺胥啣之出為雲南叅議民夷襍處鎮以寬靜時祭沐英藩諸司以朝服拜堂下時儆曰彼亦臣子安得專以君禮見公裳登堂成禮而退衆皆嘆服海口水滏良田二百餘頃乃鳩工築堤堤成世為滇利指揮某以賄梗鹽侵漁日久卻其遺置之法完積逋萬八千有奇在滇十年兩奏最績不調以世蕃故也遂解組歸歸則不問產業祿入悉付其弟曰集親朋怡然終老採縣璧集

劉存德字志仁同安人嘉靖進士初授行人選浙江
道御史會有獻四親廟圖說祧孝廟者抗疏力爭
世宗震怒劾疏竟以理不可奪得降俸視兩淮鹺
籍美儲十萬請賑兩淮饑民按應天少宰潘某子
弟殺人論抵罪失權貴意出守松江值倭寇逼境
男女奔郡城監司恐奸細欲嚴盤詰存德謂稍緩
則男婦悉遭虜矣遷浙江按察副使調廣東海道
兼諸番市舶務以舶利歸藩司提兵援潮陽諭降
劇寇許朝光等八千餘人朝光斷臂誓不復叛以
功見嫉歸與弟中分產而推其腴事繼母湯藥親

嘗善大書工古文詞著有結甃堂稿府志

張峯字維直惠安人慎子岳弟嘉靖進士初授吉安推官正直忠厚讞獄多平反尚書蔡經調狼兵勦倭郊勞不愜意輙譁下令肅之遂巡受賞其主瓦夫人徒跣稽首謝而去奏最爲嚴嵩父子所抑轉户部主事督太倉繼主易州邊餉皆肅清無染軍儲充裕尋調武選主事轉車駕員外郎籌邊選將皆中窾陞西川僉事備兵川北振飭吏治墨者望風解綬保寧綾名天下機户苦徵索挈家逃徙峯嚴禁之中丞陳某需綾已發使閩禁歎曰張君義

正豈其以上官撓之亟追還蜀道崎嶇上官絡繹守令日從閭道候謁不遑給與馬胥役外僕有歎童樂醫悉取里甲費不支一切革之飭州縣毋違迎送臺使者聞而韙之爲減騶從撫按交薦而吉水羅洪先慕其名投詩爲贄俄户部修前郤乘臥兵騎中以他故遂左遷去機户戴德以綾四百疋爲裝峯曰豈其陽捍城而陰潤橐是市我也悉卻之峯博涉經史至老手不釋卷年七十一卒著有古今全集六十餘卷古文典選六十餘卷全詩彙抄三十卷閩書參楊文恪文集惠安志

李愷字克念惠安人嘉靖進士授南京戶部主事榷稅於杭不盡利以惠商歷郎中出知瓊州府推誠待民而尤加意人材陞廣西副使郄土官餽女將莫氏知署中獨居獻三少女拒不納遷遼東苑馬寺卿條邊事八宜一招流民二實營伍三墾荒田四修屯政五均繇役六繕墩堡七甦郵傳八練兵器院使交薦會有憾者遂解組歸愷以春秋起家毋病學者棄經任傳棄傳任意乃著麟經律解臨海秦氏太倉王氏皆以春秋專門咸推尊之愷在瓊州海濤中覆船其書與先後著作俱飄沒海中

年七十一卒府志

江萬仞字若度晉江人嘉靖進士授貴溪知縣以治行擢南京户部主事歷員外郎出爲江西僉事駐分宜與嚴嵩子問遺不行請囑不受謫兩淮運判分司泰州富安諸場教竈知法峻却羨餘厲汰冗役遷德慶知州部洊水思懷等十二營將士各分汛地戍更賊發則以某日某游兵抵罪與僉太猷議創猺請東土稍暇之兵供德慶三月之用增置水軍制堡新壘分瀧水兵千人守禦擢廉州同知舊募狠兵團守歲久反擄掠邀功爲嚴保甲練鄉

兵使固守亟援獲狠兵不如命者置之法負海產鹽十五場遼隔高雷瓊崖供億不支申議裁併鹽政爲清明珠翠翡不入私橐復以居廉時忤上官意補鄖陽同知遷潯州知府蕩滌氛祲與民更始大藤峽山諸猺獞治以漢法散其部落夷酋翻樂其生盜去入他界擢陝西行太僕寺少卿致仕歸萬例性挺直貴溪分宜鄖陽其省皆有權相柄國泊然無攀援家庭倫誼尤篤伯父嘗捐貲佐學隆典之報餞同罔極析箸諸弟各豐田地界之施及諸父羣從至今鄉人稱焉子中梃福寧州學正以

清愼聞舊志參景璧集

林叢槐字庭呂同安人嘉靖進士授饒平令年未壯而莅事精敏若老吏粵賊張璉等聚衆萬餘叢槐單車往諭賊或戕其役人以恐動之神色自如賊亦嘖嘖畏服竟羅拜擁衛而歸倭來攻城城幾絕爲浚濠開窖口夜登陴募壯士共守城卒完士民爲金城保障以紀功以薦擢南京戶部主事邑人立石紀德建祠祀之著有明農集採清白堂稿

王廷稷字民育晉江人嘉靖舉人授萬載教諭擢營山知縣禁民囂訟刁風爲止東西關外梵寺叢雜

僧藏匿婦女廉得其狀置之法僧數百擁入縣庭廷稷計擒之搜僧舍中得凶器廢寺爲書院召爲南京御史上大本本務凡六疏俱報可出爲湖廣僉事鎮蘄州有巨姓窩盜致萬金訊得處治一州稱快擢雲南右叅議時撫慰諸司僉受緬約束僅木邦罕進忠不肯服逃入永昌議者咸欲驅去廷稷曰人窮來歸棄之不仁折而歸緬則木邦失而滇之藩籬撤矣後罕虔受誅岳鳳獲擒皆進忠爲之耳目人服其遠識府志

黄襄字國著南安人嘉靖進士授行人選貴州道監

察御史襄資性凝重當官有事屹如岳峙弗搖出
按遼東眞定嘉靖之季朝政玩愒襄抵遼陽則糾
撫臣之侵沒軍餉者總兵楊照死於邊事爲上功
請贈蔭祠祀罷中貴權木稅請督開漕河飭吏士
增堡置障邊境肅然先是邊牆衝頹千餘丈肅宗
怒下吏議而邊臣謬上功兵部冒賞格復奮然抗
疏請按諸罔者中外咸憚之貴人子橫暴吏不敢
問廉得其實收繫獄中當道力爲營解持不少貸
而權貴挾怨乘間齮齕用是外轉黃州下車則問
民疾苦務在拊循册籍影射爲精覈得漏糧千餘

緡以充糧差賦額民便之著爲令聽訟一訊立剖即遣去時張居正秉政旁郡多蔓附者襄視之蔑如也會大計銓曹無註考居正直取中旨報罷遂歸著有四書易經集說子巍岑俱舉於鄉舊志參閩書南安縣志

黃憲清字以憲晉江人伯善子領嘉靖鄉薦授陽春令邑多亡命窟穴憲清一意拊循之刻廉自苦絕饋遺禁追呼贖鍰耗羨一切屏汰嘗受詔清覈民田失額者田皆磽确陂陀入崖箐中多嵐瘴憲清盤棚檥楯跋履皆遍所至茹糗席莽不以供應煩

民五閱月而田之溢於舊額者幾倍憲清按舊籍
財足而止減歲賦十二三民大便之立石著令賦
版當籍奏例有稅金憲清盡却之遷廉州府同知
珠海多盜設戈船兵校守之壘者以游徼為名而
陰與盜市憲清嚴設禁防飭州師鎧伏之虜冒者
密設方畧捕賊甚多以功賜金者再劇賊李茂佯
受撫而聚不逞橫海上以計散其黨茂卒就擒兩
攝雷廉守篆以節愛稱奔父喪抵家卒府志

許天琦字大正晉江人嘉靖進士授行人奉使三藩
風裁凜然擢工科右給事中有某子甲遣鄉媪持

八百金爲壽正色叱去會元夕詔爲鼇山燈市費
不下四十萬力贊其長疏止公卿韙之又疏海防
四事刑名弊源六事具報可出爲廣東叅議備兵
惠州時惠賊猖獗人謂必由贛抵粤方保無虞天
琦曰宫其地而先爲避奚以覘險夷虚實甦民疾
苦遂由漳入潮舟次果遇賊遣諭自新賊皆感泣
既下車拊循士民歸善故二十五里巳逃其半自
是皆復還寇薄長樂城閉亟令開門納逃難者全
活數十萬賊亡所縱擊隔水羅拜乞爲良民天琦
曰必歸而俘賊立歸所掠男婦數千口乘其籍遣

之有賊帥朱良寶故就撫被憲巡激復叛督撫檄
天琦未至令憲巡僞爲天琦招寶寶曰是非吾許
公及天琦至卽自縛涕泣言所以叛非得已爲力
請而釋之調貴陽年餘擢雲南副使備兵金騰初
至見三宣六慰二十一府受緬約束常爲嘆惜一
意招徠諸夷宣諭恩威諸夷稍通夷不識詩書禮
義時捍文綱與之更始以六籍教諸生六諭化齊
民彬彬向風至滇四閱月以疾卒兩省立祠祀之
著有四書周易管見續宋史斷（採景壁集泰滇南通志）
林喬相字廷翰晉江人嘉靖進士授户部主事晉郎

中陞南寧知府南寧古邕州地雜夷而居潔已御
下簡節疎目甚愜民心南寧士椎魯少文立課程
為之論說秋闈多奏賢書請建立新寧州治規劃
經始為郡保障累擢雲南左布政使滇鎮臣驕橫
且徼征緬之旨索餉逾急喬相覈其行伍時其出
內滇帑以給驕鎮鴟張路遇楊副使立捽其輿蓋
扑其騎從喬相奏記撫按暴其狀於朝逮其牙校
赴法曹驕鎮始戢晉右副都御史巡撫貴州兼督
湖北川東軍務會楊應龍煽亂殘破五司喬相疏
謂黔受剝膚應龍法無可貸既經畧受指司馬以

撫了局而薛直指受應龍重賂爲遮解與喬相互訐屬李給事論列遂罷歸初黔宣慰安疆臣父國貞與其叔國亨素格鬭國貞歿疆臣方穉國亨視孺子如几上肉喬相檄諭之往事一付之司聽敢發難者移兵殲若矣立具疏題授疆臣官疆臣毋子感次骨比僕代鎮遠疆臣具橐中裝黃白金數千他珍寶稱是致之喬相正色叱出因馳諭疆臣而能不侵不叛不患苦黔中人爲國家效一臂以誅叛臣其報乃公者大矣林居二十八載與老友結香山會讌卒年八十二著有日省錄閩書參雲臺藏稿

賴廷檜字而舟晉江人嘉靖進士授户部主事大司農器之委典計事奏牘歷郎中遷建昌知府中道聞母訃歸服除補歸德郡背河爲城河歲嚙堤數橫決至則行河按其流首壅疏之令就故道五歲之內河不爲患有夫失其婦蹤得之告縣坐婦姦廷檜廉知爲盜所掠賣窮盜穴得他繫累人及其黨三十法皆當死檜按辟首惡三四人餘貸使自新出冤滯郵繫囚停罷商賈算緡舊例歸德之治最八郡焉遷備兵天津士民數百里遮送至津門儆三衛吏士與之約將三百一閱士卒十日一比

試月一總閱兵使者且不時閱視之於是津門兵爲諸道冠幕府上功第一陞四川按察使之任卒閩書參府志

張宇宇仲矩惠安人嘉靖末選貢萬歷初授英德知縣宇大父愼亦令英德宇素有潔操嶄清白繩家邑多例金宇荼湯家自煎辦而革去庫歲供百餘金掾胥及里正上役贄二百餘金宇至值更帖之年皆却不納更不問市廛一物損衣貶食凡齎用則持家橐以應而廨中蕭然徵賦祗徵負稅人而草故徵排年之弊邑俗獷訟剖決當情獄無寃滯

尤嚴繩胥吏有犯必斥汞柳流賊刼堯山錫礦千百爲羣字設計勦滅百里按堵生黎盤國清等相讐殺字聞之督府用間密捕不煩一鏃而元兇授首卒年五十三著有鳳岡存稿秦漢摘言淮南摘抄秦漢歷代文選明名家牘選諸書府志

秦椿字國楨晉江人嘉靖間承襲昭信侯爵拒倭殉難後以孫良弼官贈榮祿大夫南京前軍都督府志

黃仰字伯推晉江諸生慷慨尚義嘉靖戊午倭亂仰奉太守熊汝達檄敗賊於洛陽生擒其魁甓脚番還駐師安平鎭倭不敢犯及賊大隊繼至仰衆寡

不敵遂與從弟廷英血戰死仰婢以時夜入賊營

負屍而回事聞旌表義烈贈州同知蔭一子府志

福建續志卷四十四

福建續志卷四十五

人物五

泉州府

明

陳用賓字道亨晉江人隆慶進士授長洲令平賊清獄抑奢崇儉召入爲御史巡鹽河東鹽地苦久雨積課虧盡用賓竭誠禱於中條山雨立霽池鹽遂生旣生若無南風用賓禱輒應鹽積如山改按淮揚考較薦劾一出至公以忤張居正出爲四川參議累陞湖廣布政使以都御史巡撫雲南緬猛爲

患用賓招木邦以夷攻夷殺及俺及其子多亨多洪三宣以寧事聞賜勑賚金永昌金騰屢被緬患於銅壁諸處設關堡開屯田收米養兵省轉運費緬賊復糾眾欲吞蠻莫窺思化擇將發兵追敗之斬丙測擒賊十六人晉秩賞銀幣順寧府土舍猛廷瑞者孟獲後也土官奉赦世守大侯州其族奉學分管雲夢十三寨謀奪州印通於廷瑞與兵攻奉赦焚州治用賓上疏欲令廷瑞執奉學贖罪不從則以兵臨之先遣人諭廷瑞不聽決策用兵廷瑞計窮斬奉學首以獻遂奔據觀音山有古撫

鎮官協力共勦於是分遣四路兵攻之廷瑞走洛黨獲之順寧平改土爲流設知府改大侯爲雲州仍以奉赦爲之無何十三寨復叛又討平之晋右都御史兼兵部右侍郎廕一子稅璫楊榮欲通蠻莫道開寶井致緬賊阿瓦與兵犯蠻莫用賓疏謂蠻莫三宣之藩籬欲保藩籬當罷採買帝不能用而楊榮羅織立感誣執把總尹希舜首截買寶石富民郭之翰等買地獲金刑索黃金至千兩激變數州縣用賓疏陳榮罪請置之法速罷礦稅疏皆留中榮復不悛拷死指揮梁棟刑責樊高明荷校

時衛官賀世勳韓光大等乘小民激變執刀劍排牆而入殺榮付烈燄中用賓疏言激變之由分別情罪請旨帝誅世勳及亂民張守志等四人滇以復安而帝以用賓不能保全權使眷亦稍衰時用賓撫滇已十餘年念母老屢疏乞歸不允而阿克之難作阿克者武定土官鳳朝文孫也嘉隆間屢叛討平改武定府流官其屬州人鄭舉恨知州黄榜欲死之謀阿克起兵復故地知府陳典知其謀攜印避入省城武定遂陷克長驅至省城大焚掠索武定印甚急用賓倉卒徵調未至士民環跪泣

請權宜出印與之紿賊去徵兵進攻擒其渠魁十二人克舉遁入東川大兵從後躡之士曾祿請誅哲等執克舉以獻朝議不論其勦賊功而科棄印之罪論遠下獄帝知其冤以稅使故緩其恩貸用賓在獄九年日取參同契金丹正理諸書玩味紬繹若有所悟一日謂其子曰吾今年必出但未必何如出耳亡何疾作司寇許移外治疾遂卒閩書參

史朝鉉字貫之晉江人隆慶進士授嘉善令邑賦不均强者規免而以實應役值編審按户高下輕重

布之無所假貸上計無資自彭城策蹇八都擢南
京吏科給事中須歷例有侑金盡郤之居三載侃
侃多指陳大璫申信守備留都勢凌大司馬而踞
其上驛擾及民疏劾其違制十罪諸閹求解於張
居正乃免逮乙亥復疏大計會同年户科余懋學
疏時政居正憾其刺已削懋學籍而移忮朝鉉與
書曰主上冲聖居垣首以安靜爲福沇出知湖州
府履任値溽暑躬閲繫囚不待訊爰書而漸雪冤
濫者十餘輩未幾癃發力疾壬丁祭在任五月卒

楊佩訓字維式晉江人隆慶進士授户部主事榷滸

墅關稅搜蠹剔蠹無使胥吏漁穴酌歲課若干大

率徵商若干定爲額稅半額蠲其伍稍及額蠲其

八及盈額即弛不征鑽橋例可數百金他無名征

倍是一切罷之移監徐洪兼董水部分司始治呉

關狀商船民艇稅抽如法足額而止官軍給餉例

有抽耗金郤不受例由是除遷四川叅議駐劍涪

州會有大水至郝直指欲論州縣科派者七人合

州劉牧與焉劉居官廉佩訓爲白其寃郝怒郝與

佩訓滸墅周旋不快意至是修前郄又是時父老

百姓伏闕訟劉寬劉得不去官郝疑佩訓所使因疏論佩訓調廣西叅議猺獞爲亂爲總督畫策討之猺卒平擢桂林副使調四川備兵敘馬瀘雍軍實慎封守飭行吏無生事戒上①酋無侵掠按行屬郡偵其貪廉勤惰以聞人人惴懼三郡久無甲第召士爲文馳其駟上下之自是巍科累掇馬湖遭火延燒千餘家發粟出賑全活萬計烏撒酋長故子阿六爭立臺檄二藩司議不決佩訓一言而定播酋楊應龍習亂有議撫者亟上三策請征當事委佩訓西路監軍會北路兵失利軍中傳檄退兵

校注：①土

佩訓沮之令堅壁如故獨與參軍曹希彬殿後以歸五年轉參政歸數月卒景壁集參

張會宗字于震晉江人隆慶進士授太常博士帝躬親祀典會宗贊祼趨蹌每見屬目以不附柄臣選兵部主事出守台州調岳州爲守廉平簡易好與民興利其在台時出寃滯數十獄開支河歸廣東湖築與福塘鑿嵩山港引水溉田水患遂熄會調岳州救災賑饑與民興革量田定税築堤繕城荆藩構獄久不决反覆停讞備得其情諭以東平河間之誼諸王感悟巴陵俗悍好爭罪其唆訟者曲

諭之俗以頓化政先撫字而後催科賦稍不前停其俸夷然也屬邑至爲民語郡伯勞狀民感激爭輸課立稱最遷雲南副使即歸舊志參景璧集

蔡國炳字誠中晉江人萬歷進士授永豐令邑因賦役繁重民多流徙陳救豐七議以甦民困逃亡復歸旋擢都水值修陵祀舟行河膠先募能水者度淺深作木龍築堤豬水順流而下鷁行如飛帝廉其能出督清江漕艘先是稍船敝盡更新之一船費數千緡仰給歲商不可稽覈乃度稅入與船費酌爲定式敝則更新大敝乃改造凡可留者因之

每艦省將作之半計三年省費千餘萬貯郡帑以備緩急漕無滯而稅不加工商稱便永以爲法歷稽勳郎中拔孤振滯不受私託銓法一清擢爲同事所忌出爲廣東參政治尚簡易蠲魚稅均胥差清歲輸恤疑獄時中嚴閩船下廣之禁漳人陳子貴犯當辟議生之不得乃分首從以監斃者抵罪餘皆論配全活甚衆有將曾領餉金千餘未散被竊匿贓世冑家賺得其狀治之調四川副使駐臨邛卭有湔江水行四十里至秦渠二灣地益滂汛急如飛夏秋漲決田爲魚梁國炳嘆曰險絕如呂

梁尚筴而障之障此易矣捐金代竹令營卒舂石
爲坎壘土爲垣成功而益州始多沃野土官馬應
麟歿無嗣其弟應龍欲襲兄職妻翟氏繼良據印
收稅糾部落與應龍爲難國炳遣諭利害繼良懼
印遂歸官國炳曰應龍桀驁准其子代襲繼良旣
納印歸順當多給銀穀以贍餘生詔從之是時新
建兩官下令採木以川木多出建昌而建昌半屬
滇境渡瀘峻險採運甚難國炳曰部檄只辦川木
何必建昌會入賀力陳其狀乃悉如議歸途聞父
訃服闋以母年屆九旬遂不出通志參景璧集

莊①履豐字中熙晉江人祖一俊仕浙江參政有詩才履豐萬歷進士選庶吉士授編修册封韓慶二藩郤金帛諸餽惟收墨刻數幅甘杞數封朱相國國楨尚爲諸生邸舍相鄰見其文奇之曰瑩如秋水清如寒潭館閣中人也遂與定交及癸未朱果殿試第一時服其藻鑑丙戌分校禮闈所取皆名士同郡何喬遠黄汝良與焉重修會典成轉修撰賜賚有差尋加起居注充經筵官丁外艱卒履豐天性至孝事父先意色養弟履朋舉進士爲郎有雋聲早夭無嗣當其病時中夜籲天願以身代見人

校注：①莊

所長汲引推薦不遺餘力或聞有過掩覆周旋惟恐其失名喪位至其邁往之氣有時勃發必奮爲義常熟趙檢討用賢抗疏迕張居正杖闕下人多避之履豐獨左右焉同郡洪司寇朝選爲虎冠吏所阱斃獄中墆屍三日履豐方北上適與會訟言出之爲經紀襚賵乃去才具敏贍雋氣飈舉復能斂才以就格著有梅谷集舊志參霞棲藏稿

許國瓚字鼎卿晉江人與兄鎮江守國誠後先登第國瓚萬歷丁丑進士授南京禮部主事改戶部出監兌蘇松催督有法官民稱便出爲廣東僉事慮

置誅賊得宜全活甚衆殄除李茂等叛黨兵不血刃有被脅從者已臨刑察寃狀立出之晉貴州叅議以內艱歸會徐聞令被糾科臣謂司憲曲庇當左謫服除得郴州約已裕民聽斷平怨尋遷南京户部員外郎擢守桂林歷叅政皆在西粵粵苦猺獞刼掠官其地者動以勦殺徼功國瓚分巡右江賓州八寨猺常出沒第以恩威戢之羣猺帖服民得寧居既去人思而祀之晉山東按察使卒於官時已遷江西右布政因祀鄉賢舊志叅閩書

張治樞字明勵晉江人萬歷進士授戶部主事尚書

王繼津出各省糧册令剋期稽算如期應之自此益加推重有疑事及他司事必諮焉會有旨借支邊銀十萬實內庫治樞擬本云糧屬邊儲係國家安危何可動支且邊事不測卒然有急胡以應之疏入事遂寢邊事告匱司帑詘羨治樞曰本色支給有餘但陳陳相因腐敗不可食耳郡邑不便水運者宜暫改折以濟時急異日太倉之儲或有不支則成憲具在上官然其議請而行之出爲越監兊正量斛驗燥濕搜剔蠹蠹運官豪右無從侵没時改折之議方行或稱不便巡撫以問答云法貴

趨時事在變通云不便者徵本色可也云便者全議折徵可也如杭之新城於潛昌化距水甚遠則全折爲便富陽一邑在東南西北躬近山亦徵爲便在西北東北鄉近水運本色爲便諸如此類度地行之不格成憲國無滯兌民不苦漕矣巡撫深然之旋卒於官縣壁集

林寅賓字爾亮晉江人萬歷進士授行人三奉使問遺盡卻擢御史巡按宣大兼督學政閱視邊防舉劾不爽賞罰有章出納維詳三載邊關晏如陳邊陲要務建常平倉定軍馬錢糧經制又奏墾荒田

千八百餘畝免額外新糧請蠲賑以恤災復赦宥諸疑獄重辟及貧民賦贖之不能具者上嘉納焉有以常例三千金進者封還府庫不入私槖還朝勸帝勤視朝親宰輔召還斥逐諸臣時論韙之出爲右江叅議會有岑溪之役籌策安撫中外帖定卒於官採何鏡山集

吴龍徵字堅孺晉江人萬歷進士選翰林院庶吉士授監察御史出督漕運舊官旗運艘率附裝杉木雜物艘重往往敗事龍徵論指揮二十五人於法適颶發艘以輕得濟巡按山東黃縣民訟其令亂

得諸墨狀疏讞其贓有豪紳子爲暴於里訟者十五家方飭訊而都御史書至龍徵卒置於法東省饑龍徵往視賑有雞飛觸其冠吏屬懼龍徵神色自若且曰無驚百姓還朝疏乞寬宥言官後陞河南參議以內察謫歸蓋爲前書囑宥豪紳子者所陷中尋起判南通擢南京户部主事歸卒府志

傅慶貽字有積南安人萬歷進士授番禺令盡革羨餘贖鍰毫不入私丁母憂歸百姓攀號行越日忽有伏謝舟次以織縞十餘束爲從者貲叱之去其人叩頭哭不起爲受其一以當劉龍錢嗣補宜興

張弛得宜民歌豈弟累擢南京户曹出榷北新關嘗語人曰凡官當以精辨爲職獨榷關者須存得寬一分意思乃可咸頌爲仁人之言府志

洪澄源字子定晉江人萬歷進士授户部主事出爲桂林知府却鹺商關引例金華府吏加掾入貲者又革屠牛肆之納鍰者歲不下千餘金蠲行三老爲裒千金佐費笑而麾之擢貴州副使備兵畢節畢節爲宣慰安疆臣所轄部地廣兵強冠帶而羈縻之爾澄源外制以法內推心置之疆臣畏服播酋楊應龍爲變朝廷命疆臣出兵助戰澄源監疆

臣軍疆臣內懷觀望數張皇撼澄源不動疆臣知
不可恐喝遂進兵戰屢捷應龍授首賜金帛先是
征應龍時懸賞格許平賊卽以地償安旣平賊爭
地未决澄源卒騎往諭令其地屬黔者歸安屬播
者歸蜀其屬播地而爲安近地要害者輸糧安遂
奉命夷酋奢世續世統爭襲搆兵疆臣陰助世續
時澄源已遷思南制府復令馳諭安疆無助亂兵
立解思南硍水苗歲爲梗所在焚掠帥兵圍冉坡
石豹遂降擢貴州按察使轉雲南右布政時值阿
克之變兵匝會城澄源佐守禦以勞卒當遷思南

埒疆臣餽二千金不受已潛以二篋雜置裝間行數舍乃覺仍叱之去喪還過貴州所至數百人爭舁之後兵部李化龍叙川貴功晋秩京卿閩書參雲臺採稿景璧集

李①仁字靜甫晋江人少從易時中學萬歷中舉於鄉授惠州推官繩奸吏以法民有非辜者悉平反之勾稽潮州主藏吏多侵牟邑尉恐陰以賄求脫立郤之按如法直指至惠其所親爲奸利直指陰爲地仁持之急直指不懌私語郡大吏以下爭賫酒幣相問絡繹仁不少動曰吾愛此三尺遑恤其他

校注：①璧

直指委仁督運欲藉此罷之已知仁郄舟車費乃嘆服推重署郡篆盡罷諸不便者脫搏羅良民數十於死與寧饑發倉捐貲以賑擢户部主事值邊警餉粟立辦孫總督欲私其里人委監收仁白與倒相左孫曰何倒也吾所可後即爲倒耳仁持益力卒如倒一運官上歲餉不如格出孫書爲解仁弗啓曰總督安得有書僞也三尺法吾與總督共之誰敢私者孫益怒遂以蜚語聞部堂官素知仁委令散鹽南圻命下而卒囊中僅書數十卷而已

閩書參蘇紫溪撰志

丁日近字光元晋江人萬歷進士授鄖城令邑旱澇
頻仍輪蹄旁午民不堪命下車詢疾苦亟白監司
通融協濟而中貴横捶鄖吏尼其八騶不得發窘
甚乃更爲好語相謝僅得出境過客聞之曰是嘗
挫横璫者亟約車徒去之鄖傳始甦舊時門攤榷
稅酒米蔬負販不免横索爲酌惟正緩急以時受
徵諸瑣細皆條罷士稚魯少文購書分授之而課
第其甲乙文風漸振改高淳再試爲吏事益習而
意在利民邑有腴田八千餘畝淪於湖歲苦賠輸
爲詳豁之諸生貸官廪四百餘石貧不能償盡蠲

除焉臙脂河承兗歙上游諸水而天生橋縮其瀦洩蔵久石圯噎諸下邑滙爲巨浸髙淳尤甚前令議疏鑿皆以費鉅莫敢任日近躬履荒度條上便宜且曰有如有不效請以一官謝百姓士民畚鍤雲興且濬且堰逾五旬而竣遷南京戸部主事以病歸爲仲兄贖故業新祠宇恤宗族歸六年卒採河下集

蘇茂相字宏家晉江人萬歷進士授戸部主事遷河南副使政聲懋著督學江西首嚴請託有故輔以三牘進不發函而榜其人輔怒遂掛冠歸陞太僕

寺卿核俵解清牧場蠲落地稅馬政一新擢僉都御史巡撫浙江疏請減免織造停差織監杭城火災浙東西水旱頻仍請免加派並發倉穀賑濟新派袍緞五萬七千五百餘疋需銀一百一萬六千九百餘並歲改造者歸司禮監李實疏請分爲二十運每年春秋二運並酌留米折草折弓箭弦條等銀以紓民力歲改造仍遵舊制歸有司織解並劾李實不得以屬禮褻有司遼東撫臣王化貞以邊事急奏調浙陸兵一萬又請調水兵八千疏請練陸兵免調水兵皆激切敷陳時官軍驟聞調發

悍弁驁卒鼓譟倡亂有哨官糾兵於寧波餘姚間

大肆搶掠執械踰城逼挾縣官鄉宦索賞茂相次

第擒拿梟示人心以定有昌國哨官蔣艮忠逐哨

總王顯覬代其任嗾兵樹幟以保賢能爲名而拒

代者茂相檄副帥張可大之昌國觀變而令團練

把總楊懋忠出不意縛艮忠杖殺之並擒亂兵洪

辰等正法海寇王鍾王錦等嘯聚剽刼給印票質

人取贖官兵追勦則遁入深洋收回復肆出行刼

出沒閩浙之交往來日本諸島茂相與巡道賈充

元督勦一戰用彈打死香公老等九賊再戰斬渠

魁三大王首級被傷溺死五老等十餘賊三戰彈死滎我老等餘船遁散復檄各鎮協官軍協勦嚴禁奸人接濟使寇糧匱乏王鍾等窘而乞降計四百餘人分發效用及解回原籍海氛以寧擢兩①漕撫將移鎮而妖賊葉朗生之變起朗生湖州人妖醫馬文元弟子聞山東白蓮賊反其黨邱太虛等舉事以攻白蓮爲名茂相檄水兵乘夜鼓行復發一旅撥營兵三千繼之詰旦兵至若衆訝神速人心稍定因以次捕誅吳越底定奸弁劉魁乘寧遠悉持經撫咨取淮餉六千緡茂相曰遼中丞暮

校注：①淮

春四日受事望日始加巡撫而咨署朔日僞也且篆文不類條十疑鞫之立伏㑺得其户部應天二僞檄人稱神明焉河水壅閼舟楫不通躬禱河神一夜水滿糧艘畢達因條上五議晉總督倉塲户部尚書倉塲與漕政相表裏茂相入督倉盡明諸利弊而添設督餉部臣於天津其人墨而狡輙以櫛漕爲辭茂相連疏爭之懷宗允行既改刑部鞫魏璫逆案手定爰書天下傳焉復清厰衛羅織之獄寧安公主子李承恩擅用龍袍龍盒問斬改徒方震孺以御史監遼軍不宜比守邊將帥例惠世

揚不宜引交結近侍律皆得免加太傅旋以老病乞歸准馳驛還鄉著有皇明寶善類編讀史韻言先覺要言正氣編教家三書戶部疏草刑部題稿奏除奸公案定亂紀畧東征行稿保約全書詩集五卷浙草淮草葵雲草採蘇氏家傳參敬口草石水集李鹿巢文集

林應翔字源澠萬歷進士知永嘉縣歲苦疫春夏尤甚骨肉相棄應翔爲申收恤之誼又立五靈廟祀厲鬼疫遂絕後補京山巡歷勸課停車決訟不使丞庭楚落構逆郢中騷動練兵葺城天塹井然遷

南京户部郎出守汝寧汝黄之交有逋逃主號自在王應翔殲其魁而瀦其宫調廣州決積牘千六百卷平反死獄八十餘一日棄官歸再起衢州開化有程五龍等盜戕殺官兵使者發兵捕治近村民惶惑鼓譟逐之兵歸告使者村之千餘家盡勝廣也應翔曰無恐獨入巢縶其戎首烏合悉散艮民得全肖像祀之遷湖廣副使未之官卒其文奇矯①變化不可方物鏡山集詳載之閩書參何鏡山集

徐縉芳晋江人萬歷進士爲御史首爲顧憲成請謚劾天津稅監馬堂九大罪有敢言名後以巡兩淮

校注：①矯

被劾遣戍 明史

楊瞿崍字穉實晉江人萬歷進士授户部主事繼奉命榷稅臨清關抗疏請蠲稅不報瞿崍蒿目拊膺食寢俱廢復陳商民交困之本源新舊關制之利害灑灑數千言而卒歸罷貂璫廣安稅以復正額時比之賈長沙陞郎中以僉事督學粵東不攜眷不延友单車赴任首功令示晝一尊六經闢邪說正已率先持廉厲屬毋校試越宿而揭品藻之精流覽之疾見者驚猶神明即下駟之牘必首尾徹閱崇雅黜浮莫敢爲詭譎以干禁令呼爲粵東夫

子兩薦卓異轉江西參議造兵器買弓矢葺衙宇建新營皆自出俸金不動公帑擢副使提督江西學政未幾告歸值援遼閩兵擾據龍津極力調停得免生變入崇安俟閩兵盡發乃歸杜門著述丹纂自娛尤精於易當事屢薦辭不赴遂卒於三山著有蒙荃易說疑蔡易說四書疑說五經疑荃棲霞疑測西霞全集續集西方疑諍明文翼統嶺南文獻採林平菴撰志

林一柱字廷鄄同安人萬歷進士司理揚州薦糾綜嚴輿情允協治獄多平反不輕鞭扑歷署三篆清

風颯然分棲應天得士皆名流試湖廣御史疏奏切直請臨朝正綱紀熹宗初年疏數上歷陳養士餉卒名存實亡之弊雪幽忠明功罪至有世運當阨之句留都東京火請復建文廟號劾織造監李實制官虐民必亂天下閹黨側目因請告例轉廣東參政拂袖歸居家以孝友稱及再召而一柱已卒府志

陳如松字白南同安人萬歷舉人初令蕭山革常例除罪贖嘗自未至酉連判三十五事無稱寃者摘伏如神有被殺者無蹤疏邑城隍犯忽自到招抵

宣指稱其吏治爲浙中第一以忤上官調簡補信宜旋改河源邑學宫爲世宦占營私室如松立毁其室復之有泡泉宦據爲如松曰山川之靈豈供凶人口腹投筆泉水立涸擢守太倉痛懲豪猾著有蓮山集語抄學庸解百篇詩老來吟諸稿府志

王宗震晉江人萬歷舉人崇正四年授崇仁令流寇七千餘犯樂安詎①崇百餘里宗震修葺城垣增高雉堞率其屬及鄉兵二千餘堵截各隘口城外舊有民堡年久傾壞先期令民攜家入城選其少壯者登陴協擊賊屯太平市鄉兵攻殺四十餘人賊

校注：①距

乘用直薄城下宗震矢死固守相持三日夜賊多傷斃圍始解復夜燒長橋斷賊歸路適把總錢象環撥兵至兩面攻擊斬其魁王黑豹賊遁去巡按倪元珙叙其功而先為讒者所中坐罷歎落職及覆勘叙功事晉階奉直大夫府志

蘇兆先字爾開南安人萬歷進士授行人擢刑科給事中首陳實求安攘一疏嗣有清仕路保泰寧一疏所彈駁皆借交植黨衆莫敢問者居庸原有軍站扣其月糧備貼過官往來諸費上乞甦邊困以保藩籬及榆關馬弊乞設策稽查疏遷兵科左給

事中有速乘時修禦備疏又有關門全備而實蹟疏邊關報捷有兩捷慮有兩虞防勝艱於防敵疏時三殿鼎建有巡工之命兼視軍藏臨局摘發奸胥追還上供磁硝四萬三千餘兩夙蠹頓清陞俸一級賜白金文綺擢吏科都給事加太常寺少卿以忤逆璫歸崇正辛未卒於家贈太常寺卿前後疏章俱載康熙癸丑未成志稿係南安志

杜應楚字翹甫晉江人萬歷進士嶺比登第自應楚始初授孟縣令廉犴狴出無辜賦稅準條鞭罷絕一切火耗民饑請賑不待報發倉届期所貸衆四

千餘石盡來內價開豐稔支河以灌民田築小金堤千四百丈以禦水患捐貲造郭湶梁以濟往來聽斷手自批決兩造咸服調丹陽覈胥吏冒金三千餘歸公倉沙歲有金二百協郵向充令長應楚舉歸之郵令郵長自詣金沙關給領爲丹陽人築壩濬河歷遷郎中出爲南昌知府廉慎自持鄰郡貴人子發他姓墳而毀其屍篡其地獄久不決以屬應楚片言折之自是疑難大獄多委焉政聲日起後乞休歸卒閩書祭雲臺藏稿

李逢期字維徵晉江人學以不欺爲標領以孝弟爲

粟帛以整齊嚴肅爲終日步趨門人蘇濬嘗持乾坤二卦質之逢期曰乾之學約之二誠坤之學約之一敬誠無不敬敬即思誠乾道坤道一而已由貢生授瀧水訓導有某生不能悦其庶母及兄邑令以文法移之庠逢期召至爲講孝弟爲仁一章生面赬若無所容歸謝母若兄敦倫如初有萬戸饋及門且晉致辭逢期謂廣文擷園蔬足飽不敢以薪水煩將軍力却之擢九江德化教諭榷關吏歲以其餘惠多士即以佐庠中年節酒醴之供陞寧波府教授士有與民搆者陰召數之曰奈何爾

以小訴蒙犬①耻令刀筆吏持短長士胥化爲轉鎮海衛學至則捐俸資葺殿廡庀祭器未幾遷吉藩紀善致政歸年七十二卒著有四書易經隨筆祀寧波名宦舊志參三餘集

謝元珧字夏甫南安人天啓進士初令建平氷蘗自矢篰②書手自裁决催科不假戶胥調繁宣城賦重俗囂胥吏乾沒公帑至三千餘金元珧立燭其奸嚴振剔之宿逋以清有漕艘燬於烬火旗卒逃竄時議以民丁代運人心惶懼元珧力請當事得報罷邑人輯循政錄以誌之擢禮③科給事中所建白

校注：①大　②簿　③禮

務關重大如請慎簡閩臣博求良將謂輔揆當先
泯心不宜畛域將帥莫先作氣籌算萬全及議裁
督役撫兵之方籌邊防海汎之要俱報可一時憚
其鯁直遂外推參議督理粵東鹺務值海寇衝突
閩入江門跳詰戎繕器寇以寢平轉浙江副使整
飭金衢廢十私監以釋寃民禽天罡會以安反側
遇歲饑捐俸勸諭招商發販價平而吏無奸全活
數萬計以遷去士民相率乞留臺使者以聞乃晉
秩參政仍留原任衢舊設兵二營以春秋防海汎
值海寇劉香奔突跳多方設險賊旋就撫叙功未

上①而没衢人哀之如喪考妣府志

陳文瑞字應萃同安人天啓進士知吳縣沈幾楊廷樞皆其所取士也吳當漕孔道慮阻凍後期議借民力代運文瑞不可事得寢時部議視產上下募兵充伍文瑞使以家丁隸名民乃帖然洞庭有號天罡者結黨横行擒置之法散其黨郡紳周順昌罹璫禍義民顔佩韋等數萬人以激憤捽緹校文瑞護周出境復捐俸倡助爲輸所誣贓仍撫恤其家至佩韋等五人被誅爲葬而立之石曰五人之墓吳人有金剛手菩薩心之謡卓異者三致仕歸

校注：①而

年八十四卒府志

王觀光字子開晉江人天啓進士授舒城令富民多飛米得脫役累貧民觀光總計米額設法派貼而役始均有屠者謀殺其伴屍刀俱投潭中仍自控告亟馳視之鮭跳蓮葉哀鳴使投水驗之屠刀在焉遂抵命一妖男子以婦貌入富貴家事發立斃之遷刑部主事適富商吳守禮家奴吳榮擁貲數十萬投拜魏璫反噬其主璫敗繫獄欲賄脫卒擬决輿論稱快陞常州知府有織造歲例八千金革去之又內官多騐緞絹勒機戶造換破費累數十

萬爲牒請貼價得免再造四府機户皆援爲例宜
興督較肆爲亂燬屋劙墳幾成大變以計擒之餘
黨遂戢郡有權相掣肘遂引疾歸以薦起補荆州
知府惠藩在焉藩府有紫金山承奉怙勢橫甚恕
者盈筐觀光謂爭之不如化之密緘送承奉大驚
愧夜出數千人府前後歡聲如沸潞藩與惠藩疏
爭墾田數年不決爲調之得平荆故流寇出入處
沙市在城外十里許衝要繁華賊殘破者三郡有商
稅例歸太守推與倅分掌將所得稅羨建築關城
延袤三十里沙草二市賴爲藩屏時流寇日熾屢

召士兵雜民兵吹笳揚幟賊頗膽落而妖人楊大
將爲闖賊奸細來謁倨甚自獻八陣圖密授計破
之塹阻遁去餘黨尚謀爲亂設備殲焉楊嗣昌督
兵駐荆襄請令其兵自饋楊心鄙之遂以計典去
士民號泣惠藩特疏保留乃回任闖兵嘗以三百
人混入荆城托買棉窺虛實悉爲鄉勇擒獻徐諭
之曰汝等皆朝廷赤子忍令獨寒第歸告而主無
生事開釁遂發棉賫之賊亦心讋過當陽距荆八
十里不敢窺半武焉自是登陴設防無虛日以積
勞乞休唐王時起户部右侍郎兼吏禮兵三部事

未幾歸其家訓曰文章須性靈流出品地由淡泊
做成其學問氣節可想見云 採周芮公撰志

福建續志卷四十五終

人物六

泉州府

明

陳洪圖字敬夫安溪人天啓舉人授龍巖教諭値令董汝昌攝篆他邑山賊猝至城門已閉村民逃難者千餘人至不得入洪圖率諸生開城門納之勸人出米助饘粥難民賴以生活畫計遣健壯出伏空壘獲賊魁張崑山等賊勢解散旋復糾衆攻城洪圖令諸生率其戚屬并諭民之有力者各出子

弟童僕身與之分堞守禦久之援至圍解改詔安教諭邑經寇殘破士荷笠敝衣以見惻然曰凉蕪固若是耶撫而周之時海氛盤踞經年濱海人多脅從主兵者疑其黨逆將勦之洪圖力爭主兵者敬其忠信乃曰陳先生言是也人情大安陞建寧府教授以老辭歸府志

陳豐陛字元藎晉江人崇正舉人授高州府推官至三日電白縣典史侯登前杖死錫匠行賄求解却之正其罪狼酋韋翅鳴反薄城十里下寨豐陛分守北門男婦萬餘欲入城門閉豐陛破鑰入之被

圍月餘家屬環守署中井計城破即投其中豐陛
督守五十餘日圍始解署廣州府時郡有梅花社
皆豪貴子女招輕薄文士入社督學林佳鼎揭送
兩院事下豐陛立置之法以此獲罪粵人然政聲
益馳會急徵餉院司議加徵相國何吾騶鹽場課
銀委捕其家限期認輸軍需以濟有黃錦華者恃
堂兄相國勢抗不出豐陛將勅印責至黃相國家
黃懼乃出錦華痛懲之閩府咋舌博羅寇亂制府
令羅定彭知州爲監紀蕭參將爲參謀統兵三千
往勦乘機焚掠取財刼子女豐陛往治其事兵三

千皆露刃以待豐陛令把總集舟師塞斷港口炮碎其船始不敢動搜獲婦女百餘蕭彭夜沉老醜婦女於水仍挾佳麗者以去血指上其事蕭彭坻罪翰林林兆陽從李賊訴莊烈帝族遁於海豐陛偵知其處擒斬之豐陛居官廉勤膽識兩絕性仁廉未嘗妄害一人輕取民間一粟一絲廣民稱之曰陳佛節陳氏家傳

蔡鼎字可挹晉江書生研精易學多發前人所未發星緯諸書獨探其秘言屢奇驗以經世自任孫承宗督師薊遼徵鼎爲山海關閣部參謀所至山川

形勢隨時筆記贊襄區畫數年安靜帝賜爲白衣叅軍因上疏陳魏忠賢之奸觸怒潛避懷宗即位命繪像訪求復原職辭不拜帝稱爲蔡布衣賜茶鼎見國患日深仗策叩閽與時柄鑿竟爲所抑激論一書觀者咋舌鼎曰我非時所能用亦非時所能殺所以爲此者將以明天下未嘗無人也自是屢揭送政府伏闕陳疏皆極論邊事時不能用乙酉唐王馳詔三聘拜左軍軍師值鄭芝龍跋扈退隱卓岩卒年六十八著有易蔡集解通志叅經義考沈佺期傳

黄潤中字嗣雨晉江人崇正進士授刑部主事多平

反轉禮部祠祭員外郎會有旨追贈皇五子孺孝悼靈王通元顯應眞君一時朝議譁然潤中力爭謂從來但有王號而無道號疏覆寢不行出擢惠潮兵備道時巡撫程珦潛遁其麾下部將練克等刼勒鄉紳將陷城潤中力制之乃止又有大帥吳某日以誅求爲令躬詣八拜禮之書一扁懸其門曰急宜勦賊勿擾我民一字一拜大帥感動乃出師勦寇潮民以寧以病告歸道中爲流賊所擒搜括筐篋僅獲端研數方賊訝曰爾貌宰非常何囊澀至此潤中曰吾官惠潮祗酌其地一口水耳賊

曰早知是黃觀察何敢爾乃釋之子襄孚圖聲黃氏家傳黎睢州唐四表撰文

洪清鼇字六生晉江人崇正拔貢生乙酉唐王入閩清鼇迎謁語多慷慨王奇之授衢州通判督師何騰蛟深加賞識請改道州知州時蜀寇一枝虎李來亨郝永忠等十三鎮各以所部求奉使稱臣於粵出道州清鼇迎說曰兵所以異賊者畏法受官節制見百姓不敢犯今若縱刼依然賊耳非兵也諸軍皆瞋目獨永忠奇之曰子非百里才行當佐吾軍遂偕見永明王王亦奇之擢都憲監諸鎮兵

駐湖南何騰蛟敗於武岡山被執不食死而閩人周金湯曾英等糾衆重慶爲滇黔蔽又爲孫可望所破奄有雲貴道塞不通清釐乃與十三鎮退入西山據楚陵夷歸州巴東均州蜀巫山涪州等七州縣屯田固守久得永明王安龍信間道上書言十三鎮公忠無二今扼險據衝窺晉楚蜀有釁隨時而動議者多其功王加清釐總督兩粵滇黔晉楚豫等處地方軍務孫可望與李定國戰不勝歸命　皇朝滇黔兩粵漸次底定清釐十三鎮猶出沒荆湘間既而七將軍分道進攻擣其巢穴李來

亭等縱火自焚死諸軍多潰或曰子未可以去乎清龕曰師亡與亡去將何之遂被執諭降不從臨刑之日神色不變投屍巫峯三峽中陳大樹紀略

藥翼雲字敬甫崇正進士知吳江縣值歲大旱蝗緩征平糶捐俸設粥步禱龍祠日行數里立法驅蝗蝗皆墜湖死是歲雖災不害時議者以國帑詘欲加畝翼雲條上其不便所省六萬周行城郭相度形勢令城內四周皆康衢可馳馬其上增築臺舍營自戍服閱兵郊外夜復巡行闤闠間兆都變聞不軌者洶洶思亂翼雲廉得其主名立捕殺之一

邑帖然遷刑部主事乞歸唐王入閩擢稽勳員外同安城破被獲不屈死閩門遇害松陵文獻

郭承汾字懋衮晉江人崇正進士授淮安府推官徵爲浙江道御史及南都失守隨唐王入閩仍以御史巡按貴州氷清自矢懲貪禁暴嶽立風行悍將奸胥莫不望風而靡會蜀寇渡江屠毒上游七邑殺戮之慘雞犬無聲承汾奮臂會定番侯皮熊總制范爌協力勦撫經營三閱月始回貴陽收餘燼瘞遺骸將爲長守計未幾 大清兵入閩唐王被執粤人別委巡方承汾候代而皮熊范爌因兵情

共疏留承汾護軍聯絡各路辦寇晉太僕兼僉都
巡撫黔南孫可望遣使請與求納欵先令李定國
會盟於龍里承汾與皮熊范鑛皆與盟後寇乘隙
入黔汾與熊鑛等抗兵自守貽書諭責謂牛耳之
血未乾北門之師夜至君父可欺天地神明不可
昧也遂以兵劫承汾及皮熊於酉陽界執見騎衆
官懾於威皆跪承汾獨挺然不屈詞色皆厲可望
慰撫之益申言切責可望怒承汾笑曰我頭可斷
膝不可屈死即死耳吾何懼哉乃令引出覊民房
中餓九日不死復餓五日死有總戎許盡忠素善

承汾陰志其處黑夜瘞之拯陳夢崖紀畧

何九雲字馴惕晉江人喬遠子崇正進士選庶常授編脩未第時請所得恩廕讓與季弟與黃道周蔣德璟爲文章性命交癸丑下第過揚州鹺使喬遠門人馳書相問淮商欲貪緣納賄叱之曰奈何以不肖之行辱我故人乎後以貧故就漳平教諭教育薰陶士大興作陞應天府教授金陵士習矜尚意氣每與當道爭多方訓誨士風丕變捐俸文廟剡宋名臣言行錄既登第或謂宜見政府早爲地謝曰某平生不敢喪其所守房師周文節聞之曰

何生負品也在翰林中未浹旬而甲申變作以死
自誓侍者曰司空未葬子道猶虧乃即南歸奉召
編修蔡前後奏疏九雲歸葬父畢杜門不出扁其軒
曰東湖門史自附於龔生范子之後未幾卒著有
稼何運
亮撰志
何九說字兄悌晉江人喬遠季子以蔭授太常典簿
晉太僕寺丞署京營庫藏稽閱營馬中一馬剗去
營號知其必作鬻馬登記之越日果有首某營印
馬刼客與前馬符劾置之法革鬻馬之軍不憚大
僚私入寺庫所貯皆邊儲每差運必會巡視科道

依原解交發一無所染改南京戶部主事督豹署倉篩晒如法先是南糧解役有監候數年不能給通關者九說隨收隨給自是解役不至斃獄晋員外郎分司水西門往關門諸亡賴率借訪狀爲阱九說置不問惟取足常額商人德之又以指揮千百戶安坐奸賭虛費廩祿不如就中選擇鼓其勇氣又添効用名色擢雲南永昌府赴演道卒九說性和易無纖吝之習重刻鏡山全集及先世各遺稿系以小序往滇至潊浦寄書與兄九雲曰楚省山川險固何地不可守武官則統兵①捱掠文官則

校注：①摽

坐地分贓力知臣子之罪不容於誅亦可見其志矣採何九雲撰畧

周斌字平寰晉江人事嫡母張氏以孝稱崇正初海疆多警以廩生上策軍門累建奇功官至光祿大夫上柱國前軍都督府左都督掛干城將軍印御賜忠孝雙成扁贈三世廕其子文驥入監讀書京師陷懷宗殉社稷斌奮力討賊移書所部其畧云男子立志忠勇自明我今討賊誓死報國君能立志則効命疆埸不能寧歸田以養餘年可耳聞闖賊死我 師將至遂慨然曰我之後死者以賊未

討今賊已死吾可地下見先帝矣從容自刎死者
有會討闖檄文及仁義說皆至性中流出子文興
官參議道
黃岳家同安人崇正初爲廣東英德尉四年寇犯城
督兵戰死英德人建祠祀之府志
郭寅白同安人以歲貢任陝西平京同知李賊陷城
寅白不屈與二子皆死焉時同郡陳鼎天啓舉人
甲申之變混跡緇黃大兵入城與在籍吳江知縣
葉翼雲死之晉江黃道暴崇正進士陳顯謨邑諸
生聞李自成陷京黃自投於百源川陳謝文廟解

所繫自縊遇行道及學中人救之遂終身杜門謝客府志

徐永泰字爾舒南安人崇正武舉叙平寇功授守備壬午邑有山寇斗栳之變當事檄永泰議勦撫永泰選數驍卒自隨單騎直入遂擒其魁餘黨悉解陞都司調鎮江參將隨晉總兵逆擊叛寇於江奮力疾戰不避矢石遂死之事聞贈榮祿大夫都督同知謚武靖賜祭葬廕一子永泰事繼母以孝聞拓祠宇爲族黨倡死事之年三十有六府志

國朝

張天福號咸五晉江人鼎革初閩楚不靖以行伍謁康親王於軍次王奇之王欲抵建昌賊將黃某固拒長興石峽命天福爲前驅斬驍卒百餘級賊棄險登舟天福乘勝挽小舟奪巨艦數隻歸師次吉安賊將韓大伍負固不服天福以六十人黑夜渡河破壘奪舟江西平從王抵楚克長沙進紫陽關由白馬廟直抵滇省經歷水陸百餘戰皆有奇績復值羅剎呀克薩跳梁建義將軍林興珠請於
朝
見玉泉山賜宴出征歷黑龍江大流山四閱①月乃

校注：①閱

到羅刹特河爲險擇部下善水者三人潛處以過
驟馬百餘歸因識情形用火箭攻木頭城呀克薩
降撓奏授寧波左營遊擊補海寧參將陞貴州銅
仁及廣東澄海副將肇慶大饑天福支藩庫銀三
千兩遠糴近賣設法有方全活數十萬計擢福建
海壇總兵築塘四十餘里灌田數十萬頃以老病
乞休越二年卒　賜諭祭廕一子入監長孫煥登
雍正丁未進士節家傳

林維造字用章晉江人學曾之子順治初以廕補陝
西鞏昌知府擧擢西寧副使五年叛鎮爲亂逼降

不從被殺西寧人立祠祀之康熙元年　贈光祿寺卿蔭一子知州府志

王鍾鳴字鼎菴惠安人順治戊子舉人授莊浪知縣承殘破之餘民多流亡鍾鳴招徠撫字不期年版籍復舊興學葺廟文教一新莊浪西北乃山麓水出輙漂人田陌廬舍鍾鳴築堤以障水患遂息邑饑請賑不待報即開倉散粟吏以為不可鍾鳴曰俟報是索吾民於枯魚之肆吾豈以一官易民命哉用是鐫秩歸康熙間督學覺羅逢泰採其善政祀莊浪名宦府志

林嗣環字起八晉江人順治己丑進士累官海南副使駐瓊州性耿介有風裁在任多惠政有馬伽沙賈船抵朱崖界上主帥利其重貨將執戮之嗣環曰吾以書生持節海外固欲其柔遠人綏荒服也攘功挑釁嗣環誓不敢爲帥銜之究無以奪其議聽賈人歸國時尚耿二藩並集粤中無餉嗣環議兵屯種拂二藩意其嫉卽劾之被逮問慷慨力陳藩鎮不法事由是謫耿藩於閩嗣環落職流寓西湖日徜徉歌嘯於湖山詩酒間一時海內名流如吳梅村朱竹垞宋荔裳鄒程邨王西樵輩爭相推

重著有鐵崖詩文集嶺南紀畧等書林雲①鎔題跋安溪志合參

林忠順字遜虞晉江人少孤力學順治己丑進士授景寧令修學宮課多士蠲徵泒旱行稅有陳汝文等以爭業殺伯兄舅姪七命司理受賄欲脫之忠順執法伏辜雷三霹惡室堂壞地傾失司理懽幾羅禍歲饑隣寇犯境忠順措練鄉勇與官兵防禦乘賊不備搗其巢獲賊首馬興魏茂秀等餘黨就撫以糧累解任民爭爲輸刻石立祠嗣補直隸新城令民疲役繁加意撫綏韃扑不事功令最嚴逃人逋匿株連家室爲墟忠順申飭邏役多所釋獲

校注：①銘

民無波累旋以失出盜案罷甲寅閩亂耿逆召諸
鄭蕋措餉忠順抗節匿名深山窮谷間　大師克
復泉郡親王以全節優敘方擬用而歿著有古雷
篇二集詩文史評採林雲銘撰傳
何承都字玉水晉江人順治己丑進士授刑部主事
越年巡按陝西兩河採訪地方利弊奏　聞鞏昌
營兵侵奪民居擾害良善疏請歸原營興建營房
安插兵民相安營衛各兵多昔日烏合之衆投戈
歸命每竊逋大盜剽刼商旅疏請即營兵定爲戍
衛以荒屯令守兵耕種無召募之煩省養兵之費

兵皆土著便於約束稽查又陳省冗員一賦稅定軍法議屯鹽恊濟彙解乞蠲荒糧及祖軍遺糧請給囚糧及赦免叛回株連各犯皆有裨 國計民生俱報可尋以疾卒有奏疏遺稿節遺稿序言

張汝瑚字夏鍾晉江人順治乙未會試乙榜授清源令至即釐革里役之累羅白二都永濟渠逶迤三十里歲久淤塞隣封豪右占耕百餘年汝瑚請上官濬復之旱澇得以無患白水屯營三鄉沃壤也自萬歷初被水後地荒民竄彌望黄茅白葦爲集流亡給牛種躬自督墾皆成膏腴地戶尸祝焉補

安陸府通判郄例金以千計校士論文所賞識者皆名士有奇士艱於庠者爲援例成其美多獲雋去解元劉善錫其首拔士也郡邑有水旱爲民請命必得請方巳性嗜學凡經史子集宋儒諸書靡不淹貫著有勉野初集二集賢賞堂文集節鄭重高聯璧撰集序

陳有年字孫穀晉江舉人有知畧順治間爲興泉道閱蕭幕友海澄公黃梧聘爲上賓未幾耿逆畔梧病死漳城守劉豹受逆意將危梧家有年受梧托孤郤兵殺豹漳郡復寧耿逆又以婚事誘梧子芳

度使至福州有年止之且爲蠟丸書遣黄藍至京
告急　仁廟問梧子年少誰與謀者藍以有年對
命大臣記姓名從優議叙而有年已卒有年在海
澄時耿鄭百計誘之不從及將卒猶執芳度手教
以死守孤城料後事多奇中著有史懷糸十卷文
集三十卷詩集四卷陰符經解二卷子方升舉人
官教授採林象湖傳
杜輝同安人與弟逵康熙二年自海上歸命輝授總
兵官左都督銜逵授廣東都督銜四年授輝廣東
右路總兵官七年缺裁授雲南永北鎮總兵逵以

原銜隨兄之任十一年值吳逆反犍兄弟俱被脅至湖廣日圖歸正密遣人赴大將軍貝勒王軍前訂期內應謀洩兄弟俱被戮其家屬僑寓廣東逆平事聞　賜祭葬贈輝光祿大夫達榮祿大夫府志

蔡璋字秉鉞晉江人嘗值吳逆之亂力拒偽檄後以平臺功由興國從征建昌大小數十戰擒偽帥殺之援南昌總兵調撫州克復金谿復勦龍泉廣信崇安光澤諸郡邑賊所向有功常以數千人破黃通賊數萬衆以勇聞移鎮順德率軍平蕉嶺賊賊遁圍瓊州璋疾馳往救焚其巨艦賊潰登陸與戰

於五指山大破之給被虜男婦數千口資糧護歸
以勞卒於官府志

黃元驥字德臣晉江人由海上歸命康熙間授南昌
守備吳逆竊袁臨各郡　簡親王帥師屯南昌征
討四出軍興旁午一切軍需皆倚辦焉擢江西驛
鹽道師行絡繹官船不敷元驥爲之立法按船給
粟約以曾載兵一次者後免再應於是民船四集
有餘船可供商旅百貨流通預備糗糧芻茭俱集
水次一夕　王諭明旦出師第恐糧與舟難猝辦
則曰已備矣黎明官兵登舟百物無缺時南昌戒

嚴城門晝閉元驥以城中多留百姓無益實用且耗米穀乃留壯丁守屋餘縱其他出男婦子女以億萬計時元驥以道兼府又攝臬事日議軍事夜批文移裁決如流鉅細悉舉擢廣西按察使會大兵由粤進滇討吳逆將軍賴塔素知元驥才移書總督金光祖委司轉餉入境不赴桂林兼程直趨百色宣布德威苗蠻嚮應建議就地募夫充運又行圖轉遞運法自竹州塘直抵滇省計里設塘塘有目計塘設站站有長一夫斗米一行十里以砲爲信逐塘遞接按程交替更番休息先至者別出

賞以旌之前後運糧數百萬日用夫六千六百名於口糧外加賞銀二分人心踴躍叢山叠嶺間輓運如飛滇南軍前數十萬　王師咸歌騰飽以至凱捷元驥力也擢山東布政使首革陋規以甦民困登萊舊界外地護撫篆時以海宇既康特疏入告令民歸故居復舊業海濱弛禁聽民採捕民以富饒既罷歸於有司毫無干請著有省齋詩集卒祀廣西名宦子良佐荆州知府孫岳牧雍正癸卯進士歷江西按察使黄氏家傳參廣西通志

蔡仕岳字詒疇晋江人康熙庚①甲舉人任龍溪清流

校注：①申

敎諭立學規定文式激勵士風人文丕變撫軍梅鋗以卓異薦陞贛榆知縣勸課農桑振興學校捐廉俸以養棄女置兆棺以收遺骸邑人德之後因公掛議罷邑紳士爲置書院供薪水奉以爲師仕岳少負奇姿書過目終身不忘沉酣羣籍淹貫百家著古文直道編灰餘編辨論經史上及天文歷象皆得其精與又有集騷集楚四篇孫勤爲之序

蔡氏家傳

李鼎徵字安卿安溪人光地弟康熙庚申舉人授嘉魚令瀕江蘆州課幾當賦之半五歲率一清丈宮①

校注：①官

吏借以漁利鼎徵毫無所取增賂各廉其實嘗與隣邑江夏議修堤事夏人誘鄖謂堤乃嘉地鼎徵邀夏令至堤上指彌望墟墓曰此纍纍者隣比於兹堤一壞皆湮入巨浸中寧不埀憫歟夏令亦惻然歲修不廢宣尉司田舜年爲子所訴議者欲以叛奏討之鼎徵上書當道寢其議入爲戶部主事遷員外郎告歸家居十餘年年七十五卒著有四書易經集說中庸集錄待繹數十卷子天寵鍾僑俱官翰林院編脩鍾禮鍾旺舉人府志

蔡方升字貽東晉江人康熙甲子舉人授興業令其

地狼獉雜處有北馬洞素爲盜藪民苦之募丁壯搗其巢擒其魁害遂息丁外艱起補任邱邑當七省孔道舊設十二鎮輪辦縻費不貲至郎草去自行辦理歲省民間數千金每歲行幸趙北口水閘舊亦派十二鎮帮辦悉除之竭力供應不以累民大水淹田廬民請開堤洩水河官持不可方升曰設堤原爲民利今壅水不洩反爲民害開堤吾獨任咎遂洩之民得安堵水涸補築堤完如故有周姓被命案株連獄明釋之商挾白金五百來謝峻郤之歷署青縣文安阜城三邑皆有政聲以疾乞

休民攀留建祠祀之歸九年著有易解參考春秋
四傳折衷同異二蔡氏節畧參希堂文集
黃燦彰字愧淵晉江人康熙丁酉解元戊戌進士改
庶吉士雍正癸卯順天鄉試同考官散館授檢討
遷禮部郎中奉考　至聖先師聖誕覃稽精覈謂
家語所載十一月庚子卽今八月念七日定議
題允著爲令典出知澂江府郡有官庄百餘畝歷
係佃丁賠糧煥章以官莊官輸立除積弊捐俸築
河陽縣海口牛舌壩以資數邑灌溉時行開墾之
令州縣競以多墾博美遷餙屬縣據實舉報勿貽

民累後滇省丈量四出而澂江獨免郡有東山土司衆議改土歸流煥彰謂東山爲酋魁鎖鑰土州判王氏世守其地諸夷懾服裁去恐夷性難馴控制不及不踰年酋魁騷動震及普元二府獨東山一隘伏莽無侵內補刑部員外郎中夜治獄遇寃者輙擱筆欷歔一綫可矜即色喜尋轉郎中卒節趙北平撰誌

陳元煥字章士晉江人以明經授行人司正遷刑部員外郎凡有讞疑上官皆報可陞兵部職方郎中淸戎政屏饋遺出守威寧當黔極邊苗性頑悍訟

訴繁積元煥平恕剖決不徼賄狥私茁遂帖然蜀中土司虐其下羣逃至境土官聞於臺委監司會鞫密行重賂求遣衆還元煥謂歸受荼毒恐激變不如便宜安置之監司不能奪郡士鮮知學歷元明數百年無登賢書者公暇集諸生課文親定甲乙文風始振以疾卒於官民哭奠數十里者有柳亭文稿府志

劉作梅字和少惠安人康熙辛未進士授山陽令值河決闕倉賑貸設厰施粥招集流亡於寒士尤加卹邑有派夫歲夫二累派夫者明季河溢暫派牙

僉丁夫應工其名登籍子孫歷數世不能免作梅具文請豁歲夫者歲治河權宜召用役竟成例役至二十餘人糧盡歸取河員即報逃曠催徼如雨作梅爲查河南歲剩裁扣銀募夫應用永除夙累聽訟多平反俗輕生刁訟因小忿投繯溺水動以命控株連無算作梅當場劈誣結案邑多盜依附櫳艦盤據莫能詰有橫刼者借河役名色盛裝縣馬閑所避忌立擒治之權奸股栗尤留心學校立義學置義田文教大興卒於官士民歛錢治其喪哭送歸櫬祀鄉賢府志

蔡仕舢字詒霞晉江人少聰穎好學持身嚴正登康熙癸酉賢書授魚臺知縣邑故洿下多河患至則力爲疏濬野無淺流東省素苦蝗捕撲之役民困供億仕舢謂捕蝗救民寧以累民損車徒孳犢而往自後即蝗不爲災邑賦歲二萬餘民多逋負爲每兩裁減火耗五分民便之治八年巨盜就法逸囚自至行取試刑部廣西司主事提牢三月囚糧必親嘗遍給獄無瘦①死陞監察御史擢工科掌印給事中出督浙江糧儲道奏減漕規舊例年二千九百餘兩請寬追扣漕丁積年侵支工食署按察

校注：①瘐

司奏免監候死囚逐年解審承辦銅觔事竣以節
省銀四千六百餘兩解送藩庫署布政司嚴餘米
三千七百石隨以僉都御史署浙江巡撫出耗米
充辦科場增築海塘通省利賴嗣以失察書吏解
組歸藏書萬卷時手一編越六年卒著有奏疏及
蘋鄰詩集若干卷節彭維新撰志

江之煒字原闇康熙丙子舉人授南海令案無留牘
獄多平允改元和調嘉定兩縣積欠七十餘萬寓
撫字於催科不事扑責而逋賦以清民獲安全所
轄寶山縣私鹽多案株連無已請就已獲犯審理

全活數百其俗停柩郭外朽骨堆積爲買地施槥瘞埋之以年老致仕歸年八十九子樹第雍正癸卯舉人文習乾隆癸酉舉人府志

劉奇齡字稚玉晉江人康熙丙子舉人少好施與任澄邁縣革免漁課羨餘詳寬鹽堀崩塹脩葺學宮請增歲科弟子額丁酉海颶壞堤民多露宿奇齡戶給銀爲治屋貧捐俸脩堤邑人德之辛丑臺灣蠢動有避難廣民三百艘直抵澄邑放鶴山營弁懼將擊之奇齡請驗爲脩船使各歸其邑時有二船飄入他邑皆被刑禁聞奇齡所措置皆釋之先

是澄邑大饑而上官徑以年豐奏聞奇齡力爭平
糶設男女廠煮粥賑饑疫死者爲瘞之上官惎焉
遂以糶穀逾數罷民遮道跪送三宿乃出境府志
李光坡字耜卿安溪人光地弟五歲與伯仲叔兄俱
陷賊壘脫難後受學家庭喜讀秦漢以上書乃次
第治十三經呂黎全集濂洛關閩之書旁及子史
質不甚敏以勤苦致熟復專意三禮積四十年融
會漢唐註疏詮成三禮解遂棄科舉業授徒講學
一以明白易曉爲教旋入都與兄光地講貫尤篤
著性論三書反覆辨論於理氣先後動靜訂近代

名儒講論之差及歸光地貽以詩曰後生茂起須家法我老棲遲望子傳蓋念繼述其學無有過於光坡者光地嘗論東吳顧寧人與光坡皆數十年用心經學精勤不輟卓然可以自通於後三十年來罕見其人

聖祖嘗詢學古通經之士光地歷舉李顒梅文鼎等及光坡對　御書道通月窟天根裡人在清泉白石間對聯以賜雍正元年舉孝廉有司以光坡應已寢疾矣光坡性至孝父病篤禱天焚香掌爛不自知母老多病日侍寢房親喪十旬內止飲勺水終

身哀慕卒年七十三著有阜軒文集周禮述註子
鍾份府志

陳元焱字淡士晋江人康熙丙子與從兄元焻同登鄉薦授廣宗令邑有巨棍姜姓久結猾胥爲惡害民立置諸法豪右歛跡商某被盜誣控良民株累甚多元焱密訪眞盜一鞫即伏無辜得釋上官知其善折獄凡疑難大案咸檄會鞫稱明允焉邑舊有陋規吏掾爲奸一切罷却衙齋有樓爲妖狐窟宅人莫敢登爲文檄之妖遂絕時當麥熟鄰邑蝗蝻蔽野獨不入境輿人頌曰狐遁跡蝗絕踪治行

感物有陳公遷部曹聞父疾急歸父殁廬墓不仕年六十四卒子熙塙孫國豪並登科節林枝春撰志叅家傳

楊宗澤字陶甫南安人康熙丙戌進士授中書舍人以父老歸省年餘嗣補延安府同知分防西延勸墾弭盜倡學勵士治績懋著署府事革陋規飭風俗時大師西出靖邊捐俸招集農戶屯田庀田具給牛種軍無庚癸之呼延之神木介西域雜居互市常旅寓城中狡而難制宗澤設籤罰各城門使持以入顯示以往來不禁實陰柬之使易識別韓城素患河決爲築堵岸側以障水勢河流忽東從

涸出地十餘里墾田數百頃民受其利甯州距華州數百里就試維艱設考棚建廨舍以試士後遂爲例士免跋涉人文日盛以老告休卒年六十六彭維新撰誌

何秉忠字禮尚晉江人康熙丙戌進士授昭化令昭化瘠邑輸課必俟賣絲徵迫則以未繅繭質錢加息幾倍名爲砍絲秉忠請緩其期以待簑絡西關桔栢渡水流湍急歲數溺人秉忠投牒於水終任無溺者以最擢部曹入都需次卒著有菅蒯集子振會鼎鉉舉人府志

李鍾倬字世瞻安溪人光坡仲子九歲能詩文見渾天儀即曉星辰度次指証周天印合不錯以康熙癸巳舉人授遂安令訊鞫矜慎有村愚鄭四生爲人傭役贅其婢婢以不受勞苦服毒死四生誣控其主鍾倬按驗無傷薄懲遣之上官欲以奴誣主置之重律鍾倬哀其愚力解得免邑舊有馬義堰溉田數千畝適洪水崩圯鍾倬相度形勢遷避下流親董興築遂得永固邑民賴之著詩文若干卷府志

施世驃字文秉晉江人靖海侯琅子以從征臺灣功

授叅將從征噶爾旦擢臨清副將升定海總兵官
擒巨盜江爺伏兵商船中誘賊悉俘之陞廣東提
督調福建水師父子節鉞相繼時以爲榮康熙辛
丑臺寇朱一貴煽亂世驃聞報即遣將據澎湖扼
賊吭遂登舟抵澎與總督滿保軍會俞守備林亮
遊擊林秀等爲左右先鋒攻鹿耳門燒賊船大小
十餘時海水驟漲八尺我舟並航而入破安平乘
勝克府治臺灣平捷聞　賜袍帶是役也以六月
興師七月克復與其父琅先後平臺期悉符卒贈
太子少保諡勇果蔭襲騎都尉府志

周文驥字龍友晉江人康熙時以員外郎隨平廣西招服偽公及偽將軍郭義等十萬餘衆題授叅議道又招服偽將軍黃明等大小眷口三萬餘粤西遂平歸里後見圍頭沿海等澳網稅雜等項民生日瘁身赴制府金鋐請豁至今民賴以安著有約軒詩集及篆隸草書數本節家傳

陳善字孫敬晉江人以明經効力長沙叙功選授上海縣有唐才秀者殺人扳誣廉問得情扳繫盡釋奸民張恢事發逃匿波累甚衆緝獲置法悉免株連孝婦張氏孀守養姑姑死以身殉夫族誣氏兄

張玠廸妹謀背立白玠寃申奬孝節有逆僕二人操舟害主以盜聞善曰汝主被害汝二人何在一曰某見盜卽奔避一曰某奔不及并被傷問盜何操曰利斧驗僕傷詰曰盜乃持剃刀耶何痕長而傷淺也僕語塞服辜涖任九載决疑雪寃有神君之號邑賦重民困寓撫字於催科民賴以甦以親老乞養服闋補興寧令威惠兼施民猹感服告歸年八十四卒節家傳

蔡賓興字尚三晉江人康熙乙未進士授長寧令勤撫字除陋規擒渠賊鍾選一窮其根株地方以寧

武生陳上任逐傕工鍾巨也巨也僞爲兵册劄付置其家首以反叛株繫數百人賓與訊得姦釁及其弟年也代書册劄狀置之法無辜盡釋邑自明萬歷建置以來從未發科創建義學延師切劘隨有邱上峯獲雋旋登甲榜自是接踵平遠鹽徒越界販私商困課缺請歸官辦課設法緝私商民兩便癸卯文武闈分校所取皆得人兼署龍南定界兩縣治一如長寧在任八載民愛而畏之陞虞衡司主事送者塞途後補禮部主事

世宗憲皇帝特改刑部初授四川司主事遷廣東司員

外郎覆核直省奏讞准駁俱中竅要陞驗封司郎中時曹務殷繁清釐撤理人不敢干以私乾隆乙丑分校禮闈所得士稱一時之俊掌銓七載公慎自持念父母竈穸未安陳情乞休歸則遍走山麓卜吉營葬當事延主梅石書院講席諸生敦行論文手畫口講自爲程式學者宗之年七十四卒節蔡氏家傳

陳萬策字對初安溪人居晉江庶子遷鶴第三子幼讀書三過成誦九歲曉星平易數具有神解康熙癸酉舉順天鄉薦侍父京邸相國李光地極相器

重與之講究經學及律法四聲六書九算莫不該
貫協光地分脩　御纂周易折中創爲啓蒙諸圖
多前人所未發又分脩性理精義及　欽定詩經
傳說彙纂戊戌成進士選館後即充　武英殿纂
脩每以著作被知遇授編脩
世宗御極祭告典冊碑版高文皆出其手由中允洊陟
詹事府詹事甲辰典試湖南丙午典試浙江所得
皆知名士其往浙也給假歸里時入閩洊饑向當
事爲民請命先是萬策在京每奏　旨密奏必悉
心直陳在湖南曾條列地方事宜皆報可至是當

事憚之劾以誇耀里閭降授檢討尋除司業歷侍講學士教習庶吉士窮年披吟老而不倦雖病中手不釋卷爲國子師及教習時講授體裁指要具有成法後學仰爲山斗年六十八卒於官著有館閣絲綸二卷近道齋詩文集八卷子晃世冠世旭世名世皆舉人知縣孫科捷由編修歷諫垣徐本撰志

李倪昱字爾眙晉江人康熙庚子舉人雍正丁未明通榜授永福教諭調諸羅辛亥北路諸番梗化奉檄招安單騎深入虎穴閱十有二旬遍諭阿里史朴子籬巴茬宛獅頭獅尾描著大甲東大甲西八

社番普傾心歸順擢青浦令捐俸重新文廟集士月課時遭歲儉道殣相望倪昱加意撫字煑粥以賑全活無算捐資疏濬天寧庄河渠七處調上海邑襟淞湖通閩粵刼掠時聞嚴行稽查遇報盜輕騎履驗得實捕置之法其結黨鬭者懲其魁餘悉解散聽訟定讞不假書吏條銀漕米十餘萬不事追呼輸將恐後嗣爲讒者所中解組兩邑人士攀轅卧轍事白歸里郡邑長延主溫陵書院年七十九卒著有梧峯試草陳大琛撰志

李光墺字廣卿安溪人日熤長子弱冠嗜書篤學自

六經史策諸子百家宋儒遺書皆披覽融貫康熙辛丑成進士選庶常授職後請終養辭還　引復充一統志館八旗人物志纂脩乾隆元年進三年喪議

上深嘉之時朝臣以宿學耆儒薦出督山東學政指癸兩闈春秋命題大悖經旨春秋四傳並宜習不偏宗胡文定又以四氏學宜徧習五經不得專以毛詩取中奉　允行刊宋儒論學要語頒教行教經之條以教士甲乙文字必根極於經獎勵生徒諄諄如不及士習翕然擢司業纂脩三禮義疏光

興繙閱疑難考訂同異常至夜分不輟越五月病卒年六十九著有考工發明二李經說潘餘文集詩集長子元善辛卯同榜舉人府志

黃堯齋字元靜南安人雍正癸卯進士授廣昌令邑屯田九千餘畝旗丁魚肉佃民爲勘明坵段四至酌定租額給佃帖佃帖爲據佃不得匿田吞租丁不得額外多索自此丁佃相安舊將地丁正賦外有兵折兵米兵糧耗費飯食菜竹折色物料貼亡耗粒各項差役費可究詰請分徵並解併正雜爲一條立易知單分發花戶總納通邑三萬餘戶歲

省優費千餘緡築平西墈以遏城西水患捐修文廟清理學租暇則詣明倫堂課士論文聽訟無留牘同城都司練兵過嚴營兵蜂擁欲爲亂允肅查記叛兵姓名馳諭禍福皆感悟謝罪九年行取以主事需次適有廖玉書因爭山殺人買族人代承鞫實申臬司勒令改換供招執不從作告城隍文自誓臬司聞之大怒以他案罷職南安知府游紹安聘爲道源書院山長以疾卒年六十八士人設主於書院之鶴鳴堂以祀焉嘗獲寧都縣越獄重犯寧化縣造賄具幕中喜有加級之例擬通報允

肅曰我加二級同寅去一官矣亟馳報協捕得免議以剛直取忌時咸惜之著有東山文萃周社試草澄源拙草萍遊偶記并文集雷鋐撰志參家傳

李清植字立侯光地孫光地奉修周易折中性理精義

聖祖諭舉所知分纂以清植同諸賢應詔雍正甲辰進士選庶吉士授編脩巳酉典試江南逾年補中允遷侍講出督浙江學政首以經術課士崇實黜華啓牖學者悉從有宋諸儒楙航六經汲汲如不及以保舉失人降級歸乙卯清植與徐用錫同時並

命補翰林院侍讀陞右庶子　御試一等擢少詹充
三禮館副總裁陞內閣學士兼辦經史館事尋晋
禮部左侍郎以病辭不允未幾卒其遺疏畧曰惟
願我
皇上益崇惇大之治彌廑如傷之懷法令已極周詳
毋以細碎科條啓繁苛之漸臣下但取忠實毋以
承順逢迎開緣飾之風閭閻之民力日瘁飭外吏
惟重撫循而毋滋騷擾草野之利源漸竭戒計臣
宜崇大體而毋盡錙銖其言不及於私忠愛惓惓
與光地如一轍云府志

陳大玠字元臣晉江人雍正甲辰進士授臨漳令邑苦河患濬百陽萬公晉濟福惠四渠俾積水入河壇廟橋梁隄岸道路漸次脩治旋陞中書科舍人擢儀制司主事司中文稿多出其手議加永春州學額入泮十八名武生十五名辛酉典試粵東隨擢浙江道御史所取士皆得人陞吏科給事中在臺垣二年餘所進經史解九篇洞徹古今發南書房選刻其奏疏彈劾封駁悉中體要如督撫藩臬宜久任揀選京員考試御史翰林等官罰俸分三年勻和禮部司員非科甲改補別部又奏湖北巡

撫另簡賢員不必復用許容皆荷　允行其發部
及九卿議覆照行者則請停文武互試諸積貯出
借免息平糶不得派買臺灣米穀接濟漳泉官弁
不得藉盤驗需索繳銷舊印截角漕米不應改折
并代考滿州同知張永煦江浙米穀視豐凶遏阻
不可槩禁出港在京書吏飭改原籍也其覆不行
者則加五經中額春秋仍出單合題改教知縣免
引　見博學鴻詞科勒石題名國子監也陞太常
寺少卿丁內艱抵家喪葬既畢脩族譜營家廟置
祀田建牌坊於戚友多所分潤集耆紳於後樂園

爲洛社會年七十六卒著有筍湄內篇宰鄰治譜恭和詩臺垣奏章進　呈經史講義文集詩集子金涵通判金駿知縣金鳳國子監典籍金宣乾隆庚午舉人莊有恭撰志

陳高翔字子摶晉江人雍正丁未進士授營繕司主事轉職方司兼管車駕司事書吏有舞弊者向例因循獨執法杖之一時肅然旋授山東道御史疏陳吏刑二部應更草事宜其一謂　聖主以孝治天下停外官在任守制之例而丁憂服闋之員赴部銓補守候數年非所以教孝請將月選補班於

原班再增一班俾免壅滯遂著爲令又因兩廣總
督奏請發帑交商營運辦疏陳義利之關侃侃數
千言他如請除朋銀解部以紓民力武科外場未
優策論傑出者酌發中額以收人才飭禁囤積須
嚴查奸戶不得藉耕穫稍餘之家需索擾害皆有
關於政治大者直聲轉江西驛鹽道却例金平鹽
價商民均便晉山西按察使時有兩大獄　命少
宰楊嗣璟往按高翔將案情款曲亹力陳奏當
平允調江蘇又調廣東海疆多重案益矢精勤有
匪奸自首議者欲概置重辟高翔請誅其魁而脅

從者量與未滅言之至於涕泣撫軍嘆爲仁人君子以積勞得病歸年七十五卒節家傳

陳亮世字南志萬策從子康熙庚子舉人雍正丁未登明通榜授閩縣教諭庚戌捷南宮選庶常改工部都水司主事亮世夙嫻數學於算法諸書考究精確凡有鉅程大役料估銷算不差銖黍即極老練供事遇有疑難必請指授而行尚書魏廷珍嘗曰昔吾與詹事公同受算學於梅勿菴先生陳君師承有自其於理數精蘊確有深造彼銷算特餘事耳旋陞虞衡司員外郎遷稽勳司郎中凡應選

應補員缺詳加察核矢公矢恒年六十一卒於官

節家傳

人物七

漳州府

唐

陳詠字正雅龍溪人鄭子也幼有識趣年二十四觀察使試耕戰之法薦鎮龍巖輯安士卒刺史鄭昌仕表其器可比佽香乞為京兆別駕常袞召之力請外補授汝寧錄事轉恩州參軍奉表至京京兆尹黎幹請於朝曰陳詠酬酢如鐘含音大小隨叩如水待汲方員隨器彼雖不衒於人人自難捨於

斂乞留府攝治中事上從之遇朝廷籍元載家禍幾染詠旣辨明奉命招撫西蜀權攝京兆事令行禁止長安僚佐推重旋補光州司馬二十餘年守職無玷染疾乞致仕縣志

宋

楊承祖字慶長龍溪人汝南之孫也弱冠通百家尤工於詩以祖澤補官初調邑之理曹斷獄得情再調循州推幕於郡政多所裨贊帥雷孝友舉承祖自代改知安溪縣勞心撫字去日邑民遮道擁留及倅循陽父老迎謂曰是前日清嚴推官也攝守

惠陽至代饋遺一無所受廣憲王滂首以廉吏薦除知新州祈雨輒應帥洪仮辟守恩平復改梅州赴闕奏事極言二廣便宜上嘉納焉年五十乞祠歸築別墅於保福隆壽兩山間扁以福壽林塘有荷十里扁曰歸耕與諸賢爲真率會幅巾蕭散恬如自樂以終閩書參縣志

顏幾字子治歷仕多在海外以安黎蠻有功就改京秩海外諸洞剽掠昌化軍幾討捕之悉平詔改昌化爲南寧因命守之就除瓊管安撫奏變差役爲催役及請舉士照四川例與殿試陞等推恩士民

懷之立祠焉 顏世居青礁原屬龍溪今爲海澄人

林士蒙字子正龍溪人父昌篤於教子士蒙以周禮三預鄉書登淳熙進士初調歸善主簿再調梅陽推官廉以律己嚴以馭吏法禁惟懲狠鬬之民三載如一日民甚德之陞秩知東莞縣 縣志

姚東字明仲龍溪人慶元進士調長溪主簿適大旱惟東禱即雨民喜曰主簿雨也令丞廨被火獨簿廨存人以爲誠愛所格再調保昌丞憲臺知其廉介屢以疑獄見委囚不敢欺以通直郎致仕 府志

明

王昇字日初龍溪人永樂進士選庶吉士授安福羅田令俱有惠政補平凉府推官陞大理評事歷左寺正多所平反宣德五年擇廷臣李驥等二十五人爲郡守奉勅以行昇以楊士奇薦知撫州政以惠利爲本重學校①與禮教年饑捐俸賑濟全活數千人九載當遷郡民詣闕借留朝廷乃進昇正三品階使復任以從民望二年以疾辭歸初昇爲郡庠教授陳思賢被逮赴京以金寄昇無有知者思賢死昇遣人齎金歸其家明史參縣志

顏寶龍溪人永樂進士授行人陞戶部員外寬猛得

校注：①興

宜奏除詭名田糧九百餘石復申除鄉民鹽鈔一十二萬餘貫尤加意學校新其廟宇至於橋梁圩岍之屬亦悉意繕治當道交薦稱爲嶺南獨步云縣志

劉銳字伯剛龍巖人永樂進士授行人陞戶部員外郎居官清白乞恩歸省適沙賊鄧茂七作亂其黨侵逼龍巖衆欲逃去銳諭以討賊激以忠孝相從者數百人時郡師適至進與賊遇不利退守郡城銳獨率衆力戰被執罵賊不屈以死

王玭字宏璋南靖人正統進士授禮部主事歷戶部

員外郎監督淮安糧儲出納維公而同事中使欲擅權侵利玭按其事將劾之中使懼而止遷郎中擢雲南右參政未仕以親老乞終養歿哀毀成疾而卒閩書

俞文字懋學漳浦人正統間應貢入國學遭喪歸時閩寇縱橫村落居民皆入城邑文獨爲父治塋西峰之野會大帥統兵至儒冠謁轅門盛言王師弔伐請戢兵無暴掠帥然之景泰初授常州照磨廉介正直監司有疑獄檄文治之民有夜懷金入謝麾使去卒亦未嘗以語人督漕徐淮間峻却常例

金以老乞歸吏民醵金爲贐文覔小舟夜亡去鄉人號正菴先生閩書

陳鐔字日宣漳浦人景泰舉人授太原通判清慎自持督兵民守禦邊境與士卒同甘苦民立石頌焉陞徽州同知改巖州案無留牘民無寃訟以廉能聞年七十致仕府志

陳奐漳浦人成化進士授工部主事陞員外郎監濟寧閘並督北畿山東河務俱以才幹稱宏治庚戌沿邊告警軍糧匱乏乃改奐戶部郎中奉勅往督之奐催督有方應期而辦陞貴州叅議時都匀寇

起當道命掌司事徵發及時糧運不絕軍賴以濟賊平以疾乞歸卒於家府志

許濳字時昇漳浦人公部安成化舉人知樂平縣加意學校招撫洞猺以免戍守聽斷公明訟簡民服而囊無餘積卒於官子判孫選俱舉孝廉登仕以清白世其家縣志

杜表字廷標平和人宏治舉人知金谿縣清慎誠慤愛民如子正德壬申江西巨寇攻城表樹木柵募勇壯設方畧與民死守之邑賴以全後補海豐加意撫綏流移復業遷廣東都司經歷以母老歸養

卒於家府志

吳玭字子瓌龍溪人宏治進士授撫州府推官有折獄才毋公出暴糧自隨不勞百姓不千①名譽十年不得調及爲御史直言敢諫有古諍臣風廵按山東卒於官閩書參邑志

王龍字虞臣龍溪人□曾孫宏治中以貢授四會縣丞民有叔姪訟者②今具衣冠行家庭禮因感泣悔罪邑民化之隣邑開建多盜當道廉其能檄署篆龍設策平之招撫逃移復業者數千人擢知英德縣尋補乳源捐俸修學歲饑出粟賑民全活甚衆

校注：①干　②令

邑有虎患龍爲牒告城隍虎不傷人年七十致仕

龍弟澤梧州通判當道累檄採大木勘坑冶調度戰艦兵餉事畢舉以勞卒於官府志

張觀字國賓龍溪人正德舉人授休寧訓導以材望知柳州執法嚴明存心寛厚時民苦旱觀自責躬禱甘澍隨應歲饑發粟賑之境有巨寇設法捕治州民獲安內艱歸絕意仕進居家孝友睦族毋死貧不能喪郡守孫公裕給地捐貲助之閩書參縣志

楊表字汝中龍溪人正德進士授南京戶部主事陞本部員外郎中督賦湖廣擢知長沙雷州二府興

學校表節義濬水利嘗作文以祭城隍猛象為之出境郡人異之陞浙江鹽運使浙人稱之曰三十年來鹺司廉官楊公一人而已歷廣西參政以憂歸足不履城邑以廉介終其身府志

鄭復字一陽龍溪人正德丙子與弟臨同鄉薦授嘉興訓導師範端嚴學使者器重之命主五經院長歷任樂清樂昌瀧水三縣尹清以律己惠以愛民尤執法不撓無所阿私秩滿歸林居二十年教授生徒躬耕自給所居不蔽風雨晏如也弟臨歷南城麗水知縣亦以清介聞閩書

張賀字國儀龍溪人正德舉人授寧海教諭遷松陽知縣政尚簡肅不爲煩苛脩廟學建橋梁節公費均徭役聲稱蔚起丁艱憂歸築海堤以興民利及倡募義勇以遏流賊鄉人賴之服除補景陵縣甫半載以忤當道改永州卒於官祀松陽名宦縣志

黄玠字孝徵龍溪人嵩之曾孫正德舉人授漢川知縣平巨寇陳大經等民賴以安再知平樂旁邑民饑發金助其賑濟全活甚衆遷石屏州知州歷曾府長史匡①捕以正陳政要十事立宗約三十六條王敬憚之乞歸居家敦倫睦族爲鄉邦所重閩書

校注：①輔

陳令字汝申龍溪人正德舉人爲廬州別駕爲民興利除害以剛直忤上官調江西斷事尋判潮州値漳大饑資潮粟以濟潮民閉糴甚嚴力請於當道開其禁漳民賴以活者無數羣勒碑於縣門及致仕修墳墓建祭業立大小宗祠設義學以訓鄉之子弟卒祀廬州名宦令有子日順之知荆門州亦以廉能著閩書參縣志

林功懋字以謙漳浦人嘉靖進士授東莞縣才識明敏遇事決斷嘗委權番舶峻却私賂有巨猾許桂旣降而恣斃之於獄歷南京戶部郎擢知贛州府

時巡撫朱公紈操法嚴切功懋濟之以寬張弛得宜旋遷四川副使備兵松藩有邊將何卿恃功驕恣懋以法繩之遂致蜚語告歸十餘年隆慶改元起補山東副使歷廣西按察使未行卒於官閩書參縣志

吳宗熹字伯焜南靖人幼稱奇才嘉靖中成進士授海寧令以儒術飾吏治拊循惠愛獄訟衰息然性醇實不能伺上官竟爲所中改教景州尋遷國子丞再遷工部主事屬脩九門城工日手一編工竣而詩亦成帙出示客笑曰此吳司空城且書也辛

卯主試粵西所録多名士抵家而卒年方三十二閩書參府志

林策字直夫漳浦人嘉靖進士授蕭山知縣有聞家堰北捍浙江內引湘湖為田數萬頃舊築以土輒壞策悉易以石立法蓄洩蕭人永利政暇則進諸生講道術課文藝陞大理右評事轉寺正遷江西僉事丁父憂歸卒於家閩書

林京龍巖人參政瑜之子沙寇之亂京與同邑王元卿謀請師要其去路至龍門上坪京遇賊被執脅使下拜京瞋目罵曰恨不磔汝萬段吾頭可斫足

不可伍京子綬跪請曰父老且病足疾吾當百拜以代父京叱曰人生當知順逆敢爲苟免以虧①忠義耶賊怒父子俱死焉府志

王命爵字仁卿南靖人嘉靖舉人父爲饒賊所擄命爵入賊巢求身代父賊感其孝兩釋之初授密縣敎諭遷廬江令革馬稅却常例金遷南京兵馬司以治獄不寃擢韶州同知從征羅旁築西林城有功權南雄關稅一塵不染以薦加四品服俸益異數也陞兩浙鹽運使調河東積羨悉歸官帑歲歉捐俸賑饑所全活甚衆致政歸家年八十卒稱貧

校注：①虧

以殲無媿古廉吏焉閩書參府志
石應岳字鍾賢先世以武功爲龍巖所百戶應岳始習儒業隆慶中成進士讀書中秘歷戶禮二科給事中擢禮部都給事首疏請祀大儒陳真晟於鄉經筵請史官入直應時登記得失又廣宗藩之便宜節尚方之賚予急脩省之要圖凡十餘疏其論科場事謂典省試宜用京朝官後因爲例秩滿陞太僕少卿歷長南京太僕馬政倍肅晉應天府尹會海忠介瑞爲御史大夫相矜契都人有總憲清似水京兆白如霜之謠改順天府尹值潞藩就國

所部驛騷應岳主持其間公私便之奉勅留京提督操江恊理院事擢兵部侍郎東南倚爲長城已復名爲戶部侍郎應岳乞終養不許會言官有劾之者遂歸應岳奉身甚約處世甚溫未嘗以意氣加人里居謝絶塵務郡國吏卽之不知其爲公卿也家甚貧沒無餘産著蔬草文集閩書

蔡方平字君衡詔安人少孤時出外教授負米以養其祖母及母萬歷初以貢爲淳安令歲饑民嘯聚方平請上官發倉賑之乃安集先是邑有流人誣伏盜更數令無異辭方平得其寃狀遣之然竟①以

校注：①竟

廉左遷卒祀淳安名宦縣志

韓濟字克濟龍溪人萬歷進士授工部主事覈物料督戎器却常例金出守河南政尚平恕至持法則守正不可奪潞藩請地力止之宗室祿米有虛糜及屯糧宿蠹者悉爲釐革歲饑開倉賑焉後補武昌擢湖廣副使理蘇松常鎮四郡糧儲兼督支河省費巨萬時有爲蜚語誣諸貴游集亡命將爲變者當道急索按之株連鼎族濟力持不可曰是輩無反跡不宜深求久之事漸釋否且搆成大獄禍烈矣遷楚藩參政以勞疾乞歸歷仕二十餘載未

嘗營家人產里居片字不至公門閩書參府志

陳一洙字國瑣漳浦人生而穎異登萬歷進士持己當官公正廓落無所阿私所至皆有嘉績初令靈川遷計部司通儲權吳關所經營度支課務釐革爲多賢聲大著擢憲副躋臬司所閱歷江右楚蜀憲度風清吏民畏懷其慷慨任事爲地方計長久確有碩畫上官屢薦適爲忌者所中遂掛冠歸居家孝友承歡均財諸弟尤人所難云縣志

張廷棟字國材龍溪人郎中緯之曾孫萬歷進士授行人後先奉使諸藩贈餉無所受嘗道經吳越所

知爲巡鹽御史一賈人犯網其子求一言出朱提爲壽廷棟峻却之然心憐其父寃明日竟爲白賈人寃狀賈謂御史出之不知乃廷棟力也行取以病劇改儀制司主事踰月而卒平生性度深純無疾言遽色事母至孝有不懌必免冠跪床下母意釋乃止弟廷榜字登材與兄齊名萬歷進士令太平多善政有布鼓初聲鹽耳吟集縣志

劉庭蕙字雲嵩漳浦人生五月而孤母陳氏冰操撫育萬歷中成進士授新昌令邑有虎爲文祭之虎越境去歲旱開渠灌田民賴以濟陞廣西參議時

沙郎不賓庭蕙以數騎入其地諭以大義皆革面督學滇南大得士心後以冊封事與僚佐不合解組歸庭蕙至孝嘗伏闕敘母艱貞有人間哺兒以乳臣毋哺兒以血臣登科第母不及見臣操升斗毋不及養等語神廟可其奏立坊旌之著有一畝宮存稿府志

李棠字英茇平和人萬曆舉人授長寧令會礦使憑陵立置不法者於獄旋攝興陵多奇政遷衢州判擢留都治中定溧水運卒之囂清相國水利之界脩社學理學田鹽法鑄錢之類脂膏不染卒祀名

宦縣志

戴仕衡字章尹長泰人遷於興化萬歷進士以新建治行第一入爲吏科給事中時上方以靜攝爲高仕衡上言元首股肱宜一體相通不當隔絕日本乞封朝廷將許之仕衡復抗疏力論其不可因劾尚書石星欺罔不忠及輔臣趙志皐模稜不决繼復以屯田習戰足食足兵爲言凡所陳論數十事悉中時弊惜朝廷不能用也竟齎志以卒府志

蔡杲字宏中漳浦人少有文譽與弟昇齊名昇先成進士早卒杲登萬歷己丑進士授太倉知州清白

嚴介遷郎中調考功司考察稱公平擢光祿寺丞光祿故清秩而杲尤自刻勵凡胥郎爲屬員者非公事不敢謁藻鑑明晰尤樂推引善類孳孳不怠奉使冊封壽陞尚寶少卿杲豐頤脩髯神氣遒上卒於京貧無以殮友人經理歸其喪縣志

陳以珪字思禹海澄人主事映之子萬曆進士授太常博士明通淹博行取爲同官之冠遂註禮部主客郎每事有疑滯衆咸問陳公云何輙先謝不知然後論列有饒州別駕陳奇可以忤中璫死詔獄無敢視者以珪獨往治喪時論高之以疾告歸卒於

瀛西舟次府志

王志道漳浦人萬歷進士天啓時爲給事中議三案爲高攀龍所駁謝病歸崇正初脩撰陳於泰疏陳時弊中官王坤力詆之吏部尚書李長庚劾坤所立賜譴黜終不忍開內臣輕議朝政之端流禍無窮志道爲副都御史劾坤尤切帝責令回奏奏上帝益怒削其籍歸明史

顏繼祖漳州人萬歷進士歷工科給事中崇正初論工部冗員及三殿叙功之濫又極論魏黨李魯生霍維華罪狀帝皆納其言遷工部給事中再遷吏

科都給事中疏陳時事十大弊又言六部之政筦於尚書諸司之務握之正郎而侍郎及副郎主事止陪畫題政事安得不廢督撫諸臣獲罪者接踵初皆由會推然會推但六科掌篆者爲主卿貳臺臣罕至且九卿臺諫止選郎傳語有唯諾無翻異何名會推帝稱善擢太常少卿以右僉都御史廵撫山東分兵阨境上河南賊不敢窺青濟劾故撫李懋芳侵軍餉二萬有奇被旨嘉奬十一年畿輔戒嚴命繼祖移駐德州時標下卒僅三千而奉本兵楊嗣昌令五旬三更調後令專防德州濟南由

此空虛繼祖屢請勅諸將劉澤清倪寵等赴援皆逗遛不進明年　大清兵克濟南執德王繼祖一人不能兼顧言官交章劾之繼祖咎嗣昌且曰臣兵少力弱不敢分失濟之罪帝不從竟逮棄市明史

李瑞和字寶弓漳浦人崇正進士淹博豪邁不脩邊幅爲治蕩滌煩苛簡易近民初任松江司理時知府方岳貢政尚嚴肅瑞和濟之以寬訟獄多所平反然才識明敏人亦莫能眩也松人塑像生祀之見松江府志名宦傳尋拜監察御史巡視中城奏讞陳新甲獄稱旨視鹺兩浙革除夙弊丁外艱歸家居四十

四載竟不出每歲歉輒平糴濟荒且周其貧乏浦人德之者有牆東集學夫詩黃道周爲之序縣志

楊履圜字萊民漳浦人廉使聯芳季子世爲明勳裔生而倜儻丙戌後隱居不就試談明季事每怏怏詩歌尤悲傷憤懣嘗作書與門客宋琳談及興復琳持其書首於官官索之履圜慷慨就鞫當事持其手書責之曰年少酗酒妄談不法耶履圜答曰某故侯孫子食舊德久矣未免有情實不醉得死所幸耳當事憗置之死時年二十四履圜有夙慧讀書日萬言爲文奇警類長吉府志

陳國腆字非石海澄人崇正進士未殿試歸隱漳上蒼園足跡不踐城闉戊子歲荒傾家施賑時大吏以地方人材舉屢以疾辭氣節峻厲服御多用古若有易啓徵及史宗府志

國朝

康元侯字錫功龍溪人弱冠補諸生順治九年春海賊自廣至掠沿海入許江元侯督里人列舟以戰殊死鬪①賊垂却而他舟動賊遽登樓從元侯後剌其背遂歿族叔維宗及里中同死者十餘人

陳天達字可行漳浦人康熙進士少孤窶甚授徒自

校注：①鬭

給爲弟妹婚嫁登第時年五十九矣兄弟猶同居
合爨甲寅之變携家入山與其子講明經義爲寇
脅之仕不應幾得禍會有爲之解者乃免丁巳恢
復總督姚啓聖同年友也將特疏於
朝天逵以老病固辭乃日與親友子弟課文講學
年九十二猶手不釋卷與人推誠相與一無所飾
但非禮不可犯耳親知貴顯不輕問遺非公事未
嘗一至郡縣卒祀鄉賢

張雄字受夫南靖人康熙進士多材畧三藩之亂至
戊午海寇復作總督姚啓聖屯兵漳州聞雄名疏

請留軍前贊畫以海澄初陷敵勢方張先議撫冒險渡海諭以順逆存亡將卒聞之皆願因雄歸誠所招降甚多自是每戰輒捷既平叙功加正一品入爲工部都水司主事陞刑部郎中剔去常規斷獄多所平反以父老歸養居鄉建議從田問賦革現當散班及歸宗合戶等事更脩明倫堂置義塚年八十五卒府志

謝亦騏字玉路龍溪人弱冠補諸生試輒冠其曹然屢躓場屋時爲詩歌古文以自樂康熙乙卯以歲薦試京闈爲韓菼所取士年已五十矣閱十餘年

補丹陽尹丹陽繁衝民力凋瘵亦驥寛征入省徭役踰年民爲之歌咏尋以老病乞休既歸居東郭倉園中與李基益爲文字友逍遥山水間作雙林歌時多傳之卒年八十八著有浩園詩丹陽集府志

藍鼎元字玉霖漳浦拔貢生南澳總兵廷珍之從弟少長身美鬚髯善談論康熙辛丑廷珍總兵征臺灣命參戎務指揮並中機宜羽檄交馳倚馬立辦决勝擒賊多出其計廷珍視爲左右手晚以軍功得官著平臺記畧東征記薦入都上奏畧五千言稱 旨授普寧令所至多善政雍正間擢廣州知

府卒臺灣縣志

魏元琦字浩軒龍溪人康熙巳卯舉人知宜興邑糧十餘萬吏多中飽兌糧吏賠贖不支元琦立官收官兌法宿弊頓清漕政推江左第一庚子分校秋闈所取如陳其凝程盛脩皆一時名士歸囊不名一錢食貧以終縣志

莊亨陽字復齋南靖人少受業於李文貞光地之門康熙戊戌成進士授濰縣令母就養卒於塗歸而廬墓三年自是不忍離其父隱居教授乾隆初以薦授國子助教時鄂西林陳海寧兩相國相器重

欲一見之亨陽終不往西林曰吾非公事不出城莊君以老儒生視我不妨顧我矣亨陽始入見志相得自是亦不再往旋由郎署授德安同知踰月升徐州守徐仍歲水災亨陽相川澤諮耆民具方畧請廣開上游水以洩異漲且告石林可危未及措而石林决沛縣城將潰亨陽疾往率衆堵築七晝夜城完在徐三年兩遇大荒勤賑事日不暇給擢淮徐道淮海承屢祲凋敝不異於徐每對饑羸遺民中心愧畏夢寐中時摽辟呼嗟州有鹽河舊水過商運故障塞海口雖異漲非徧告大府不敢

開亨陽陳於制府已定議遇水漲命吏先開洩而後報開民免沉溺視災核賑以勞卒於官平生學行爲賢士大夫所重居憂時泰安趙相國國麟撫閩請主鼇峯書院亨陽以持父喪辭其家居來學者以百計乾隆九年京察　欽命大臣各舉一人自代内閣學士李淸植舉亨陽公論大服所著有秋水堂集河防算法書方望溪集

延平府

宋

蔡元方將樂人登熙寧進士初主鄱陽簿歷知懷安

博羅南豐縣以年勞改奉議郎元方爲人果毅明達遇事立斷初懷安代有日會更役法乃親拔一日而畢吏不得爲奸既去旁邑吏以舞籍得罪陷重辟無一免者吏始德元方在南豐時歲大饑設法賑之民賴全活爲政彊敏凡與民約輒不敢犯然簡節疏目使民易避其破奸剔蠹必去其本故所至皆有風績時稱良吏閩書

魏任字亨之南平人唐太常少卿滋七世孫登元豐進士初尉海鹽縣獲賊尋資授虔州節度推官太守方以嚴明自任郡卒有忤其意者將寘其極典任

力爭之後讞於朝卒從任議徙蘄州防禦推官承檄攝羅田尹縣適草創經營有方民不知擾以薦改宣德郎知石城豪橫歛手盜賊屏跡或雨暘不節祈禱隨應轉奉議郎兵馬都監賜緋閩書

李信甫諱友諒以字行後改字誠父侗次子同兄友直登紹興進士初任建安縣主簿後仕至監察御史以特立不容於朝出知衢州縣志

黃伯固字德常將樂人龐博而堅凝鈎經索史嚴義利重然諾紹熙中薦授建昌尉癸丑特奏名進士嘉定乙巳以奉議郎知上高縣精明剖決抑强扶

弱奸豪屏迹財賦虧陷爲之稽考版籍搜剔無遺公帑充足去日有餘鏹悉貯縣庫累官西川安撫制置使陞兵部侍郎清譽聞於中外卒賜祭墓贈少師謚忠簡祀鄉賢閩書

吳一鳴字伯大南平人紹定進士爲益陽縣尉帥李華聞其賢置之幕下政事一委之復薦於朝累調德化令時康維新帥漕或謂之曰例三司歲得舉其屬一人公何獨不薦新曰留以待賢或曰賢者爲誰曰吳一鳴也卒薦之得調長樂始至見倉庫蕭然詢知其縣多上官寄莊苗糧官不敢督責故

耳因嘆曰官自我得之自我失之何憾時叅知政事陳偉在朝鳴撻其幹督糧甚急幹以告偉偉曰令爲誰曰南平吳一鳴也偉曰南劍亦有此人耶由是諸埶①家聞之悉爲輸納乃廣學舍循官廨邑人作歌頌之邑有盧尚書者被刼得賊所遺刀一鳴悉名縣之鐵工出示之一工曰此某所作也命諸工還獨留詢之所爲作者乃泉州巨賈之徒也一鳴以計獲之一訊而伏②後爲仇家所譖去任邑人號哭於道執政知其非罪復調臨安府僉判時樞密鄭清董脩大內疾作移一鳴之賢遂委代之

校注：①勢　②伏

官終浙東帥司機宜閩書　府志

馮夢得字初心將樂人篤志嗜學博洽經史登嘉禧①

進士歷給事中累官禮部尚書居官不私薦拔嘗

奏立龜山書院請賜田養士復其後立祀時謂扶

植道南脈夢得之力居多府志

蕭來鳳字舜儀號賓竹將樂人徐卽登督學入閩講

學詢要領悟者絶少來鳳獨以知止脩身印可卽

登曰吾師李見羅闡明絶學汝得當往事焉羅與

語多所契合退謂人曰將樂有舜儀身體力行卽

是龜山不死問答具載來益堂止脩集由貢訓海

校注：①熙

陽諭饒平署海饒揭三邑篆宦囊如洗正從祀鑄祭器請罷月餼公宴稚解以濟貧士遠來問道者凡十一邑學者稱爲賓竹先生來鳳力學甘貧食不粱肉衣不絮帛好着方冠爲上下八梟著名三綱五常巾道路轉折如明堂矩步目不邪色耳不淫聲終身以倡明道學爲已任著有演宗問答雅歌集年老致仕卒於家府志

明

鄧文鏗字德聲永安人洪武進士任茂名縣以最入爲刑部主事累陞僉都御史風裁獨持時貴戚有

月禁鬻私茶者事關邊計文鏗劾之其人卒寘於法文鏗亦出知武昌府改知德安轉苑馬寺卿縣志

鄭克敬將樂人洪武中賜名公正因字克敬由薦辟任延平訓導陞監察御史正色立朝以廉介見知嘗賜宴不食大官以聞上詰其故對曰今日臣父忌不忍食肉上曰尊者賜少者不敢辭况君命乎對曰臣聞有父子而後有君臣上悅賜鈔五錠閩書

吳復字克初將樂人永樂進士授湖廣道監察御史居官清慎忠直知無不言爲國薦賢除奸得風憲體文皇每目爲圓眼御史歷官廣西副使縣志

吳勝字志剛將樂人宣德中由選貢知平原縣蝗災
教民小子撲收之多者受上賞悉出俸錢歲饑設
法賑濟活民邑災步禱立熄政專愛養不附權勢
以供億忤掾左遷廣西慶遠衛經歷卒於官府志

陳眞字思誠將樂人由太學生拜饒州通判陞揚州
府政尚平恕不事鞭楚於貧民尤加存恤歲旱跣
足自罪以禱雨雨應隨注時稱有古循吏風性恬
淡寡欲居官常種蔬以自給云府志

張彥祥順昌人正統十三年爲賊所擊賊知其勇脅
使助已不從賊殺之臨死罵不絕口鄉人稱烈府志

劉汝懋字文郁沙縣人膂力精鋭正統戊辰鄧寇攻破縣城汝懋據巷戰遽躍如飛當鋒立斃追至翔鳳橋格殺數人躍橋中折無後應者力疲坐石上賊環覘不敢近但曰汝至此不能生矣肯從我當尊汝爲王汝懋罵不絶賊以鎗刺之中腸而死府志

傅福保順昌人正統十三年賊掠其村落偕員保二人覘賊俱被獲賊欲脅其從不聽令剮其肉罵不領以火炙之尤罵不絶口而死縣志

楊冄珉字德玉尤溪人知永新縣興學校賑窮乏抑强暴民皆悦服邑有鹺長謀利殺人誣佳舖者甚

衆丹琛訊得其實出屍田禾中殺人者抵罪被誣者獲免歲旱禱雨輒應蝗起不入其境後移溧水終泰州同知俱有治蹟縣志

陳仁政字用德沙縣人璀十二世孫天順間由太學生授河南布政司都事時黃河為患民不聊生仁政自携飲食督築堰禦之民免墊溺舊有寃獄不能決仁政乞臺檄覆訊之竟白其寃為人樸直樂恬退進表赴闕懇歸許之陞一級致仕府志

田霈字伯潤大田人正德間授處州衛經歷衛僻武職素倨霈剛毅持重反見嚴禮軍吏方楳與其鄰

曲訟十載不決濡下車平之指揮某娶婦婦盧氏既死盧依前夫子復餽金求優給濡却之曰盧既失節夫死輒歸乃爲是請法可撓乎時駕南巡逆彬檄諸衛以遼金二書進衛無以應擬醵金饋使者濡厲聲曰忤使者意棄吾官矣奚科歛貧民爲未幾遭繼母喪徒步歸血流至脛廬墓哀瘠而卒府志

蔡夢賜字伯春尤溪人文盛孫沉靜嚴恪溫厚近人以庚子舉人爲英山教諭歷雷州督捕判官兼理糧務雷州盜賊株害最繁賜雪幽釋滯亦克用勸每察民之不能輸供者輒捐俸充納窮民感惠致

仕家居蕭然環堵耄猶讀書勤訓子孫屏跡公廷年七十七卒府志

吳必學字以思南平人嘉靖舉人知亳州减徭役建學宮未幾丁內艱服闋補海州時倭寇猖獗築城捍禦民賴以安改象州設法靖獠賊歲屢祲竭力賑貸遷九江同知復補臨江所至清介有聲府志

游綸字邦濟南平人嘉靖乙丑以貢謁銓時子居敬已官御史綸義不干請授雎寧縣尹爲政務安養休息爲民蠹者亟除之攘蝗災濬河道民得粒食憫邑疲瘵請减協濟邳州夫糧千餘石雎民至今

德之致政歸家居簡出非飲射不履公庭純實簡僕鄉人皆信慕之時居敬已歷侍郎每遺書勉之曰盡心職業即爲忠孝其耿介之守敎誨之類如此府志

游於北南平人由恩選令雩都有巨奸殺人匿尸會問屢更莫決於北廉得其狀獲尸橋下奸驚服當道旌其能再令醴陵奉例量丈一淸夙弊民便之府志

林若桂字斯芳南平人授溧陽訓導轉遂昌敎諭興文課士多所造就陞宜山令邊徼物產蕭條民獠

雜居難以法治若桂正巳操持因俗撫諭凡舊例因循者悉振作之歲旱集誠禱雨歲饑捐俸濟民生員徐一槐等屈於寃爲辨白之會巨寇藍龍虎等爲亂計勦元惡地方以寧入覲後復任卒於途宜山人哀思之縣志

田一儁字德萬隆慶戊辰會試第一選庶吉士雅以大節自砥旋授編脩奉使淮藩不受餽遺充經筵起居官脩累朝實錄進脩撰侍讀管制誥萬歷丁丑大學士張居正奪情輙假旨杖諫者箝制天下同館趙用賢吳中行與焉一儁亟與趙志皐抗疏

諭救時王錫爵掌院事戒以姑過張所諷勸之於是僣皋儁詣張所首爲杖者解張默不應則奮氣昌言責以綱常之義語甚峻直張憤懣無地欲引佩刀自裁一儁等拂衣出張欲圖報之會一儁與錫爵先期告歸得免後張敗起故官同脩會典擢祭酒脩規條絶貴近關說有一生持刺求進一儁名試擲奪之生慙甚寓言譏訕一儁疏於朝斥爲編氓諸士始遵巡閱輓葬擢禮部右侍郎兼侍讀學士閩書參縣志

林以文字雅博南平人司訓瑞金署瑞金石城信豐

三縣爲政清慎有太學生以家事搆訟以文下車投函千緡郄之明晨平其訟生獻數百金爲壽再郄之邑欠積穀額餉十有六七以文臨去捐俸代補士民德之歸田策杖郊野撫訓族弟子鄱陽閔趾固以文受知士來令南平登堂而拜且遺金帛辭曰汝筮仕猶故態耳安辦此邑令每重其品下車輒屏騶造訪之府志

嚴九岳字海日永安人萬歷進士任梧州推官多平反歷署府縣除草弊陋五載考績陞戶部主事轉郎中督通州餉往運官糧多苦淹滯至産破人

去九岳則稍不停兵糧戶始有生理時邊軍交訌
奉運內帑數萬餉遼陽遲若罰無赦九岳晝夜兼
程以赴有脚運羨餘千計悉獻經畧以賞士及告
歸課績陞岳州知府病劇未任卒府志

國朝

黃中正永安庠生順治丁亥城陷義不受辱取繩分
給闔門令自盡長男良詔年十七婦李氏十八女
如妹十五幼男良諭甫五歲俱共梁縊死惟良論
爲賊救甦同時諸生李秉鐸以罵賊自經林馥以
守城被殺皆一時死事之傑府志

黃麟瑞字輯侯號趾遊沙縣人幼倜儻不羈嘗負笈求學檪城意不在語言文字言笑不苟步趨中度毅然以道學自任有友陳某被盜以命誣麟瑞義形於色率庠士雪其誣又爲亂兵所掠不憚艱險鬻產以出之筮仕古田連江兩學博擢桐梓令桐梓古夜郎地也値雲屯之際建學脩城招流民清丈量會有徵勦遷移諸大役爲民請命詳減驛夫三載報最列薦卒於官縣志

福建續志卷四十七終

福建續志卷四十八

人物八

建寧府

南唐

陳誨字巨訓建安人生數月足勁能履其父異之因名阿鐵及長趫捷有勇又呼爲陳鐵事王氏有戰功建州被圍誨數出挑戰唐兵苦之城陷爲王建封所獲將殺之誨走歸査文徽文徽復以爲將使領兵招散亡潘承祐亦薦之授劍州刺史破馬先進有功拜建州節度使委以南方之事誨善修守

備郡政無數周師伐淮甸誨遣其子德誠率師赴難壽春之役德誠力戰未嘗挫衂師還拜和州刺史誨由是恩寵日加旌其軍名忠義諸子皆至顯職在鎮十年以疾求罷乃以其弟劍州刺史謙爲留後召誨還都疾甚後主親視之未幾卒縣志

宋

楊徹字晏如世家建陽七歲讀春秋左氏傳即曉大義年十六恩進爲鎮趙從事會昭慶令缺使府命徹假其任時河決鄰郡府督丁役甚急徹部徒數千經大澤中多蘆葦令刈爲筏順流而下執事者

訝以後期俄而葦筏繼至駭而問之乃更嗟賞建隆初舉進士遷壽州司戶參軍知州張全操多不法徹鞫獄平允太祖知其名召試禁中出知渠州江南平改處州通判令就大將曹彬分兵以行既入境僞帥郭再興擁兵自固徹單騎直趨其壘諭以朝廷威信再興即奉符歸服累轉祠部郎中府志

吳師服字夢得甌寧人天聖進士歷知蒙州儂寇犯境師服度州無城兵不能抗乃籍帑庾所儲均屬諸大姓使輦而藏之且聽民避賊獨佩州印以守賊知無所得引去改知邵武軍邵武產金而品最

下朝廷欲罪王藏者侵盜欺貢之罪師服力爭之坐謫後事直起知袁州請祠以職方郎中致仕元符中卒壽百歲子栻府志

黃孝先字子思浦城人嗜學能文舅楊億尤愛之天聖中進士調廣濟尉改宿州司理盜有行刦死於路者盜子疑其黨殺之欲訴於官黨誘其子同刦得財倍與之其子寢不言盜敗孝先曰是兒辱甚烏能刦白守直其獄不聽孝先辯益力且曰獄官可殺獄事不可移也會新太守董儲至卒如孝先議在符離多所平反活死罪十六人遷大理寺知

咸陽縣回鶻來朝過其邑有死者藁葬道左孝先封塚表識之回鶻使回過其側無不流涕感其仁尋知綿竹縣改殿中丞西邊用兵詔蜀中稅緡錢孝先曰歲饑行此則民益病上其不便朝廷從之改太常博士通判石州終於官閩書參府志

楊紘字望之浦城人億從子以蔭歷官知鄞縣鄞濱海惡少販魚鹽者羣居洲島或掠商人財物入海吏不能禁紘設方略使識者質惡少船及歸始給還且戒諭之由是不敢為盜以獻億文賜進士出身通判越州除轉運按察使江東饑開義倉賑之

吏持不可紘曰稍稽人殍矣御下嚴明常曰去一不法不利一家爾可使郡邑千萬家俱受其害乎聞者望風解去官至太常少卿卒聚書數萬卷于①抄事實名窺豹篇縣志

章衡字子平浦城人嘉祐進士第一通判湖州直集賢院改鹽鐵判官物有掛空籍者奏請蠲之又言三司經費取領而無多寡率不預知急則歛之小民倉卒難供願勑先期下之使公私皆濟熙寧初判太常寺時方議祧廟之制衡請尊禧祖為始祖而次祧順祖以合子為父屈之義復推禧祖侑感

校注：①手

生之祀而配宣祖配位以合祖以孫尊之錢從之出知鄭州奏罷原武監牧地四千二百頃以予民復判太常知審官西院使遼燕射連發破的遼人禮待有加判吏部流內銓嘗有員缺既擬注而三班院輒用之反訟吏部宰相主其說衡連疏與辯至訴於御前神宗命內侍皆至中書宰相見之怒衡曰衡為朝廷法耳以狀上請而視之相悟曰若爾吏部是矣乃罪三班元祐中加集賢院學士復以待制知楊盧宣潁諸州卒年七十五纂有歷代帝系編年宋史

黃實字公是浦城人熙寧進士累官至京東河北轉運副使哲宗以實久爲監司議召用爲曾布林希所沮出知陝州爲江淮發運副使賀遼主登位及境迓者移牒來稱爲賀登寶位使實報以受命無寶字拒不受還除太僕卿再擢寶文閣待制知瀛州徙陳州朝旨籍民兵旁郡貪緣擾困實懷檄不下而畫其利害請之事得寢卒于官贈龍圖閣直學士實孝友敦睦蘇轍在陳與實遊因結婚其後又與軾友善紹聖黨禍起實以章惇甥獲免然實未嘗附惇亦不久立於朝府志

何述字明道浦城人元豐進士調奉符縣尉知當塗縣歲有水患述築堤姑溪禦之廣濟圩爲田千餘頃夏潦堤將決述別爲長堤橫亘輔之崇寧初除開封府推官從尹以職事對徽宗顧尹曰何述詳雅必能助剸決遷開封府少尹歷除徽猷閣待制知永興軍移帥涇原以恩信結諸豪邊陲無警奉祠卒著有禮記解二十卷事類領要十卷盧江集十卷府志

劉穀字剛中浦城人元祐進士調吉水尉再調豐城擢南豐令有稅官恣橫陰養無賴爲爪牙以病商

賈毅白於郡稅官怒集惡少尅期刼甲仗庫毅知其謀伏弩手吏舍至期惡少果大譟斬關入伏發束手就擒列其事於郡郡加稅官罪毅爲救解人多其德量轉承議郎知龍泉縣未赴卒縣志

范致虛字謙叔建陽人爲太學博士鄒浩以言事斥致虛坐祖送停官徽宗立召見除左正言出通判郢州崇寧初以右司諫召道改起居舍人進中書舍人蔡京建請置講議司引致虛爲詳定官議不合改兵部侍郎政和七年除刑部尚書提舉南京鴻慶宮初致虛在講議司延康殿學士劉昺嘗乘

蔡京怒擠之後王寀坐妖言繫獄舄連坐論死致虛力爭得減竄士論賢之知東平府改大名入見時朝廷欲用師契丹致虛言邊隙一開必有意外之患宰相謂其懷異靖康元年召赴闕道除知京兆府時金人圍太原聲震關中致虛修戰守備甚力朝廷命錢蓋節制陝西除致虛陝西宣撫使金人分道再犯京師詔致虛會兵入援錢蓋與西道總管王襄聞京師破皆遁走致虛獨與西道副總管孫昭遠合兵環慶帥臣王似熙河帥臣王倚以兵來會致虛合步騎號二十萬以右武大夫馬昌

祐統之杜常將民兵萬人趨京師夏俶將萬人守陵寢有僧趙宗印者喜談兵致虛以便宜假官俾充宣撫司參議官兼節制軍馬致虛以大軍遵陸宗印以舟師趨西京金人破京師遣人持登城不下之詔以止入援之師致虛斬之顧宗印徒大言實未嘗知兵而致虛勇而無謀委已以聽遂與宗印鼓行出關至鄧州千秋鎮金將婁宿以精騎衝之不戰而潰死者過半然致虛雖敗其忠心勇氣有足稱者高宗□①建康召復資政殿學士知鼎州行至巴陵卒贈銀青光祿大夫宋史

校注：①幸

潘中字民極浦城人崇寧進士知長溪縣建炎丙午二帝北狩拜詔涕泣交頤會建卒葉儂叛長溪與建安接壤中慮其衝突命鄉人結忠義社預爲之備明年賊勢益張寧德令遺書告急中星夜赴之冒險以戰被執賊脅中使從中叱之曰吾恨不斬汝萬段肯與汝俱生耶遂遇害詔贈朝請大夫官其二子縣志

陳幹譽字克家建安人崇寧進士調邵武尉再任福州戶曹尚書黃裳帥福事無鉅細咸委之薦知考城縣時督辦軍賦甚急幹譽堅以民力匱竭爲請

巨璫有以私囑之者卒置於法除知濠州丐祠歸靖康初嚴陵有警經制使翁彥國檄幹譽收捕幹譽躬率將士備禦城賴以全詔增一秩賊平以疾卒邦人爲建祠焉幹譽與王䌌有庠序之舊及䌌當國不一造其弟子資補通直郎以廉著稱縣志

黃洧字清臣甌寧人父銳崇寧進士官至朝請郎洧以蔭補官事母極孝務調高安尉再調興化司理廉潔自律不承順風旨孝宗朝遷廣東轉運判官嶺右錢法弊甚丁賦逋欠尤爲民害洧一切奏罷之深入瘴鄉問民疾苦移漕湖南行部至衡陽聞

郴桂蠻徭爲變間道一夕至郴城賊驚潰發廪賑①給亂遂定官至朝請郎府志

劉汝舟字元造浦城人毅之子政和進士除興化軍司法郡有富民王姓死後有遺腹人乃以戶絶告守委驗實得貲三十萬欲籍之其婦以遺腹訴弗受也汝舟執不可既生男汝舟又爲辯折守怒汝舟納告身乞歸守倘籍其半後王氏子濟登紹興進士先是汝舟與張浚同硯席後浚持兵柄汝舟獻平戎十策辟爲參謀官卒府志

楊公度字元宏重和進士歷官福州觀察推官薦除

校注：①賑

福建常平主管精勤勾考出失陷錢八十餘萬緡會歲歉八州艱糴公度出入阡陌勸富民散糴民賴以不饑丞相趙鼎出鎮温陵以國士待之薦於
朝轉奉議郎同年侍郎秦梓累稱公度學問於其兄檜或勸往見之公度誦其父訓不見蔡京之言以謝之轉承議郎通判潭州攝府事軍吏更戍有以浮言動衆者公度立召主將誅首惡數人衆慴服承宣使劉錫聞而歎曰權府文臣而指麾號令摧折奸謀若生長行伍者真可服哉後卒於官著玉峰集二十卷府志

祖①秀實字去華浦城人宣和初釋褐狀元授國子博士靖康之難京城失守金使索米於學秀實叱之擊以劍絶而復甦高宗聞其名拜左司郎中遷中書舍人亟贊張浚爲恢復計時議主和遂乞補外除直龍圖閣福建路轉運使凡事有害民者一切革去未幾移廣東提刑尋以禮部侍郎召力辭而歸（府志）

王以詠字永言建安人宣和進士初調江陵府刑曹知含山縣方金人勢熾酈瓊輩相繼叛逆兩淮蹂踐所至蕭條以詠拊摩邊邑安靖不擾爲劉琦所

校注：①祖

知大將岳飛尚書趙康直同日論薦改通直郎知光澤縣疏剔滯訟剖决如流累遷知衢州終其任未嘗妄費帑有積鏹或以羨餘獻以詠曰積帑官物吾不忍爲也後官至朝散大夫書閩

魏勝建安人膂力絶人靖康初從禁旅戍滑臺軍帥令軍中日挽弩十石者補指揮使勝躍然應命帥引試下令曰若挽不及格者死勝挽弦時如有神助弦斷弩折一軍皆驚由是補本軍指揮使未幾歸建州爲威果指揮使部下葉儂聚以州司不支①鉬甲錢謀反指勝爲主時變起倉卒賴勝彈壓方

校注：①鉬

議招降衆疑①勝欲告之勝謂之曰今當與爾等決生死於神兆得吉衆始帖伏開城約降部使者以勝殫歷有功奏補權本州兵馬監押卒府志

劉韡字仲文崇安人民先之子有知謀善兵從兄韐平陸寇有功補承信郎再從守真定適敵圍城韐命韡以強弩射之敵知不可犯退去轉修武郎又隨②韐宣撫河北膽氣兼人無少怯以疾卒於家閩書

劉衡字兼道崇安人少好馳獵試劍魁岸有威力建炎初以勤王補官從韓世忠敗敵於濠累官遷秩晚年棄官歸依郭爲棲扁曰大隱閉門謝客潛心

校注：①疑　②隨

康節之學久乃徙武夷山爲小隱堂日以詩酒自娛與胡寅遊其中霜晨月夕嘗吹鐵笛或慷慨撫劍意氣浩如也縣志

翁績字德功崇安人博學負氣喜談兵建炎初王燮王延勝造叛績協王佐才集義旅保障鄉閭以誅賊功調惠州推官屬邑多盜績率郡兵勦之獲賊首黃白旗等三百餘人潮陽劇賊謝花九等聞風遁走辟石橋鹽場遷黃州推官臨武介所至皆有備禦蠻猺懾伏秩滿乞致仕孫華登第官至奉議郎閩書

吳挺字仲烈崇安人璘子以門功補官從璘爲中郎將部西兵詣行在高宗問西邊形勝與戰守事宜挺占對稱旨紹興間金人渝盟璘總兵往禦挺奮矛出戰遂復秦州既而金叛將張中彥整兵復至與南市城賊相爲犄角轉戰竟日挺令前軍梅彥麾衆據城死戰自率一軍易黃旗繞出敵後憑高突至敵譁曰黃旗兒至矣遂驚敗乃讓其功於彥士頗多之擢榮州刺史拜熙河安撫使明年與都統制姚仲攻德順軍金空平凉之衆以援又遣精鋭扼鳳翔仲駐六盤挺獨移瓦亭冐矢石操短兵

奮鬬盡奪其馬金遂潰擒其千戶耶律九斤字堇等百三十人金懲前衄乃悉兵趍德順挺預擇要害治夾河戰地以俟誘敵至以盛兵蹙之敵竟遁進郢州防禦使巳而金再爭德順軍其帥引騎數千睨東山挺迎擊遂據東山築堡以守金乃匿戰士大車中將塡隍以進挺復掄大木植中道車不得前遂却拜武昌軍承宣使尋改熙河經畧安撫使會朝主和議奉詔班師乾道三年以父命入奏拜侍衛親步軍指揮使挺力陳不當輕變祖宗法度遂寢拜主管侍衛步軍司公事挺每燕見論兩

淮壖漫備多力分宜擇勝地扼以重兵敵仰攻則不克越西南又不敢我以全力乘其弊蔑不濟矣帝嘉納改興州都統拜定江軍節度使軍中自置互市於宕昌以來羌馬又奏立十軍以聯屬諸郡營部井如西路騎兵遂雄天下尋致仕加太尉卒贈少師挺少起勳閥不矜貴盛禮賢下士雖小官賤吏不敢慢忽稍失律誅治無少貸璘嘗對孝宗曰諸子中惟挺可任孝宗亦曰挺是朕千百人中選者宋史

祖世英字穎仲浦城人性穎敏日記數千言紹興中

成進士張浚總戎金陵留置幕中爲衡州教授講學勸課曲成士類後知南昌縣南昌江西劇邑世英立規條不以吏追民不以獄委吏發奸摘伏令信於下值歲饑散常平米數萬民賴以濟遷承議郎卒之日宅無一區產無千金縣志

范如璋字仲達如圭弟建陽人爲袁州萬載令行保伍法奸宄無所容每有疑似之人保伍必互相傳送至縣縣驗其無他方令傳送出境訖任滿縣無一盜後朱熹求得其法於袁守張定叟且曰此人有心力自來言保伍之法未有及之者閩書參府志

翁蒙之字子功崇安人彥深孫以蔭補官調常山尉紹興中趙鼎謫死柩過常山郡將章傑者惇諸孫怨鼎常治惇罪又希秦檜旨陽檄蒙之護①其喪忽遺書以趙氏私爲酒飲役夫宜亟捕置之法而陰喻使弁搜鼎知舊往來書疏欲敗趙氏快私憤且以媚檜蒙之不可啗以利又不可脅以威往反再三蒙之度傑意不可回或囑他吏則事有不可爲者即密告趙氏使取文書悉焚之既搜無所得傑怒又廉知蒙之女弟適胡寅實當時草詔罪惇者益怒乃誣劾之會有以其事白檜者檜移蒙之

校注：①護

澍溪尉孝宗即位召監登聞鼓院尋復補外後以龔茂良薦召爲司農寺丞卒年五十閩書參言行別錄

張次夔字和仲浦城人以父大年蔭授福州理掾部使者攝州事以私意撓獄次夔持不可使者不能奪知西安縣通判興國軍郡多私鑄太守任幕官捕治擾民次夔立言其不便已而民激爲盜太守幕官皆罷次夔亦奉祠値查源洞兇黨倡亂府檄次夔糾集鄉勇禦之賊退鄉人立碑紀事弟次髙字寛夫以蔭任東莞尉調長溪以獲賊功陞知建昌縣遷南劍州陞辭論州縣科罰苦民事孝宗曰

閩州縣以訴訟科罰且犯罪有條豈應以是生財卿當爲朕勤恤民隱簿書獄訟次之既而治績爲諸郡最擢徽州改邕州乞減放廣東客丁米孝宗允其請徼外蠻蚕棲境交爭次尚視事三日即单騎渡江慰撫之盡得其良馬未幾卒官至朝請大夫府志

葉文炳字晦叔建安進士調晉江主簿遷次家居致書請益於朱熹告以居官臨民之法時顏師魯爲守事多咨之汀州境上豪民相讐敵帥張忠定選官撫諭衆皆憚行文炳獨請往既至折之以理諸

豪皆伏再攝獄攝船拒絶苞苴秩滿調劍浦令改閩縣丞調衢州錄參前後兩太守寬嚴不同文炳賑其所偏資助之嘗言獄事至重當顧理是非不敢狥喜怒前後守多媿服邊事作調兵於州營卒憚行頗洶洶文炳諭以國家豢養恩使奮前戮力復白州優賞之皆聽命改秩知仙遊決累年滯訟出死獄增廩餼士像故相葉正簡公於學通判和州將之官服父喪尋卒閩書

陳梓字處恭建安人偁孫慶元進士任荔浦尉轉贛丞李元礪叛洞獠反側州檄屬慰撫皆憚往梓曰

苟利於人吾何愛死深入與其徐長來州欲殺之竟以力爭得全州後有事於洞拒曰必得陳縣丞乃可碎介信豊治妖誣創課試以訓士改知寧化通判南雄以薦知南恩始視事例取公鏹若干梓郡之有持一鹿獻者梓如直償之未幾江寇竊發移鎮南安寇相戒不敢犯境陞本路漕使領安撫司事屬歲不登極力講求荒政卒爲稔歲官至朝請大夫府志

江塤字叔文崇安人嘗學於眞德秀登嘉定進士調古田尉擒海賊有功改武岡法曹軍有淫祠巫祝

憑附至用人於廟墳焚祠毁像籍巫祝之資以犒軍歷知永平縣尋辟靖州倅皆有政聲遷知南平軍嘗條五事以奏皆居郡時熟察民隱可爲永利者蜀帥上其政最改知開州卒府志

翁合字叔備崇安人七歲能文辟童選登嘉禧進士歷官有聲賈似道謫建州合上言建實朱熹闕里三尺童子亦知向善聞似道名咸欲嘔吐況見其面乎乞投荒裔以禦魑魅似道坐貶授高州團練①副使循州安置景定中擢侍講著有丹山集

徐囊發蒲城人與兄華老同登嘉熙進士累官至朝

校注：①團

議大夫廣東招捕使居官二十八年未嘗一日忘忠孝討捕所至靡不望風來附元兵南下夔發守仙霞關襲兵猝至左右大潰夔發踞坐大駡遂遇害唆都聞之誅其加害者數人授其子平安軍同知祀鄉賢閩書

吳勢卿字安道建安人寶祐中知處州大旱勢卿行義倉法計口勸分松陽盜起率民義勦平之尤留心學校親講四書西銘以淑後生閩書

元

葉景仁字天德松溪人少重信義至正壬辰自政和

縣尉陞浦城尹奉省檄討政和西里寨賊值歲饑出家資餉兵先入南里遇賊邀擊敗之擒僞渠魁撫其脅從者俾歸生理次日進攻賊巢抵西里蛟龍橋賊悉衆來拒景仁復戰敗之乘勝深入後援不繼爲賊所執斷其右肱大罵而死縣志

張昇字伯起建陽人九歲以神童舉入胄監及冠授校書郎官至江西儒學提舉至正戊戌陳友諒據豫章廹取諸司印昇曰焉能違義苟生以辱名投印井中不食死縣志

明

吳春建安人永樂進士知婺源縣摧豪猾清獄訟均徭役始至府民有逋租數年未輸從容勸率無幾悉辦事隙輒至學舍與諸生講説飛蝗入境引咎籲禱蝗悉赴水死卒民思之明史稿府志

吳廷用名棟以字行政和人永樂進士擢戶科給事中仁廟在東宮時廷用以謹勤受知每呼為老實而不名及即位吏部循資陞雲南僉事上曰卿小心恂審君子也何為遠去特陞刑部右侍郎嘗奉敕在江西清理軍伍及湖廣採木事竣復命特陞禮部左侍郎乞恩省覲親終哀毀踰禮上賜祭及

葬啓土之日得石槨於穴傍人以爲孝感所致服闋赴京力疏致仕縣志

賀煬建安人天順三年上書論時事言今銓授縣令多年老監生逮滿九載年幾七十苟且貪污宜擇年富有才能者其下僚及山林抱德士亦當推舉景泰朝錄先賢顏孟程朱子孫授以翰林博士俾之奉祀然有官無祿宜班給以昭崇儒之意黄幹劉瀹蔡沈真德秀配祠朱子然未入祀詞宜爲增補預備義倉本以賑貧民乃豪猾多冒支不償或虜庾空虛乞令出粟義民各疏里內饑戶同有司

散放又言朝廷建立師儒將以陶鎔士類而師儒鮮積學草野小夫負緣津要矜解兎園之冊已厠鶚薦之羣生徒亦玩愒歲月倖博一官但壓身家之謀無復功名之念今不嚴甄選人材日陋士習日非矣帝善其言下所司行之明史

張德松溪人雖負義氣膂力過人嘉靖中倭攻縣城城中死守相拒三越月倭造天車高與城等一倭跳入手舞火刀衆驚走德獨奮勇前斬之餘倭不知相尾而上者五六人德手盡砍落城下以引火之物擲燒其車明日賊不敢近惟以銃彈遠打城

上德不避險竟爲流彈所斃倭解去所全一城生靈德之力也松人至今祠祀之縣志

張存義字宜甫建安人嘉靖進士授番禺令有聲擢刑部郎出知惠州時盜賊充斥水旱不時道殣相望捐俸及罰鍰市棺置亭中令亭長視之戒曰有求即施毋得留難月課諸生親評文義庫失金忽有神降索而得盜人謂誠感會海寇陷府治官司遇害以存義有惠政獲免擢兩淮鹽運使以疾乞歸囊金不滿百悉出以買祭田贍族黨閩書參縣志

魏良臣字以忠甌寧進士令崇明時倭有警設策防

禦不敢犯境定各沙糧産徭賦得平補溧陽歲不熟有易子者捐俸賑之入爲水部郎出守南寧平土官之亂却㕍稅數萬以備餉交趾入貢却例金捐榷關之㕍以備邊儲補鄖陽會大旱人心思亂爲罷一切煩苛之令民咸感悅轉廣西督學卒府志

謝朝佐字艮輔既寧人萬歷進士令安化調南城所至有政聲以卓異徵拜御史濱行有贈金者朝佐拒之入臺有奏請建儲爭三皇子並封之議又薦鄒元標等奉命按粵西未出都門卒府志

張明字元亮登第辭牌坊銀三百不受里甲例撥人

夫供役亦辭曰何敢以　第累鄉人也授戶部主事委齎金帛陝右宣大悉以溢銀數百貯邊藏翰林程文恭文德爲翰林編修坐楊名言事左遷衆憚執政莫敢贈言明獨秉筆且邀同輩餞文恭於郊文恭嘆曰見交情矣大中丞王廷相以明方正疏改御史先是部尙書委以減地租增商額明不從忤意遂見沮遷湖廣副使擢江西叅政以勤勞卒閩書

鄒希賢字叔輿建安人萬歷進士選濮州知州州遭歲饑民多流亡希賢設粥募糴疏河灌田歲因大熟

舞陞戸兵二部郎中擢寧波守以卓異奏績歷浙江副使巡視海道建立昌國定海象山等處團練營衛轉江西叅政湖廣道致仕歸著有續麟篇春秋正解淑輿別集等書府志

董艮敬字恆甫松溪人以援貢任浦城典史縣有疑獄事涉豪貴縣令不能決一日再鞫召典史令坐於旁臨質時艮敬出數語以折之兩造誇然令乃投筆使爲獄語應手成詞竟坐豪貴法令欲少爲周旋艮敬抗聲曰今日之判衆目共覩禍則典史當之不可更一字也後召爲御史府志

李大載字沆若甌寧諸生家貧有志節或饋之衣以絲衣大載曰吾自有文繡在登席酣飲旁若無人乙酉秋往謁孝陵被執慷慨就死縣志

國朝

鄭國佐字振華建安人平居尊尚正學慕本鄉前哲蔡西山眞希元之爲人以主敬窮理爲先格物致知爲本金壇賊王祁自江南竄入建安山谷中久蓄異志窺鄰邑初定遂糾衆作亂於順治丁亥八月攻城城破抄掠無虛日士民皆被其害先是國佐慮寇禍將作挈家西鄉以避未幾妻徐氏病甚

無所得藥國佐復挈之入城就醫留長子令司寇重視弟妹於村舍　王師聞建寧不守發諸路兵討賊精騎被野賊窘不敢出戰城中人憤賊殘暴咸思反正賊黨洶懼定計將洗城突圍公自度不免先期誓曰吾平生砥礪名行今豈可以皦然不滓之身爲賊刃所汚耶生雖不能手誅狂猘死當爲厲鬼以滅賊手書遺囑留之墻隙中遂與徐氏縱火自焚府志

孫兆先字鼎文以拔貢授銅陵縣在任十載連遭水旱災賑穀糜粥全活甚多海寇誣攀采石良民三

縣會審兆先力剖其冤磯民為立生祠有明經徐某者欲害郎姓兄弟投金三百両吒之申詳咨革銅陵多積欠墊解至五千餘金士民為建邮民清廉二亭後以疾歸清風兩袖而已府志

鄭方坤字則厚號荔鄉原籍閩縣後移建安家焉十一歲通五經左史雍正癸卯成進士授邯鄲令以卓異遷景州牧歷山東登州武定兖州知府邯鄲為九省孔道前令衰病吏因緣為奸侵帑千餘金方坤按抵吏罪宿逋一清奸民李某與某婦通殺其天①而逸波及鄉閭方坤捕獲卒置之法人皆快

校注：①夫

心其在景州素多豪右憑官長以①齕齮小民方坤屏弗與通決獄一斷以法自是豪皆縮手河決州境蒙恩賑卿方坤按戸親勘入册不假吏胥之手邑賴以甦調河間同知遷登州守時歲人口出海至奉天而未經入籍者俱令回籍方坤言登郡民貧土瘠遼陽土廣人稀酌盈劑虛兩得其便計東民倚遼陽覓食者每縣以數千計若一槩禁止弱者束手待斃轉於溝壑強者挺而走險無所不爲况遼東山左俱隷版圖何分彼此司牧者但當嚴匪類之防不必閉其謀生之路上官奏請弛禁

校注：①齕齮

民慶更生既調武定郡以散賑之後倉貯一空饑民數百萬無所仰食方坤以登萊之有餘濟武定之不足慮陸運費艱海運較易請撥登萊穀八萬石以四萬石進利津之牡蠣口接濟迤南州縣四萬石進海豐之大沽河接濟迤北州縣更念饑民枵腹難待復請以濟南武定等縣之漕米截留五萬石備用并銀穀兼賑巡撫以入告從之繼請緩徵未被災之地畝以抒民力修城鳩工以補賑卹所不及是役也請穀十三萬石銀五萬兩晝稽夜算全活人民十五萬有奇未幾兗州饑調方坤治

之多所全活且釋貧民之奪富室穀而誣爲盜者百數十人一郡賴之居官三十年所至必設書院修學宮置膏火以教生徒文風丕振以足疾告歸卒生平篤學自經書子史外漢魏六朝唐宋名家詩文旁逮天官地志兵法農書六藝釋老諸書無不研究著有經稗五代詩話全閩詩話古文詞望古集嶺海文編叢編本朝詩鈔讀文劄記等書陳衣德撰誌

邵武府

宋

吳處厚字伯固邵武人博學能詩文登皇祐進士仁宗屢喪皇嗣處厚上言臣嘗讀史記考趙氏興廢本末當屠岸賈之難程嬰公孫杵臼盡死以存趙孤宋有天下二人忠義未見褒表帝覽其疏矍①然即以處厚爲將作丞訪得兩墓於絳詔封嬰成信侯杵②臼忠智侯立廟祀之始蔡確嘗從處厚學賦及作相處厚通牋確無汲引意王珪用爲大理丞王安禮舒亶相攻事下大理處厚知安禮與珪厚論亶用官燭爲自盜確密遣達意救亶處厚不從確怒欲逐之未果珪請除處厚館職確又沮之珪

校注：①矍　②杵

爲永裕山陵使辟掌牋奏確代使出知通州軍文徙知漢陽處厚不悅元祐中確知安州郡有淸江卒嘗戍漢陽確因不遣處厚怒曰爾在廊廟時數陷我今比郡作守猶爾耶會得確游車蓋亭詩引用郝甑山事乃箋釋上之云郝處俊封甑山公會高宗欲遜位武后處俊諫止今乃以比太皇太后且用滄海揚塵事此蓋時運之大變尤非佳語譏謗切害非所宜言於是諫官張燾范祖禹等連上章乞正確罪遂責降英州別駕新州安置擢處厚知衛州士大夫由此畏惡之未幾卒紹聖四年再

貶元祐黨人追貶處厚欽州别駕著有青箱雜記府志

黃伸字彥發其先固始人從王潮入閩家邵武十世祖日惟淡以五經教子皆登科世號黃五經伸與兄僅弟侑齊名時比河東三鳳伸登嘉祐六年第知河南縣文彥博薦之賜以東帛知泉州建學芝生於梁改建州未幾建稱治有瑞粟生屬邑奏最歷太僕司農卿子謗沔沂皆克世其家閩書

李階字進祖光澤人深子熙寧二年爲别院省元特奏名安忱對策言使黨人之子階魁南宫無以示

天下遂奪階出身四年赦黨人子弟復官調鹽城尉建炎元年攝臨安府比較婺州卒陳通脅階叛階叱之遂遇害事聞贈右承事郎與一子恩澤

朱蒙正字養源邵武人少豪邁年甫冠始折節讀書資政大學士黃履其舅也每奇之元豐八年登第調江都主簿深以祿得及養爲喜每聽訟務得其情而後斷之法令重其爲人委以縣事蒙正亦自任不疑以故江都辦治薦遷都昌令其治都昌如江都尤惡其植黨以傾善良告戒弗從即痛以法繩之後授茶陵縣丞縣久缺令倉庾傾圮吏緣爲

奸蒙正亟命完葺更謹視出入奸弊遂絶租賦不督而辦歲旱精意祈禱雨輙至遠近沾足復用薦改宥坐茶陵任內請搬家眷錢奪官大觀初復宥除知開封府長垣縣尋通判德州軍賜五品服大守武八越常例遺之甚厚蒙正辭弗獲悉以所①寄公帑後太守坐不法除名而蒙正無所累識者韙之尋致仕卒年六十四蒙正持身廉慎性質直不自表暴恂恂如不能言而胸中是非了然乃志氣高遠欲有所爲而仕宦齟齬卒不如志君子惜之府志

校注：①遺

張遠字爾登邵武人元豐進士歸隱不仕元祐閩建州節度使呂惠卿慕之常以文藝往來惠卿入朝薦之遠曰吕①公以文相示則可以官相迫則不可且我由惠卿進則亦惠卿之流也辭不就後以侍御史龔夬薦起爲太常博士議祀典稱旨進爲洪文館學士兼翰林檢勘文字見朝廷貶逐臺諫刻黨人碑嘆曰此天下何等時也尚可居此位耶徑辭歸至欽宗北狩憤恨而死

上官模字規仲恢長子自幼力學以父蔭累遷朝請郎賜五品服浙西帥司辟主管機宜文字未幾遍

校注：①吕

判撫州適崇仁宜黃縣境巨盜蠭起一方震恐官軍憚險不敢進賊勢益張帥憲二司以討賊事付模模深謀有斷乃召諸將授方畧遂躬率將士分據地利扼賊要衝縱兵直擣其巢先擒賊酋餘束手就縛衆駭以爲神諸司奏功降詔獎諭膺賞殊渥模天資仁恕樂於周急其待姻族久而彌厚生平薄利名喜恬退好稱人善人稱爲長者閩書參縣志

謝汝明字晦叔建寧人登嘉泰壬戌第兩謝民曹繼辟郴之宜章令先是邑有大盜號飛虎汝明至結

以恩信遂伏調馭近邑有神曰武靈侯廟有神老數十輩倡妖言惑衆每歲迎奉謂不樂從橋必涉水以濟至邑則令避堂以舍之否則大災邑民惑焉椎牛釃酒無虛日兩軍至有爭祭而交兵者汝明親出郊迎諭衆曰從橋則安決不涉水又言令與神分理顯幽神憩公宇令可無視事所乎宜奉神於寺舍祭在誠不在物其以蔬菓奠神老不悅謂必大災汝明置神老於獄語之曰災則爇汝以謝百姓神老皆泣拜具伏其造妖之狀邑竟無事民惑遂解嘗辟爲漢陽錢監董築黄州城建議齊

安城外磨旗山虜至可瞰城中請築外城環之齊安民賴焉再辟四川餉幹卒於道書閩

丁從龍泰寧人紹定三年率鄉兵擊盜追奔逐北有功勑授義保郎端平二年六月領兵淮安城下連日大戰攻破土城賊兵奔潰克復淮安轉忠靖郎八月遇盜於梧州之懷集縣血戰死之朝廷命官致祭仍立廟於懷集復其家祀於邑之鄉賢四世孫勝設像立祠府志

元

黃元實字廷美泰寧人幼孤貧嗜學性凝重寡言動

循矩度至順元年試浙闈中乙榜授郡文學學者多所造就當道薦於朝未就而歸至正十三年邑有妖民爲亂縣尹延元實議討賊討賊奄至遂遇害女貞奔哭駡賊賊殺之閩書參府志

明

朱祐字逢吉邵武人洪武二十三年由貢入國學授兵部職方司主事以廉能著出判紹興紹興劇郡也祐竭力殫智凡政有便於民必力爲之宣德癸丑大饑官所儲蓄必請乃敢發祐以爲拘法則民殍遂先發後聞八邑之民賴以全活薦知漢陽府

漢陽舊無官庫軍民渡大江赴武昌支納江水險惡時有覆溺祐奏請立倉漢陽以便之正統丁卯致仕紹興人聞之相率赴闕請乞守紹興比至京而祐已得請歸矣閩書參府志

謝頻字世昭邵武人斆少子爲人質直勤儉雅有古風中景泰鄉試授錢塘令不事催科與民休息歲歉請粟賑饑不待當道報可徑自出粟曰冒譴吾甘之不忍遲一日使民多罹一日之苦也陞廣東惠州同知日集博士弟子講明正心誠意之學未幾以疾歸巡撫朱英重其去爲請於朝得進階朝

議大夫都憲朱公欽嘗跳經受業其門草銘出其
手子瑜應正德貢除和州通判縣志
周灝字秉純邵武人生有異質景泰鄉薦未嘗干謁
有司除海鹽令值例里甲派馬價百金灝遣還之
政持大體善摘奸覆有積吏劉淵者巧於弄法致
產千金灝按其奸狀大快人意時徵收例有羨餘
灝悉貯庫以充正數民有因貧而背其婚約轉屬
豪族者訴於灝灝助之金必令成婚豪不敢爭邑
苦徭稅灝議蠲賦之法遂減其徭之半民至今頌
德灝以廉清名上計奏最人多忌之時有署邑者

失其庫物倉皇不能白獨懲監守者灝詧觀數有
犬母子交口而觸其席灝令持宿單來看查直獄
者有黄廣其人鞫之立招遂坐之署者問故灝曰
余詢問有二犬交口者獄也子凌母者獄卒也犬
觸席者廣也故查得黄廣人服其神灝存心平恕
獄有冤者輙釋之有不可釋者縱使歸家與之約
無不應期自至守有不便於民諍而忤之勿顧蒞
海鹽三年清介如一日都諫張寧讚其一介不取
擢松江府同知未赴卒百姓莫不流涕葬於玉甡

鄭鳳字子靈邵武人事母盡孝母病眼翳舐之尋愈友愛厥兄全產俱以讓焉以選貢授天台丞悉意撫字郡糧長常例金邑行鹽之地歲定獲私鹽價百餘兩繼設海游關無私鹽納價如故民苦之牒鹹使求罷其徵擢萬州判萬州牛嶺黎作梗鳳議圍練把伏海境以寧視篆陵水時適討黎頡戶賠糧二萬石自分必死鳳曲爲生全頓戶賴以蘇民爭木主祠焉後有戴龍任陵水人愈思鳳不置爲之謠曰鄭鳳再來天有眼戴龍不去地無皮擢南京東城孝陵淨軍豪悍幾成般禍鳳設畧服

之境內帖然致仕歸閩書參府志

李寧字懷遠建寧人秉組元孫性廉介耻言人過登嘉靖進士試政戶曹奉簡書領金三十萬以賑陝計羨一千不入私槖悉散諸饑民陝民多感之授揚州府節推揚多疑獄難決者當道召寧決之檄視淮鹺卻商人金悉以法從事未幾以疾卒於官其弟實字懷用卓犖好詩詞由選貢赴京會兄寧柩在官邸力翊喪以歸葬後授岳州通判總理七邑糧餉豪猾莫敢遁匿攝縣篆有政聲適上重修太和山實董其役工速訖功陞五品俸進階奉政

大夫竟告歸家居以所得俸金散族之大貧乏今里閈稱之府志

杜鍾秀字德毓邵武人隆慶舉人授黃巖令慈祥豈弟潔己愛民建文昌閣以興學校而士氣一振刱義倉遇饑歲發粟以賑貧民縣東有官河宋時築有永豐二閘時啓閉備旱潦嘉靖間海寇猖獗跨河成城堙塞未復鍾秀捐俸濬之時屢大旱三禱而甘雨沛轉惠州通判歷岳州統制九谿谿苗最難馴服鍾秀輒淸戎紀於奇甸嚴賞罰以勵三軍苗變卒獲而夷俗一化州賴以安陞知儋州亦有惠

聲後解組歸府志

鄧秀實光澤人時通子少篤學侍父母病積旬不解帶居喪哀戚與兄弟分業多義讓肅內和外布蔬終身澹如也中萬歷鄉試知劍川州州廉平而行以實心民疲礦課首條陳為半蠲之凡利病力與除之且不取羨以自潤逾年俗漸殷淳麗夷畏慕稅附州徵者樂供如州民委督屯鶴慶武弁例餽千金無所受加意庠序秩將①病卒士民哀哭如失慈母立祀學官②及名宦縣志

上官希稷字師忠光澤人萬歷恩貢授嘉興通判催

校注：①滿　②宮

科政簡撫字心勞單騎勸農興利除害民甚德之樂輸恐後值歲歉發粟賑民與吏必待請而後發希稷曰拘法則民殍若待請則索民於枯魚之肆矣豈卹民之道哉竟發粟活民甚衆上官嘉其廉能咸推重之後解綬歸著有攝生錄縣志

王洵字惟信邵武人爲人曠達多識登萬歷庚子鄉薦授湖廣承天司李有寃獄滯二十年弗結洵廉其實出之活三十餘人按積奸楊道南章時雨輩皆置之法民蠹以淸郢人士各刻像祀焉會監軍自襄抵河凡糗芻輓給之勞洵皆親董其役故兵

不擾而民不驚以薦擢蘇州督捕同知未幾以緝私鑄觸權璫怒遂拂袖歸崇正初魏璫既除朝議復洵原職洵已六十不果仕著有吳楚吟續府志

國朝

鄒祖頊字帝賓光澤人幼聰穎矢志讀書父命其業樵頊挾策與俱至忘晝夜康熙壬午舉於鄉大中丞張伯行徵入鼇峰書院纂修理學書屢上公車不第旋赴選得江南繁昌縣將出京聞繁昌猛虎入城頊笑曰苛政猛於虎予至自無比至果遁去祖頊治繁昌以興利除害爲急輕耗減徭飾崇聖

祠增祭器廣學額築水利通工惠農賑災弭盜凡可爲士民請命靡不區畫周詳分校三①闈所拔三十餘人皆一時名士會攝篆當塗不數月竟以舊吏罣吏議旋乞歸著有蓮村文稿蓮村燕遊草卒年七十二縣志

福建續志卷四十八終

校注：①闈

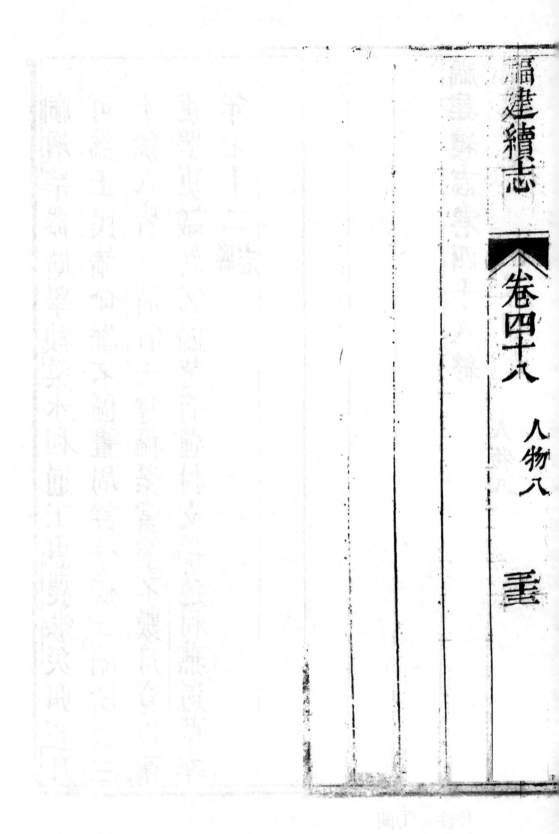

福建續志卷四十九

人物九

汀州府

宋

伍擇之字元賓寧化人祐之子皇祐進士授南豐簿與會①輩②兄弟交好文彥博薦爲秘書少監尋以事歸里元祐間復起長樂令時諸司酷暴鷙刻者登上考擇之日以殘忍附上官吾不爲也解組歸縣志

鄭穆字應和長汀人立中子以父功調泰興令浚河溉田二十頃再調定遠令臯逋寇葬枯骸丞常熟

校注：①曾　②翚

攝事有潰兵絕江由福山隝關單車撫定終徽州通判府志

張艮齋字景先寧化人紹興五年進士調龍川簿未赴以薦授武平丞會盜起單騎詣賊壘諭之賊感泣散艮齋父與秦檜同年進士諷之往謁艮齋不可終衡山丞縣志

翁熙字正之長汀人淳熙二年進士除袁州戶曹平反疑獄時稱明允守欲上其事辭曰受賞則置前勘官何地被檄驗旱傷徒步阡陌歲饑歷鄉落勸分富人廩以賑民賴全活任滿卒於官閩書

王德欽長汀人祥興間除駕前指揮使帝昺沉厓海時殉難

鄒麟原籍臨川人官杭州招撫使端宗即位於福州麟與兄鳳子冊勤王及文天祥敗鳳自刎麟頓家淸流從張世傑起兵負重傷歸卒子冊被執亦不屈死府志

明

陳詳上杭人永樂辛丑進士拜山西道御史有剛介聲巡浙江兼按銀塲詳條具得宜課比足而民咸便之時雲南車里酋長構釁爭地勅詳往勘正之

會悔服貢白象方物於朝賜勞有加後致仕歸府志

伍宗源字本澄寧化人永樂乙未進士授御史廵按交南時交阯官吏多貪婪軍民疑貳黎利黨乘閒布浮言以圖興復宗源至宣諭上德糾墨吏數十輩人乃帖服洪熙卽位賜嘉宴宣德元年遷浙江叅議便道省親値邑大旱宗源徒跣祈禱雨大注因感疾卒府志

吳昺長汀人父廷輔令高要以事遣戍廣西馴象衛昺從父於邊多知謀善武藝都御史韓雍召置幕中征伐有功歷陞本衛指揮僉事子瑞襲職府志

謝道字宗魯寧化人成化間以貢授鳳翔懷遠經歷遷歸善令時惠潮間草賊剽殺道變服雜行伍中得要害設伏遣諜紿賊出殲之旋致仕歸府志

楊漢字天章長汀人博學工文以詩經領宏治己酉鄉薦試春官中乙榜授虹縣司訓未踰月兄濟卒漢循次應襲祖官汀衛馳檄召遂解文秩補指揮同知蒞政廉慎自持奏罷會昌戍卒增脩七門樓櫓白冤抑補缺伍百廢具舉一境肅然檄攝銅山小埕總寨海氛熾號稱險塞漢因俗為治參以古法無不悅服性至孝內外艱躬營葬事野處盛寒

不憐部卒有飛誣者以他罪至或請笞殺之漢不可止論如法人推其雅量因淸信豐屯田疾作卒年四十四訃至軍皆巷哭爲位以奠瓊山沙廷梧列狀請崇祀鄉賢名宦所著文四卷詩四卷奇句二卷行於世縣志

周軨字文載上杭人宏治戊午舉人知上饒縣值歲祲民多負逋軨力請減常賦三之二進邑諸生講周易得其傳者甚衆陞惠州同知未赴以疾歸書閩

縣志

鍾①文傑字邦臣長汀人文俊弟宏治壬戌進士授戶

校注：①鍾

部主事轉工部員外郎擢廣州知府有政聲時①

監潘忠横恣每非禮相凌文傑不少屈忠亦②

居官一廉自守留心政教竟以瘁卒於官兄文③

宏治癸丑進士歷官湖廣參政所至廉謹寛厚卓

有賢聲閩書

鄭道明道隆弟上杭人由歳貢歷杭州府同知有四

年清似水九縣煖如春之謠弟道充以貢判均州

時有獄久不决道充齋宿祝天忽有羊入訟庭□

於人叢中觸突一人執而訊之其人駭服民呼神

君縣志

校注：①太 ②漸抑 ③俊

王瓊字良玉武平人以貢授南京兵馬司有從戎功擢兵部主事奉勅叅贊軍務致政日奏築城遷學邑人德之府志

雷顯祚①寧化人少習制舉業值倭寇警乃潛心兵法嘉靖丁巳廣寇攻縣身冒矢石相持十有七日後以督輀討擒之辛酉程鄉賊攻縣晝夜守禦經晝月餘上佛狠機於邑令陳添祥賊乃遁萬歷元年徵拜勲府教習多著軍功縣志

康憲字章甫長汀人嘉靖庚子舉人禮部司務總職方條陳四事皆切時務出爲江西觀察使持憲紀

校注：①祚

絕餽承有廉毅聲縣志

趙鉞號懷泉長汀人嘉靖丙午舉人歴晉寧長寧二縣築城有績陞應天通判理馬政奉勅督造黄冊有嚴明聲擢戶部出知武定府補思恩政持大體漢夷帖服致仕歸時建邑以浮糧派汀屬各邑力請得免七邑賴以甦

陰啓旦字希周寧化人以貢授郴州同知攝桂東安仁二縣篆所至皆有聲嘗曰勤見父老不聽吏胥衙弊可清一半會桂缺守猺官將爲變啓旦奉檄徃鎮民大安集尋以署本州事召還①守正不阿有

校注：①還

貴公子犯法以賂求免峻却之卒置之法陞衢州府丞未赴任引疾歸縣志

羅舉字舜臣寧化人以貢授飛雄衛經歷遷元氏知縣因忤郡守坐謫民扣閽請留弗獲調廣西洛容縣寇犯城舉戎服先登諭以利害寇憚而退近夔諸鄉久不入賦舉詣其地折以大義尋咸感服有餉長互相仇殺將大陳兵舉親撫止之丁內艱服闋改湖廣桂東縣有兵備道潘某者怒其戇直委以事欲中傷之遂告老歸桂民立祠祀焉府志

孔奕詔永定人由歲貢授平陽通判督修大同諸關①

校注：①關

建營田五議賜金褒予擢知賓州改歲運大軍米三千石爲折色民咸便之著有東源稿三晉傳府志

張恩字子榮上杭人萬歷丙子舉人授青州推官治獄明允出重繫二十五人調廉州檄審錄高廉雷瓊四郡有黃大滿兄弟三人以殺人罪誣服恩白其寃遷吉安同知卻屯軍例金千兩旋告歸府志

黃槐開字子虛寧化人萬歷甲午舉人授山東青州推官治獄多平反絶賄賂值青大饑民有相食者槐開乞請奏聞朝廷發金粟十數萬爲賑他郡皆設粥廠槐開慮就食者强弱相擠遠近不均且胥

役中飽遂計口多寡散給銀粟其有不給者出罰鍰數百緡濟之存活以萬萬計以卓異徵竟爲讒忌者搆訐而歸著有天寶山人集葆齊草錢神記心經述律陶纂等書縣志

陳鳴春號啓吾長汀人萬歷己未進士授中書舍人晉戶部郎中督餉遼東管理御馬倉拒閹例商例弗受榷河西務值歲歉賑饑瘞骸鐲峻征剔奸胥補工部出守河間正色率屬築堤勦寇遷關內道擢苑馬卿告歸府志

陰維標字汝建興雍子萬歷丙午舉人授四川夾江

令特加派地畝夾江溢銀一千五百餘兩賦重民疲積逋累萬維標牖陳憊困狀乞捐除不許遂以征糧不及額罷民德之立祠以祀維標有祖墳爲人所盜又乘丙戌襲城之亂焚祠掠室備受荼毒當事得其冤將兵之維標爲請曰所與某梗者數輩耳大兵所加玉石何別力止之人益服其雅度府志

蔡士箕長汀人晉安衛經歷遷隴南守備日訓練士卒教以大義及步伐止齊之法天啓中進剿夷酋陣亡縣志

李嘉諭歸化人以貢歷欽州學正交趾寇至城陷不屈死（縣志）

劉廷標字霞起上杭人三舉副車崇正庚辰由徵辟試永嘉丞邑多積逋廷標親至慰諭士民感奮知尊君親上之義不踰月而輸六千金遷永昌判剔革糧弊治獄明決而歸於平恕合郡稱爲老佛順治三年粤西入版圖廷標爲詩四章見志自縊死子之謙以蔭授趙州學正遷戶部主事後亦死於難（縣志）

李魯字得之上杭人天啓甲子舉人崇正末山寇蜂

起魯督條戰守議獻於朝後隱福員山邑令强之出

魯督椎心大哭血淚迸落久之聲氣不續絶吭而死

縣志

賴一鯉字雲吾由恩貢初任歸善縣丞陞陽山縣知

縣嚴重自持撫交委盤查他州縣杜絶私謁秉

公不阿政暇多著作刻有釣民苦語遷王府正審

理府志

蕭熙正字瞿亭才思敏逸成進士文傳紙貴授令長

沙事繁民悍肆决如流尤以雅厚善俗都人士化

爲禮讓攝篆善化政亦如之以直行巳志詿誤歸

府志

盧日就號斗儒永定人崇正癸酉舉人知廣西岑溪縣縣歲解牛判銀四百兩日就嚴禁屠牛每年捐俸陪解戢獷猺之雜處者勿爲民害終刑部主事府志

鄒宗善字本初上杭郡庠生明亡走明倫堂痛哭歸伺家人睡熟書衣裾云先王之教曰忠曰孝聖賢之訓曰仁與義殺身成仁舍生取義孝子忠臣含笑相視衣冠自經死府志

陳箴字獻可清流人崇正間以恩貢授慶雲令有惠

政值山寇猝至邑民奔遁箴曰守土之臣宜與城共存殁矣城陷被執不屈而死府志

閔時字聖之汀州衛百户丙戌唐藩奔汀　王師追之時守麗春門八月壬寅昧爽大師擁入時挺身疾呼騎矢發洞胸死縣志

吴煌甲字愉之永定人崇正癸未進士知揭陽縣多惠政歲大祲劉公顯叛以九軍圍城月餘煌甲日夜防禦擊退之積勞成病力晝攻守數事而卒府志

李國英汀州衛人崇正中以勦寇功授守備鎮永定明亡殉難

巫如衡字宗岷寧化人以國學生授南海丞署海豐化州篆有惠政後爲蒼梧令　大師平粵西如衡獨持印不納下廣州獄死子學展詣廣尋父骸骸多不可辨刺血侵之卒得父骸而歸府志

黃廷柱字廻瀾歸化人以貢歷贛州教授甲申之變廷柱正笏北面再拜①死妻連氏亦以身殉衆義之表爲雙節府志

黃應運字際飛歸化諸生崇正末入蜀署爲監紀推官以平苗功陞平越知府孫可望據滇遣李定國襲安順應運責以大義復說降之可望怒率兵攻

校注：①拜

平越城陷不屈而死

吳世安字求寧歸化諸生徙居汀郡事母以孝聞楊廷麟一見奇之署爲監紀推官守贛城陷與楊廷麟萬元吉同日死府志

謝國煊字進寶歸化人偉軀幹有膂力任御營前軍都督及明亡杜門不出其詩有大明宮殿鎖煙霞荆棘銅駝淚一車之句積憂疾而卒府志

朱永盛汀州衛正千戶崇正間以勦寇功擢長寧營叅將封驃騎將軍守南贛　王師壓境坐困三載同官皆降盛獨持不可曰世沐國恩偷生以饕富

貴非夫也城陷延頸受戮神色自若贛人義之立祠焉_{縣志}

張兆鳳長汀人進士錞姪也長身偉貌有力如虎使渾鐵刀重六十觔隨父兄讀書獨好談兵崇正壬午中武科癸未聯捷以遊擊敘用未赴任闖賊陷京師鳳得報大痛中夜飲泣不能語丙戌大定後當事聞其勇欲召見之鳳杜門不出强之至再辭曰吾故明進士受先代知遇不能樹尺寸恨死之晚也何靣目出而相見乎束髮整冠遂投井死_{府志}

國朝

楊夔吉字允升上杭人順治辛卯舉人知常山縣奏豁荒田四萬餘畝糧二千五百兩復築水碓草壩九十一所民蒙其利逃亡漸復在任五年引疾歸縣志

郭連城字璐公上杭人順治丁酉舉人任龍陽令有政聲吳三桂叛襲執之脅以官不屈承間走險歸縣志

沈恩舉字登三連城人順治丁酉舉人知長洲縣縣稱繁劇賦至五十餘萬耗倍於正額胥吏因以爲奸恩舉至禁蠹役稽侵蝕豁積賠革火耗賦清而

民無遁逃者聽訟平允絶苞苴竿牘之弊去之日民立祠以祀府志

王權奇字漢傑清流人以貢授寧化教諭隨征廣東有功陞恩平令時海賊伍秀猖獗權奇率民兵奮擊力窮而死府志

盧化字鯤浪長於詩文兼工書法舉康熙壬子鄉試知繁昌縣釐剔催科積弊不事鞭扑而逋累一空境內荒祲競糴者幾致攘奪化勸令富戶傾囷出糶民遂安輯憂歸補任永壽立課程訓士鑿山泉灌田治績尤著治家一依禮法俸餘殖產分潤兄

弟及族之貧者問與二三舊交詩酒相娛有樂①
堂遺稿孫銓自有傳鈞舉人志府
廖冀亨永定人康熙庚午舉人知吳縣値歲祲賑饑
寛賦全活無算尤善決獄摘奸發伏民無能欺之
者公餘課士躬自丹黃去之日邑人攀留數十里
建百花書院祀之志府
周夔錦字錫上寧化人康熙己卯舉人除令岑溪調
崇善建學宮設壺山書院邑人始知學擢安陸守
修堤有勞績時沔陽大饑夔錦捐俸倡賑存活甚
衆調蘇州禁奸吏革陋規以甦民困復調廣平以

校注：①耕

老歸著有問心堂案牘六卷府志

黎致遠字寧先長汀人康熙己丑進士授檢討典試粵西視學兩楚抑奔競援單寒時稱得人遷吏科給事中密奏年羹堯事權太盛請加裁抑巡撫湖廣僨靖苗怙險暴掠移檄粵黔會剿之寇平報政命往雲南稽察河工錢糧累遷至大理寺卿己酉典試江南旋授奉天府尹盛京刑部侍郎年五十六卒府志

羅才徵字兼三長汀人康熙辛酉舉人授通道知縣修學宮建義塾以教苗民懲猺之頑梗者苗地多

山教民種樹歲獲貲無算去之日祀名宦祠府志

鄭熊字渭賢清流人雍正癸卯舉人永壽知縣開水利絶需派歲饑買穀三百石勸賑卒於官貧不能殮邑人賻①助之府志

鄭宜字賡三父昌麟隱居教子宜登雍正甲辰進士授江西龍泉縣初涖積案盈百判决如流匝月而衙署蕭閒遭秋潦為災跪禱霖雨中水旋落嘗徒步阡陌慰勞農氓因以察知謠俗及山林奸宄故訟衰盜息以時延課生童手自甲乙解組歸泉人綜其政績曰治譜府志

校注：①賻

福寧府

宋

鄭昭叔字顯仲寧德人太學舍選紹興間知仙遊潔巳愛民爲政必先自反時朝廷下經界法昭叔讀未詣吏請行昭叔曰巳尚未達何以使人閉閣覃思旬日通悟乃集同官折辯始定差役行事陳說大意使相論辯凡保正里甲無不悉曉[1]其法然後徹[2]遺度量他邑差役未定而仙遊巳見次第矣朱考亭守漳州取其經界申諸上乞垂爲法告歸壽九十六而終閩書

校注：①曉　②散

黄石孫字宗畧寧德人淳熙十四年武舉丞相趙汝愚見其狀貌魁俊議論英發以一世人物許之由黔陽尉特授興州機宜文字遷閤門舍人開禧丙寅選知兵才望之士護師江淮累官知高郵軍府志

劉必成字興謀福安人徙崑山遊國學嘉熙初七士叩閽言事必成爲之倡七士俱顚計偕必成武舉解元明年魁天下淳祐九年復中鎖廳以文武全才自負嘗兩入閣言邊事帝褒美行之知潯州湖南安撫副使有三分詩稿祀鄉賢府志

元

陳端孫字伯都霞浦人天錫嫡孫弱冠登武舉首選授總管府錄事四遷至福建宣尉①都元帥鎮福清縣陳友定勒兵侵境端孫率衆拒之中流矢墜馬被執友定脅之使從端孫罵曰我家三世仕元肯從汝反乎友定怒殺之其妻孫氏抱女投井死祀鄉賢府志

明

薛貴琅寧德人洪武九年從軍滁州衛三十三年陣亡子斌以父功授本衛左所百戶調義勇衛後所子錞襲府志

校注：①慰

謝福寓寧德人起行伍爲四川建昌行都司世襲千戸遷雲南叅將平編夷以事下獄虜寇邉從獄中上書願滅虜自贖有旨軍前効用後誅哱寇有功名由是著府志

陳宗孟名公孫以字行寧德人永樂甲申進士孝友雍睦廉慎磊落工詩賦爲秀才時上書陳五事於都運譚公罷鹽場鄉人德之登第授易州賑荒剔蠹州人咸悅著有約齋集子源清能繼父志尤篤恩愛任萬全海寧衛知事指揮亂政緝其軍後致仕歸閩書叅府志

陳新字鼎夫福安人永樂甲午鄉舉嘗從楊文敏學及楊入相足不履其門知海陽縣大布德惠時賦重民困去其弊十餘條歲巡課農桑始終不倦孫鑼字國器以選貢知建德興學養賢備潦救荒祿夷犯境撫軍檄制戎事俘首千計述職兩度貧無資斧時銓臣與魏瑺忤疏其卓異不行而歸閩書參府志

韋榮進壽寧人與金七鄭懷茂亂作進與劉艮等十三人討之擒賜冠帶及劉別差賊發進力戰陣潰與子興死之府志

陳坡霞浦廪生以忠勇自誓嘉靖丙辰冬倭寇境坡進勦小金師潰被害事聞贈本州同知祀之同邑

胡昇字彦明正德間勦海寇被殺州志

郭大乾大科之弟庠生嘉靖間倭亂奮身射賊中炮死祀忠節祠時諸生同禦倭者詹鎬字德武守南門城陷罵賊不屈死陳魁梧守北門吳廷珙守南門城陷抗賊被殺柳廷謨劉元錚並死祀忠節祠劉中仰王天爵蕭九衢同教官程箕守西城死劉公識高元澤高元涓陳學易同教官謝君錫守小西門死吳廷爵守南門死郭廷作力戰北門死劉

元鐫劉元章陷賊死寧德余湖左庾陳以伸林鍾彭嘉貞俱禦倭死難俱邑諸生也州志

連邦琪字其玉福安人天啓甲子鄉舉親老不仕著有介岩記鶯谷桃源行手集五經彙註制義聞香草詮釋天下輿圖明亡殉節同殉者舉人繆士珦方德新貢生郭邦雍陳翰迅劉思沛思沛中藻子中藻死思沛曰父既立節子可不繼先志乎亦死時稱盡綱巾先生州志

陳言寧德歲貢授北京大興衛經歷同時有崔廷復者亦以歲貢授北京軍前衛經歷因本邑西陂浮

糧有賠累之害言議奏璽①鄙帝以小臣不當言事廷杖下獄隆慶五年吉下有司查勘知州陸萬垓知縣韓紹據實申覆議免驛站銀七百餘兩乃免復其官鄉人感之府志

程伯簡霞浦人嘉靖丙辰倭入寇伯簡編甲伍選丁壯守前堞弱者次之婦褁首運石傳餐倭攻七日不下以二雲車薄城伯簡以木杈格之初以竹箭射倭賊笑而不備既而銃矢並發盡殪賊乃宵遁伯簡中矢石死城上分巡舒公恤其家鄉人李春榮等爲立祠並祀共難四十餘人府志

校注：①璽

陳得姚字仲虞號龍津寧德人天啓中選士授和州同知崇正乙亥上官委以防海挾一僕往臘嶼賊冦和州和州牧黎宏業死得姚奔募鄉人退之因署州篆又以經亂之後加意撫摩邑賴以蘇去之日士民攀轅痛哭如失父母府志

黄師夔霞浦人天啓乙丑進士知古岡時邑中亡賴藉荒稱亂蓄蠱害人與衙猾朋結三窟師夔薅剔振興百姓戴之以政最陞知保定府清廉勤愼陞諫議未任而卒祀鄉賢府志

黄朝鍾字安之壽寧人由歲貢初授歸安主簿轉曲

江縣丞鋒陞惠來知縣廉明素著有四張寶等二十餘命爲直其冤請豁圖籍數千戶立三華山鎮以靖山寇力勦海盜破朱亘保之營事聞朝廷賞錫有加尋以艱歸士民思之府志

王兆熊衛千戶籍孝友有大志嘗曰寧爲讀書士不作執戟郎以明經授浦城訓導李自成之變入山寺不食而死妻妾聞訃俱自經府志

張鸞三福鼎人性果敢有勇力爲衆所推服明末海賊鄭芝龍入寇所在蹂躪一日忽千人來攻城鸞三等率衆悉力捍卻之賊復由八都樟岐襲秦嶼

城破被執者四十三人皆死之後人立義勇祠於秦嶼北郭春秋享祀過者流涕餘人姓名附載江右

熊壽三李求利陳杜郎永涓陳細卞李棟李俊一陳乞七李杲五李比李頌李外定李秀陳添張養陳黨九陳安二李浩陳機六李淵陳七郎陳祖六李松陳晏郎陳孫四張國棄祚張孝七李監陳彥奇張郎陳賜一葉魁陳敬回李舜林德化李鳴四陳細五陳子雲秦子希陳氏姑娘　州志

國朝

柳上芝字聖生壽寧人雄才博學性至孝順治己丑由歲貢授巢縣丁艾憂哀毀骨立服闋補興平縣廉靜清介聽斷明敏民圖像祀焉轉蘭谿縣政治一如興平民懷其德以忤當事拂袖歸著有梅村

拙稿記遊詩集府志

崔秉鏡字去塵寧德人順治丁酉鄉舉知寧海縣耿逆之變王師過寧公備械運糧躬率守防諸邑遭燹獨寧免焉難平力請賑衆巳爲捐祿贖虜掠諸婦各令歸寧人德之特建報功祠祀名宦州志

陳鳴珊字器之寧德人康熙癸卯鄉舉耿逆變作檄徵不應庚申擢知桃源值　天兵征滇黔羽檄交馳刻運日迫珊晝理民事夜籌軍餉暇則詣黌宫召諸生講學免官之日圖書兩篋而巳著有問津草桃源集府志

陳端現性剛直膂力過人與林允忠服賈福州耿逆爲亂陷賊中誘以僞爵不屈罵賊死府志

王廣字碩夫霞浦人年十四食餼康熙辛酉鄉薦授羅川教建文昌祠課士以品行爲先母喪服闋再授燕江鐸矜燕江百姓非保甲不得婚姻公請介剔之士有兄弟爭訟公諭以孝弟感泣去其貧者助以資膊癸酉浙江分闈所得盡知名士後授溫陵教授病歸燕江士人繪圖賦詩立石於學宮著有息軒吟見山咏府志

吳廷琪字瑜友霞浦人少穎異過目成誦居家以孝

友聞自閩遊吳會師長洲韓菼康熙甲戌成進士知廣東靈山縣修學校葺城垣廉靜清正巡撫彭鵬薦舉卓異方報遷以勞卒於官囊無餘資都人士醵金送其喪歸祀鄉賢府志

吳瑞壔字象貞福安人康熙丙戌進士選中書舍人未補歸與蔡世遠校書鼇峰書院後歷奬陽縣累署新河冀州有政績運糧西域軍功紀錄工書善吟著湖山且吟三山存稿塞行雜咏塞行日記且暇吟諸集府志

臺灣府

國朝

陳致遠字子靜臺灣人康熙二十二年以軍功署參將協贊水師提督施平臺衝鋒陷陣攻克彭湖平臺後留致遠安插民居將所給銀兩募佃開墾田園二萬餘畝陞臺灣鎮標左營遊擊𡚁陞瑞安副將以年老休致子應橙天杓以平朱一貴功加署都司府志

王作興臺灣人諳熟水務康熙六十年提督施世驃征臺作興泅水至鹿耳門插標引大師進港以功加署都司僉書累陞南澳遊擊乾隆四年調安平

中營卒於官府志

黃廣諸羅人事母孝雍正八年居遭回祿廣與母妻俱出走惟少妹在內母憐女復反廣懼急隨入救母妻慮夫同焚力挽止廣廣輒推妻於港遂與母同死火中妻爲舟人急拯得不死痛姑與夫俱喪仍投港復爲鄉人救甦有司給銀優恤之府志

王鳳來字瑞周號竹山臺灣人由歲貢補漳平司訓整飭規條示諸生以敦倫砥品之道秩滿入都歸會臺變上書制府陳征勦策寇平復北上補蘇州督糧水利同知監兌漕糧殫精剔弊奉押漕運盡

革陋規復督採捍海塘石櫼勘大倉州水災攺河南懷慶知府遷兵部武選司員外郎歷官三十餘載年六十有五卒縣志

永春州

宋

留恭字伯禮永春人正長子通判廣州秩滿知南康軍其政以朱文公爲法提舉浙西常平境內大饑悉力賑恤全活數十萬人知紹興府蠲租省役罷遊宴絕餽遺杜請謁號稱循吏知廣東猺寇竊發捕降其豪酋平四十四峒以直徽猷閣奉祀①起建

校注：①祠

寧府卒贈秘閣修撰弟篇字端父碩字季鷹①
司農氏丞使金察其勢必亡陳備邊五策碩知南
恩州乞刺塡軍額以備不虞知岳州講荒政閣租
稅皆有循聲舊邑志

顔槦字養正棫族弟開禧乙丑進士歷籐州教授會
昌南海南康令通判循州知梅州贛寇陳三總率
衆萬人逼梅城四十二日槦激厲將士分隔拒守
又合衆船布水陣攢矢射之賊遁去當道上其功
會病卒舊邑志

留元剛字茂潛恭子開禧二年試博學宏詞除國子

校注：①篇隨

錄嘉定初遷秘閣校理累遷直學士院爭遷軍器少監權起居舍人元剛言國朝左右史立御座後今乃立朶殿之東乞復侍立修明舊法以內艱去起知温州勤恤民隱百廢俱舉移知贛州罷歸卒嘗言今日有貧國貧民而無貧士大夫以大用自擬已乃廼鬱鬱不樂築圃北山號雲麓吟適其間有雲麓集舊邑志

黄東老永春人寶慶中任武平令盜發江閩與尉鍾百福率民兵拒敵死之事聞官其後一人時同邑陳士英山寇犯境奮擊力不敵死之卓子信率民

兵前與寇戰被擒剛勇不屈遇害閩書
蘇十萬德化人欽裔孫宋亡破家募義兵拒元屯駐天平城羅城諸山後戰敗於水府被殺挺立不仆血漬石上朱殷不滅邑人建水府廟祀之同邑陳蔚德與元兵戰既被害猶馬上馳歸至南關首墜過東關下馬尸猶挺立邑人立廟其地以祀德化縣志

明

黃永永春人少為邑庠生洪武中通學諸生許奏教諭被逮至京悉革為民永時髫年得發戶部充吏因典簿書習法律部尚書奇之以人材舉授本部

主事陞員外郎出爲寧北知府以最調守湖州歲
饑設法賑貸以餘閒修水利歲豐倍入復調廣信
勤民勵節終始不渝致仕歸閩書

凌輝字邦輝德化人永樂壬辰進士授監察御史以
風采著出爲江西按察副使儆官邪明憲度安民
正俗振飭風紀明代邑人登進士自輝始閩書

林茂字盛之德化人貢生知廣東儋州民愛戴之若
父母丁內艱服闋補廣西吉州知州値巳巳之變
蒙難輸邊死於王事縣志

郭榮六永春人智勇絶倫少習兵法正統末四方寇

發尤麟兒聘榮六教子弟鄉人以攻刺之法沙冠鄭茂七起麟兒率衆築寨守於白鶴山陳敬德來寇榮六引精兵逆於小尤中大敗賊榮六被流矢輿歸賊聞其死復攻之榮六[1]褁瘡督戰賊大駭引去是年八月賊衆數千剳小姑榮六計曰賊衆我寡當以智勝陳官兵釘嶺東身引兵從西北疾走穿賊中出釘嶺與官兵合向賊至半嶺反兵向之嶺窄陳弗能列榮六號衆曰機在是矣乃引兵渡小坑直趨嶺下賊逆擊榮六佯敗走賊逐之至釘嶺橋榮六反兵逆擊官兵從之皆殊死戰賊盡殲

校注：①裹

焉復攻破賊壘於南安上塔前後凡十八戰皆捷賊斂兵不敢犯永春榮六子景二正德間流賊至景二率輕兵逆之大殺賊衆乘勝深入後援弗至戰歿從死者十二人同邑潘學嘉靖間流賊寇德化學率鄉兵擒斬無遺後奮志擊賊戰死閩書參邑志

郭延壽大田人故富家子倜儻不羈與蔣伯艮深相結鄧茂七之亂率鄉兵戰甚銳追賊至沙之小桐洋伏發力戰死伯艮求得其尸引其髮長至踝具棺殮葬之縣志

蔣倫伯艮族子以勇聞嘉靖間盜攻尤溪倫逆戰於

烏坑遇害弟瑞痛其兄之亡亦赴敵死縣志

劉趙珪大田人時汀寇焚掠趙珪與弟趙玠友蕭軒一拒戰頗有斬獲後陣亡子世纓痛父之亡亦持戈赴敵死時陳永居遇漳寇至遣二姪先逃以身當賊弗屈罵賊死邑志

劉應埜字思儼永春人隆慶戊辰進士知吳縣海瑞獎薦之與清廉宴邑有織造中官倨甚應埜獨備賓主禮舉人趙用賢以冤誣繫獄辯出之左遷池州郡同人爲刑部郎以忤當事謫判大名府改寶慶同知擢知廣州府發奸摘伏郡稱神明歸惟圖

書數卷山人黃克晦作琴鶴自隨圖以贈舊邑志

張士賓字公仕德化人入貲為國子生就銓涿州同知遷大寧都司斷事擲組徑歸涿州畿輔重地冠蓋絡繹貂璫據其中最易骫法士賓不茹不吐罪有不麗雖勢如山不為動州大水漂沒民田士賓乘小舟親行勘視州民百人腰大瓢尾其後懼不虞也士賓視有災傷即請當道鐫其租之半閩書

林棟字隆甫德化人歲貢生知樂會縣值粵寇猖獗抗守孤城設奇布伏巨魁殲焉當道妄殺要功棟釋平民千餘以抗忤被逮得白陞荆府審理不赴

歸翁樞歲貢生授南陵令以廉惠稱著有驪歌集一①噱篇縣志

劉盛典字恒正永春人貢生知和平令擒九連寇陳萬鍾靈秀等有功詔加知府服俸時議没人賊田盛典嘆曰有田者非賊爲賊者無田是殘喘餘黎賴以生者可令其向没於賊今復爲賊没於官耶持不可免官歸子鳴鹿萬曆②戊午舉人讓産於弟以友愛稱舊邑志

顔玹字宇肩德化人天啓戊辰進士除平湖縣却湖税溢額銀節省海塘濫費汰冗役峙義廩修梁庄

校注：①噱　②曆

建倉儲置義塚釐剔私鹺覈淸軍產召對稱旨擢
翰林院簡討轉右春坊命侍東宮講學晉階宗伯
學士明亡不仕有文集若干卷州志

國朝

鄭孕槐字台生德化人明庚午舉人順治間授推官
擢御史按江南屯田時真定等十四州縣兵亂之
後逋逃者多丁產貽累乃上痛哭一疏得旨蠲
免民獲更生丁內艱歸卒縣志

溫榮三大田人國初寇作榮三與戰死焉時同被
難者又有楊連五林聯四張正元林向相吳子華

欒阿蒼林爾英曹景二陳永三葉紹薇章標九饒
別我吳春榮田阿貞葉三品林阿先張顯忠鄭恩
高蔡子星陳宗興陳我宇劉阿壽二十二人州志

林興珠字而梁永春人倜儻有智計少時不逞順治
間歸誠授福寧總兵左遷副總調長州值吳三桂
亂棄家歸京師封昇義侯滇南底定授鑾儀衛鑾
儀使征羅乂有功官其子三人旋落職從征厄魯
特歸復其官卒州志

李道泰字子交德化人順治辛丑進士除建昌縣時
吳逆倡亂山寇竊發道泰設法勦捕城賴以完移

郡丞過鄱陽逆浪折舵胥役鼓小艇請避却之曰同舟共濟豈吾獨安耶竟不動擢開化知府除供應陋規建學以教夷民時邊徼新拓多掠買湖南幼穉爲養卒道泰給資斧放歸卒於官著有纓溪文集籜書響草剩圍四草南州耳鳴集滇行草縣志

黃龍字見侯永春人初從戎破江機楊一豹征僞藩朱統錩隨撫軍吳興祚復永德解泉圍敗海寇於江東克金厦取南日海壇諸島屢有功授海州遊擊擢太平府參將晉虎頭門副將終南澳總兵官子文暉戸部郎中邑志

顏奇宿字應候永春人康熙壬午舉人知平遠縣①𠒋學修縣志革里役除秏羨歲饑賑貸全活無算有勢弁焚隣居擄其女而汚之奇宿擒置之法告歸卒著有四書解醒續邑志

王廷聘字莘儒永春人康熙已酉舉人除井研縣招撫流民無失所者適有增賦之議力請蠲征擢大興縣有政聲終東城兵馬司指揮續邑志

龍巖州

宋

龔原字安道其先邵武人宋太宗時御史頴之後也

校注：①設

徙居龍巖登熙寧進士歷國子司業朝奉郎知連州累贈通議大夫元豐間朝廷方以財用爲急所在皆務峻刻以希上意原獨寬平不廹民德之子時可舉紹興特科知寧德安溪二縣克登宣和進士任潮州推官時升入國學孫增登乾道進士授浙州教官曾孫惟叙嘉泰特科任貴州推官五世孫頎登淳祐進士任莆田尉見一統志祀鄉賢州志

明

林琦字子潤龍巖人洪武中以太學生授五軍右斷①讞獄多平陞江西僉事轉副使聲望②彌著時湖

校注：①事　②彌

廣長沙寇亂瑜兩奉詔往撫之咸推誠得副所部歷陞浙江左參政踰年卒於官民思慕之瑜居官二十餘年自奉無異韋布每誦汪信民咬菜根之言自勵性和厚樂易用法平恕所至以禮賢雪獄安民爲先見一統志及金幼孜墓表楊士奇誌銘

祀鄉賢州志

邢昂字致謙龍巖人由太學生授岳州通判賑饑活民奏免歷年逋稅在任七年清譽顯著以外艱歸起復補揚州時巖經沙寇亂後昂奏請築城調官軍守禦并議設汀漳兵巡道疏擢順天府治中致

仕母章氏年九十雙瞽扶持不離膝下傾俸餘修先塋立祭田第宅與兄弟子姪同居州志

陳和字廷雍龍巖人宏治進士知桐廬縣報最擢南京監察御史按治有聲遷河南僉事以撫民平寇功受欽賞陞山東副使徐揚等處兵備所至問民疾苦折獄愼刑未幾以疾乞歸嘉靖間起補湖廣副使未行卒和志趣高潔清儉恭謹自題有兩字平安天地佑一生清白鬼神知之句士大夫咸稱爲眞清白吏云祀鄉賢州志

王以通字太拙龍巖人萬歷進士授南城知縣以善

政擢南御史轉瑞州知府疏請減高安浮糧五萬餘石不報改韶州知府陞楚臬前後執法不阿人皆憚①其風軌無敢犯者居鄉温厚治家不後年八十三而卒祀鄉賢州志

鄧林字喬柱寧洋人泰昌恩貢授雲南楚雄府推官居滇八載恤獄詳刑歷膺上薦署楚雄姚安大理永昌四府篆及騰越州瑯井諸務所在著令名寮知洗陞陝西西寧知州蒞任甫七月流寇猖獗指畫守禦焦勞成疾卒於官州志

陳王綸字東石龍巖人崇正丁丑歲貢授雩都教諭

校注：①憚

勤以課士署本縣篆廉潔正直有濟變才時寇
謝志良等肆掠率精鋭剿之及張獻忠寇城百姓
請暫歸順免難王綸勵色叱止率衆攖城死守卒
無恙以全城功晉階儒林郎六品秩致仕歸州志

國朝

吳材字豫木寧洋人汝宗之子少即自拔於俗受知
於學使吳自洙試第一領恩薦順治丁酉舉於鄉
辛丑成進士授大城令會水災力墾題請蠲賑民
德之大司空劉公愚爲碑記致政歸搆別墅課子
弟不事干謁至邑有利弊力爲措陳而未嘗汲汲

自明年七十而卒州志

鄭玫字伯潤龍巖人康熙庚午舉人除三水介有循聲築堤岸以興水利建書院以振士風請豁免錢糧以恤災黎在任十二載以母老乞歸生平崇尚正學兼工詩古文詞嘗編輯程氏日程呂氏鄉約等書以教後進所著有文鈔詩鈔刊行州志

福建續志卷四十九終

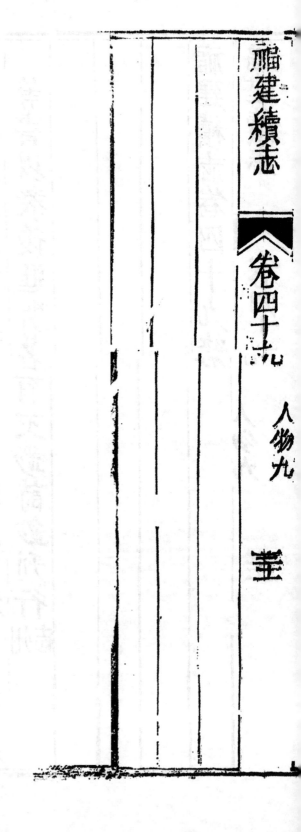

福建續志卷五十

孝義一

德行者教化之本周官條舉六行一曰孝而義之爲德介知仁中和之間士君子不獲遭時經緯達吾道於天下則修清井里無忝常倫經曰惟孝友於兄弟是亦爲政孰一術而百善至孰有加於孝哉若夫家國安危之際友生患難之秋鼎鑊在前義不返顧慷慨奮激貫金石而不渝終踐其志猶古烈士之風也至於行能無所表見或後世民罔稱焉於是不惜千金之貲以

敦任卹之誼煦煦然好行其德以爲一鄉一國之士匹夫慕義何處不勉裒而存之亦忠厚之道也遂繼前志傳孝義甄錄其尤以著於篇

五代

盧光閩縣人仕南唐爲守將王審知建國光避地尤溪王氏亡李仁達據閩使陳臣鄉攻尤溪光拒之于東廓水亭戰甚力邑人得以奔竄多光之力閩書

宋

鄭伯淵號秋浦羅源人急公好義爲鄉塾師邑中青衿半出其門咸淳六年大旱伯淵年七十餘徒步

至福源潭爲民祈禱翌日大雨如注明年旱亦如之邑有三溪歲久中溪壅塞伯淵捐金協衆復之居民感其德頌以詩著有梅村集閩書參正德府志

元

許知言閩清人兄逢言弟知白知什知億共五人母病越三月藥弗效知言乃齋戒籲天刲股以進母病遂愈及母卒知言兄弟哀毀踰禮進士許叔度爲立傳閩大記

明

李長孫字原善長樂人好義樂善鄉有貧不能葬者

出貲營之嘗鑿田爲溝以利灌溉鄉人德之名曰
福田溝萬歷府志

陳魯福清人性孝友承順父母父疾篤魯刲股作粥
以進籲天求代父病隨愈親終泣血廬墓景泰間
鄉人舉其事於官里閈無少長皆稱之爲孝老云
正德府志

莊思正號樂間吳閩縣諸生年十五割股以愈父疾
父殁哀毀如不欲生生平以嚴肅治家以正道型
俗有以忌惡告者視橐中之所有必饜其意以去精
醫及堪輿術人之病者殁而擇地葬者多藉之而

不取其酬年八十餘手錄古人忠孝節義事蹟懸於堂以教子孫成化間學使奏旌其閭并牌刊其孝義懸府縣碑亭及其門以風俗云莊氏家傳

廖誠字伯純天順舉人授溫州訓導遷永嘉教諭時教授李慶訓導楊儀卒於官親爲殯殮且厚賻之永嘉尉某嘗貸白金未償卒憫其孤貧焚券不計改任禹城旋致仕平生篤於孝義治家甚嚴子雲騰雲翔以雲騰貴累贈奉直大夫刑部員外郎正德府志

張懋候官人成化舉人官河南藩寮年老還鄉正德

間江淮尋盜縱横懋以俸市藥物數十簏載歸其子在途貨之贏數十金懋驚曰藥物有貴賤此人必誤矣舟行已二百餘里勅子持往還之居家周恤宗黨尤厚孫廷器世衡俱登科萬曆府志

陳伯亮閩縣人生平不食言家積粟有糴者誤遺金而去伯亮急追之曰而更欲糴耶何爲多與金其人感謝之嘉靖間倭掠郊野伯亮自鄉移入城市屋者多售數百金其故屋主訟之官官欲罪其人而令減直伯亮不可曰愼無爲此向者吾避冦急於問舍旣成價矣雖多得吾千金不悔也官甚重

之萬曆府志

葉廷萃字允升候官人嘉靖鄉薦積官南京工部郎中廷萃和易坦直篤於倫行兄弟五人廷萃友愛甚摯晚歲貧約處之泰然卒之日幾無以殮萬曆府志

林惠字仁澤閩縣人父歿廬墓三年凡祭必敬將祭必齋兄弟六人同爨四十餘年雖妯娌亦無間言以歲貢終增城教諭萬曆府志

許希賢字世昌閩縣人兩居親喪哀毀骨立既葬廬墓二十八年虎不爲暴子孫懇請乃還家以壽終葬賓安山有司刻純孝字於墓門以表焉許氏家傳

黃讓長樂人嘉靖時父墓爲山賊所發質其骨責贖讓罄產贖而葬之乃募壯士百餘人從督府討賊二子啓愚啓魯死之讓出奇計斬首二百餘人降者一千七百有奇賊既滅推其功于諸校竟不受賞閩小記

莊脩字聞脩閩縣廩生自明思正至今莊氏紹書香者十一世綿聯不絕而脩爲思正七世孫尤以文行著家居聚徒講學悉依白鹿洞規從遊者屨滿冠婚喪祭具脩古禮孝于親厚于宗族子以浚庠生家貧授徒講學以館穀爲菽水晝館暮歸不離

親側孫立薤曾孫其蓁俱閩諸生鄭氏家傳

鄭時化字維雨福淸人萬歷鄉薦性孝友父卒於燕奔數千里扶櫬還弟賈于楚久無音耗復重繭入楚携與俱歸以廣文陞士貴陽及令和平備盜救荒績甚著卒於官舊通志

林滋字濳若輕財任俠①凡詩賦書畫六壬遁甲之學罔不究心癸酉舉武闈甲申入都遇闖賊起上請纓疏時論壯之部議格不行未逾月明亡歸浮沉詩酒研窮岐黃術以濟人府志

翁聯喬字士京福淸人父娶妾朱氏生聯喬而歿四

校注：①俠

歲猶食乳時嫡母陳氏病篤醫謂唯人乳可治聯奮知自斷乳不食母服兩月而痊邑稱奇孝迨弱冠兩母繼亡哀毀柴立五代櫬未葬聯奮悉營宅兆併葬暴露支親十三柩艱難拮据尤爲鄉里所稱縣志

龔懋埰①守玉屏閩縣人由貢生除郴州同知歷亳州高唐再補湖廣都司經歷攝上津篆值李闖亂召父老守城捍賊羽書陳上官請發救兵兵未至而城陷死之贈奉政大夫按察使僉事蔡世遠傳

王思及字戴公長樂人崇正舉人知信宜縣擢御史

校注：①字

明亡與妻李氏服毒死同邑李上林字大材陳□言字孝嘉俱明亡殉難縣志

國朝

柯應鳳字伯羽長樂諸生有經濟才順治二年巨寇鄭某集衆海島聞其名延爲嚮道官應鳳數其罪狀賊怒割其舌不屈死妻鄭氏觸石而斃子稟生元標元標子順耳邑增生脩道掩骼亦力行善事以承先志柯氏家傳

葉艮駒閩縣人性豁達力善行順治初疫氣盛行艮駒施藥全活甚衆死不能殯者埋之歲饑傾廩以

齊子宗秉克承父志構書舍延師課族人子弟置義田爲膏火資又建宗祠增創祠業葉氏家傳

翁應宣字士宜閩縣人孝事繼母兼敬養兄嫂撫姪如已出郡遭耿變勸之仕不從避地琵①江讓産睦族孫國章曾孫大彝俱有聲庠序翁氏宗傳

林從時閩縣人慷慨好義孝於事親康熙辛卯武舉授把總於五縣寨響鼓山擒獲山寇薛彥文有功又隨軍師平臺灣南路緝獲餘孽杜君英又招撫力力等社生番議叙軍功擢守備累遷至襄陽鎮總兵官林氏家傳

校注：①琴

林湛候官人篤於學于一經至老不輟以貢生設教里閭教人絶浮名崇實學康熙甲寅耿藩開幕延八閩才傑士或失身陷賊湛獨以疾辭杜門謝客時於吟咏寓指斥之意性樸毅人不敢以非禮于①以子枝春貴贈中議大夫林氏家傳

林申甫字久徵長樂人年十五海寇刼其父申甫哀號願以身代賊憐而釋之耿逆之變廹授偽職御不就匿身橋園洲母歿負土營葬考授經歷筮仕未久乞養歸以奉父母脩祖宗祠墓置義渡築壺塘鄉里受其惠縣志

校注：①干

陳天昌字昌粹連江人少好學端重如成人繼遭耿變從父避鳳岸日拾橡山中以給嘗讀書空樓竭精殫思常見怪於樓弗恐怖後游庠親老兄又病廢家亦貧天昌引爲已責授徒得館穀以奉養親雍正癸卯長子衣德成進士除文安令迎天昌至署邑本瘠土患河决凋瘵未復天昌勗子行惠政大者如詳豁各倉民欠米及免協脩長屯夫八宫田一百三十餘頃皆天昌教也兼選順昌訓導日進諸生而程督之順士不舉於鄉久矣至是登賢書者六人文風丕振以老乞歸生平嗇于自奉而

樂周人之急戚屬饑待哺寒待衣者無不得其意①以去事親孝事兄恭兄卒無子以所愛次子爲後卒年八十九鄭方坤撰傳

高琬字騰士閩縣人善文兼習武備値海氛熾總督姚啓聖聞其才舉以贊軍事馳驅海上冒矢石以②擣賊巢勦撫合宜歷五載寇平論功嘉獎晉一品頂帶曾孫藍珍乾隆庚辰副榜高氏家乘

劉夢鯉字子叶閩清庠生邑溪口岸壞有好人李國才投耿逆坐踞抽稅往來病之夢鯉與候官國學生王言等義氣激發挺身力除蠹獘竭貲築岸岸

校注：①惠　②擣

成而舟人得以無擾衆立碑於南門以紀其事縣志

莊金卿福清人仗義好施順治戊子海濱多警嘗救被虜者九人復贖被執者十三人歲大饑爲粥以待餓者脩潘渡路爲族兄婚娶給田以資族弟子籍康熙甲午舉人府志

鄭璿字若文閩縣人父正誠司教南安海寇陷泉州俘知縣教諭拘繫鷺門璿徒跣奔鷺門遇前同學翁氏子告以處伺道旁數日見其父父曰吾命懸指顧兒留增一累宜亟歸璿悲傷饑餓卧翁家塡之父至曰俘官已議釋歸兒盍先渡海吾稍後趨

歸璿遂歸逾年而父不返矣薄俘官悉解臺①
不告妻子復蹈海尋父至臺而父先遁歸時海禁
緝捕甚急璿竄身窮島出沒蛟蜃之窟晦跡丐中
每至急輒有神若天后者默相之後遇老舵工載
之渡海船觸石破島嶼如梟如葉舵工指微茫小
路一痕曰從此可達泉州璿匍匐奔回而父先抵
家三月矣兩涉漲海得父子生全而還咸謂純孝
之報云高兆撰傳②

張士捷字明凱福清人以歲貢選順昌訓導脩繕黌
舍訓士先行誼鑑別精嚴嘗有盜警鄉民襁負入

校注：①灣璿　②傳

城者半舍學宮煮糜以給數月賊平始去擢漳平教諭訓廸勸誘士尤樂附之秉鐸二十年及卒兩邑俱祀其主於學舍性孝友嘗讓萬金之產於異母弟著有薇巖集府志

張待問字子強候官人存心慈良事親以孝聞祖母劉目失明待問先意承志三十年起居飲食無不躬親母耄年怡然自得亡廢疾之苦以孫甄陶入翰林贈文林郎縣冊

陳登字駿公連江貢生海寇陷城弟潤被虜父母思之不置登入賊營傾囊贖弟以歸年十七即代父

任家事勤勞生計諸弟衣食婚娶皆力任之後食指日繁諸弟以兄勞瘁謀析產登不得已從之臨終取自置田遺諸弟曰田宅可買兄弟不可再得也邑有東湖民田數萬畝藉以灌溉爲流民擁據日就壅塞登呈於縣令出貲濬復凡三廢三復邑民賴其利他如葺宗祠置祀田脩學宮築橋路善行甚多後聘脩連江縣志以精核稱子脩士字孝齊邑歲貢生捨園爲圳以利民田議毀西洋教堂以建書院慷慨樂施著有詩文集七卷縣冊

蕭旦輔連江人六歲喪父哀毀如成人父嗜肉膾父

殁見澮飢悲泣家人因不敢進家貧母作苦日易數餅充腹而留其餘艮輔知母飼已泣告必母食乃食嘗託言已食於親屬家忍饑養母母病竟日不食當九歲時母挈之乘舟帆索絆母落水艮輔驚號没水救之賴舟人救免臘月母病思食絲瓜艮輔奔郊外號呼或告降虎嶺有瓜奔覔竟得之母食而愈其孝感如此縣册

①黃銓字簡齋古田諸生攻苦勤學早失怙事母盡孝葺祖墳置祀田尤樂施與不糴以惠鄉鄰延師以②勵英俊人稱長者孫世模世樞兄弟甲科世樞授

校注：①黃　②勵

兵部主事贈如其官著有學拙集縣志

琳和字玉伯候官人少倜儻喜讀書又精騎射康熙間舉武鄉試第一會父殁絶意仕進折節脩長者行以敦本濟物爲已任建宗祠脩譜系資族儒之婚嫁喪葬者歲饑運米平糴以賑鄉人暇則督課子孫讀書砥行相繼成名晚築芳園飲酒賦詩其中子長源長瀚國學生長瀅乾隆壬申舉人長瀚字其澄亦好施與有友子負官逋將鬻妻女立解橐①以償友有以重貲寄貯者既寄而友暴卒立召其子付之子愕然感謝去其義行多此類孫光鋒

校注：①橐

乾隆己未進士志府

陳于侯字西侯侯官人康熙乙酉舉人聰穎善屬文好施與每歲除置大小函封數十遍給貧乏子壽國學生授州倅能繼父志陳氏家傳

葛煥字子章侯官人國學生授州同以父老辭去侍膝下色養備至早年失恃而未葬中夜垂涕竭力營窀穸撫羣從如己子延名師課讀先後成名又樂奬後進之單寒者他如甃黃泥嶺石路償將樂投水人官逋掩骼埋胔人多稱之子大梁康熙辛卯舉人授新昌令多惠政次子連元舉於鄉三子

經邦字允莊孝友工時文與王九徵陳範倡和有對山樓詩集由貢生授泰寧教諭未任而卒孫光祖舉人碧山雜錄參葛氏家傳

陳登瀛字海鶴福清人侍母極孝母年過六十出不至暮盛寒篤夜聞呻吟趨侍既安而後退康熙中挈其子九齡從福建巡撫張伯行抵吳門未三月夢中作慟哭聲令九齡就學而身歸侍母平居教子如嚴吏比九齡長稍不中繩墨輒事夏楚曰而忘中丞正心誠意之教敢事名耶九齡令蜀每手書諄諄訓之蔡文勤公世遠稱之曰慤實君子府志

劉兆基字開周閩縣人康熙戊子舉人雍正元年巡撫滿保以孝廉方正薦至京以病乞歸尋授平和教諭未踰年因前任事解組歸里兆基天性純孝早失怙家貧授徒以養母先意承歡母卒哀毀盡禮竭蹶營葬事必誠必信延士共學書院講席多所造就其文原本經術羽翼先儒著有洒風亭集子元嗜增生元鐘乾隆甲子舉人劉氏家傳

王淇字咸允候官人康熙癸巳副榜七歲而孤母趙氏喪明淇侍疾罔懈舐目七晝夜而復明少受業於兄事兄如事父通周禮左氏性理諸書於濂洛

闢閩之學多所研究歲饑斗米千錢邑令餽米數石辭不受家居教授學者遠近多從之著有四書闡義（縣冊）

劉聖振字虛舟閩縣人康熙丁酉舉人授廣西興業縣粵民不遵法紀聖振教督狠兵彈壓之民始知懼革排夫錢馬蹄錢諸陋規邑人立碑志之居官尚寬於猛以仁愛爲心解組歸囊橐蕭然然性好施予每多周恤昆弟三人更相友愛居常以詩書課弟弟鄰初成進士入翰林（縣冊）

陳廷鎬字大英福州廩生積學工文事親先意承志

時得歡心侍母疾衣不解帶者數月父官京師廷
鎬家居課督諸弟動必以禮次弟自幼喪明愛護
尤篤有叔父狂躁不事生產廷鎬屢遭橫逆而勿
怨生養死葬力任其事自立三考堂以自省考時
身謹嚴焚父遺舊券救道上病人其義行多此類
著有占象數未竟而卒縣冊

李思哲字則達候官人篤行力學少喪父事母及祖
母孝養無違每早起必具衣冠問安否母卒哀毀
骨立祖母年七十餘染沉痾思哲夜爇香禱天俄
而疾愈事諸兄若嚴父未冠文譽日起雍正癸卯

貢入成均考以州判改尤溪教諭飭躬率士一以古人爲法屏一切餽遺負笈者雲集捐貲脩學宮明倫堂是科有登賢書者著有擷芳集四卷子玉樹①乾隆庚辰舉人（李氏家傳）

翁基字存履福清人弱歲能文慨然有當世之志欲以功名自奮卒不售而家貧親老食指復繁乃間關服賈以竭孝養最後治鹽筴擇人任時往往得羸貲五利性好施凡中外族姓老弱孤寡之不能衣食與死喪之弗克葬者必以告告則悉厭其所欲以去事親敬以孝課諸弟俱成立（鄭方坤撰傳）

校注：①樹

王勅字聖仲閩縣人九徵子也勵志紹家學研究易理雍正己酉舉人任安溪教諭以實學課士生平品端行粹篤於孝友子階升乾隆甲子舉人縣冊

黃①輔極字紫列閩縣人少穎異好讀書事親孝持身廉介以雍正癸丑進士授定襄縣興利剔弊民勒石以頌其德後改邵武教授捐脩學宮以立品敦行課士士風丕振親老乞歸居鄉敦睦好義年七十一卒

曹岱華字英卿侯官人學佺曾孫幼失父哀慕過成人雍正乙卯舉於鄉補廣東知縣署小江場通商

校注：①黃

恤竈百廢具舉擢電白令多惠政卒於官岱華①性淳厚時露耿介而於孝友最篤曾祖學銓著述多散失岱華搜羅成帙授之梓而詩復行於世事母以孝聞游紹安撰傳

官莊字敬則候官人幼出爲伯父後事嗣母惟謹本生父繼母就養於兄兄卒因迎養焉母歿戒二子喪葬盡禮勿以分產異視授建寧訓導署泰寧轉寧化訓迪甚篤著有拙齋集府志

李範字士疇福清人性伉爽敦厲風義繕學宮建奎光閣唐觀察使程②巖墓在郡城北郊爲豪民侵沒

校注：①稟　②陳

範出貲贖回又爲立祠立碑以表之歲饑命子爲官告糴自輸錢二百萬佐其費乾隆乙丑詔免天下正賦範因捐田租數千石族弟馥開府浙江罷官留江東範間關往省再費數千金爲治裝卒迎之歸孝以事親及歿喪葬盡禮長子建極舉人次建勲刑部四川員外郎府志

何敬祖字得兖福清貢生奉母色養備至事諸昆甚謹有以緩急告者輒應之子鵬程字砥崑乾隆辛酉舉人事親亦以孝聞玉融文廟久頹敬祖欲脩之疾亟囑鵬程曰吾志也勿以費繁而止及歿鵬

程絶水漿數日卒脩葺文廟以成父志府志

丁蔚起字卓山古田庠生性孝友治家嚴整悉遵考亭家訓子又顯授守備諄諄教以忠孝大節丁氏家傳

吳熺字燕佚福清人奉寡母無違每與人言母氏守節荼苦輒悲哭不已兄子有惡疾家人皆匿避熺朝夕撫視同里陳鵬中歲無子熺為買妾鵬死貧不克葬熺疾篤囑其子為葬之其他義行多類此府志

何長浩字得然福清人父遷會城之南臺長浩內行淳備勇於為義郡學遭颶風將圮長浩獨力任之

又葺候官南平二縣學其他脩建南臺大橋及道路溝防分畬拯患事尤多臨卒囑其子員外郎際遜建福州試院考棚際遜成其志同郡王以標好施不倦自西安塘至洪山橋路壞亭圮以標捐貲甃砌行人便之府志

高鳳喈字文聲候官貢生孝於親庭幃無間言兄弟相繼夭諸姪俱幼妹適張亦寡鳳喈竭力以任之寒衣饑食悉撫慰之凡給棺施櫬靡所不舉子世倬有文名壬申副榜高氏家乘

何佩珠字嘉瑀閩縣拔貢生力學稽古事慈母先意

承志母歿哀毀骨立於諸弟篤友于之愛季弟早
世撫其幼子教養兼盡及長父卒更顧復其遺孤
父念子姪蕃衍及仲兄食指之繁割田數百畝爲
公業半以增祀父母半以爲仲兄祀業生平尊師
重學給衣施棺並周郡中節婦之貧者於戚族尤
厚恤之子恒潮丙辰舉人工詩文善繼父志黃任撰傳
陳發其字師顏候官拔貢生孝事父母有父執路某
葬於閩發其承父志歲時展墓弗懈撫弟姪友愛
倍摯生平通經史曾分纂省志著有四書講解詩
文集府志

林長楠字介飛候官人乾隆丙辰副榜會稽縣丞孝親睦族篤於友愛與弟召華共切劘同榜中式且精韵譜詩學著留經堂枕書四卷詞鵠六卷林氏家傳

林方苞字二實福清人敦孝友喜施與而長於醫恒周人之急且以藥餌濟人至千金而不責償亦不受券官濟南府通判歷惠州同知脩學校置義田士民賴之方遊宦時以萬金托族人貿遷其人蕩盡及歸老稔知之而置不問平生好吟咏而不自收拾其稿罕傳林氏家傳

魏開業閩縣人郡庠生父端餘教以義方開業性循

謹而勇於爲義早喪母哀毁盡禮隨父客吳門先意承志父欲賑貧周急皆力辦之娶繼母陸氏舉五子開業撫諸弟怡怡友愛幼弟開德患痘幾殆而父甚愛之開業恐傷父心虔禱於神願減已算以益弟年已而果瘥體素羸父病用刻削劑日嘗藥以進勞瘁而卒縣冊

林鶴鳴字仲榮福清人九歲失怙謹承慈教母得羸疾晨夕奉湯藥既沒哀毁逾禮事祖母亦如之授徒以供甘旨經營兩代窀穸分居時家物多推與其弟而自留經書十餘種撫諸姪如子著有詩經

集解縣冊

謝人驥字太生候官舉人篤學工文幼偕諸兄温凊定省父戒之曰勿以我故分爾心答曰讀書正以講明忠孝有親勿事奚讀書爲少多疾恐不逮事二老日仰天虔祝得偕諸昆奉親終天年死弗恨負梅清流教諭迎母至署未踰年母卒人驥哀毀脾疾屢發戒家人毋爲親營葬親自相地負土葬畢展拜慟哭曰吾事畢矣歸疾作而卒縣冊

謝清芬字謹脩長樂籍候官人篤於孝友讓財推產無所吝有叔乏嗣清芬撫事如父於人貧乏者資

給橫逆者禮化終無忤也嘗脩學宫創嵩山書院
濬長樂文洽浦皆以身先以子希選贈奉直大夫
希安候補縣丞希賢灤州吏目縣志
葉宗岳字應五候官人侍母疾兩載衣不改①帶昆弟
九人同居友愛無間言羣季登仕而宗岳獨否曰
不以三公易吾親一日之養也貧乏者亟樂周卹
之子夢雷孫光隆俱舉於鄉子夢蘭邑庠生夢熊
晉安上舍縣冊
王廷樑字維才號美溪閩縣人喪母廬墓三年墓離
家五十餘里每三日一歸省父父好施廷樑皆先

校注：①解

意而行父殁仍廬墓至久而歲時祭祀涕泣如初篤於兄弟約殁必共葬預爲同穴之壙戒子姪勿違也其他輕財好施多不勝舉縣冊

郭蔚字鄰九候官人少補郡諸生篤於事親有孝行舉優貢至京而卒於途邑人惜之府志

王朝屛字雲根閩縣人父應元雍正丙午舉人朝屛幼警敏能屬文又承庭訓文譽日起乾隆甲子舉於鄉爲人孝友純篤見義必爲衆曰王氏有子矣仕至刑部員外郎著有述堂詩集縣冊

興化府

唐

吳興莆田人屯田員外郎從事時號長官神龍中以家貲築延壽陂溉田萬餘頃復塍海為田築長隄障海水開溝大小六十餘條以導其流為泄六十餘所以殺其勢時有蛟為孽隄數潰興欲除其害遂攜刃入水斬蛟卒與蛟俱死鄉人建祠祀之宋紹興十九年郡守陸漢奏封義勇侯今莆田稱水利北洋曰吳長官南洋曰李長者云縣志

宋

鄭襃字成之莆田人希閔孫嘗應進士舉至輦下會

詔罷去遇王禹偁留褒褒曰褒有老母向欲干名以顯親耳今詔下將及闕吾母必計程以待遲一日即貽母一日憂禹偁惻其言賦詩贈之後登咸平進士判福州以便侍養閩書

李宏唐宗室裔候官籍家於莆田世雄於財宏性好施人稱長者初永春僊遊二縣水合於莆入海言水利者謂横而堰之可灌田數萬畝治平間長樂錢氏女及進士林從世所築俱壞熙寧八年宏應詔來莆有僧智日者爲相地於木蘭山下宏乃出錢七萬餘緡爲之陂遂成乃開溝大小百餘條以

導陂之流作陡門以啓閉諸溝之水蓄洩以疏通陡門之所不及復築塘爲田由是南洋田萬餘頃皆賴以灌溉民立廟於陂上春秋祀焉先時福州林從世至莆見同邑錢氏女築陂將軍巖弗就乃相溪下流於上杭温泉水○築之捐貲十萬緡以給其役陂隨成而不勝潮勢衝激旋潰迨宏始克功成然實由錢氏從世開先也故錢氏從世與宏竝祀　國朝乾隆十六年宏之裔孫泌因年久水衝陂石欹斜獨力捐脩以承先志竝脩南北陂橋議叙主簿銜木蘭陂集

葉任字仲堪賓子蔭授德化縣尉拂監司意投牒歸侍父終老不去左右遂無意仕進蔡襄嘗曰仲堪爲吏必先繩其尤强猾者治民必先憐其尤貧弱者上官以勢奪其是如以礫食吾不從也居家廩有餘粟遇凶歲薄其直而出州黨賴之民有喪與疾時其緩急以濟其力游舊之好益困愈親若寒而就燠吾不去也故其生也人譽而亡也人哀其推重如此縣志

陳汝器倦遊人性友愛以巳分貲遜其兄湛妻朱氏①寶文閣侍制敍女也有賢德積善憐貧有告糴者

校注：①寶

如其數予之私藏①其值於米中告之曰有桃李西簸其人歸檢視得錢或袖還拒不受一夕飛錢滿堂縣志

明

張瀚字德源僊遊人寬厚禮士凡道路橋梁有傾圮者輒出貲助脩不樂仍以有齊秀民舉至京同儕皆得美官瀚獨托疾歸操尚清潔人稱爲樂素先生子邦重綍有父風縣志

陳淮字巨淵莆田人賢子幼有至性承樂間父官南康卒淮迎柩歸次於河滸夜宿柩旁岸多虎或使

校注：①藏

避之淮曰吾父在此竟不去忽大雨河溢柩且沒撫膺呼號雨遂止置義塾訓鄉子弟姊爲嫡母方氏出有贅婿母與淮析居重違其情涕泣引咎遜姊腴①田而取其棄母乃悅子大同亦有孝行舊縣志

方烱字用晦莆田人襟懷高曠不屑屑於家人生產精醫術值歲大疫設鼎於孔道來求療者先使其徒診視相與審訂而後施治活人甚多人有酬以貲者貧則却之富則受而散於鄉鄰之窮乏者著有杏村肘後方傷寒書脈理精微閩書

陳一通名宣以字行莆田人性至孝早失恃祖母鞠

校注：①腴

之後讀李密陳情疏輒涕下值祖父母諱日必縞素號慟展謁祠墓備極孝思處弟姪間以百忍自勵卒全恩好朞功有六七喪未舉者勉力葬之博涉諸書喜吟咏所著詩數百首名自醫稿以孫經邦贈吏部左侍郎縣志

林長清名清以字行莆田人正統乙丑進士歷行人戶部員外郎天性廉儉未六十致仕母鄭氏八十餘歲嬰疾輾轉床褥長清嘗視湯藥一夕數起扶持之每歲母生日輒夙興代母梳洗背負出中堂上壽行禮母閔其勞曰兒休矣對曰使長清歲得

以爲常豈非大願耶及母歿哀毁過人士大夫見其老而篤孝咸嘆爲不可及縣志

林輌字叔孟莆田人性樂易好施予嘗督脩木蘭陂萬金陡門爲北洋分水咽喉先是南北洋戒無踰限輌啓告太守王弼爲闢而寬之功一夕就今蘭水紆廻繞城郭至豐美橋與使華合流滙一郡之靈秀且以貽北洋萬世利輌有力焉歲儉散穀捐金郡人賴以全活縣志

鄭恒①叔僊遊人高邁樂施力所能爲無有不周正統九年例僉輸糧於京師見鄉人逋負縲絏至衆遂

校注：①淑

以徵完報使得釋約期來納及期間有至者卒空手恒淑悉代爲賠子紀進士以檢討歸養時故人以御史按郡或緣事以千金求解恒淑不可麾使亟去後贈南京戶部右侍郎（縣志）

盧仲生字怡蘭僊遊人正德丁丑八月與魏昇討賊陳四驖之察院沈某詳請給冠帶任巡捕事後出貲築東門城一百五十丈先是賊黨哨聚仲生出家財招勇士三百餘以保地方及賊逼城知縣林汝常嘗召其衆以助防禦衆論者義之（縣志）

王鏷鎰莆田人宏治辛酉鄉薦授南昌教諭侍郎鄭

岳爲方伯時數不便於宸濠因忌之撫他狀誣岳以鏷鎰岳同學友也繫鏷鎰指鄭有橐金寄之拷掠幾死卒不肯玷岳節乃與岳歸宸濠誅岳復起力薦鏷鎰不報鏷鎰與林貞肅俊世同巷俊以岳事亦甚重之閩書

陳履素字俊明僊遊諸生性朴持大體嘗與脩南湖助建安利橋鄭紀高其行與知縣萬璉書謂爲陳履素之敦龎張德源之好施林孟光之野朴鄭德安之古濟後生小子猶能誦頌而向慕之年八十四卒舊志縣志

鄭圭忠號三峰僊遊人紀季子以父蔭補壽州知州孝友性成紀致仕回圭忠即乞歸養及紀卒盡禮盡哀兄圭敬任浙江司主事卒於官姪貧尚在襁褓圭忠教育如己出僉都御史陳志以孝友疏聞縣志

周鳴鸞字士和莆田人性至孝正德己卯鄉薦母病刲股和藥以進疾果愈母卒廬墓三載甘露降授桂陽州判丁外艱廬墓如喪母時憲使嚴泰督學田汝成爲脩前坊題曰孝子官至武寧令歸家極清苦縣志

林賢莆田人永齡孫性至孝事親必具甘脆親歿手刻像奉之廬墓六年朝夕泣血歲饑賑貧掩骼行誼甚高郡旌其門曰孝順縣志

方正梁字兆之莆田人嘉靖辛卯鄉薦領鈞州學正轉南京國子學正擢趙府長史卒正梁早孤念母茹苦盡孝道嘗授經里中歸問母起居日一再至偶有佳果輒歸遺母母卒哀毁逾常治墳墓躬掬土爲之宦趙時趙王雅喜詞賦正梁每應教咸存託諷王稍稍悟王有寵姬徐氏喪悼念不已諸詩人爭希王指爲作挽歌王曰昔盧前祖嘗挽趙

郡王妃先生何不同諸客賦耶正梁正色曰詢祖詞甚佳能令王心惋切臣詩即作不能使王涕也王俛首嘆善爲正梁疏請加秩四品居頃之忽感微疾逝子元浩有孝行具詩才先卒仲子元湛聲律尺牘楷書有唐晉人風致縣志

蕭鄉字洪鼎僊遊人正德間父以事充南策衛軍時母林氏孕鄉僅三月及鄉生十五歲每與母言及父事輒淚下父殞衛所鄉聞訃慟哭仆地例當補伍刺血書本叩閽會赦鄉即奔赴衛尋父骸歸葬縣志

黃奕休僊遊人性至孝父病取肝以療鄉黨稱爲異孝縣志

林寶僊遊人父早喪力田養母母病剖肝以進創久不能愈後偶於野田中拾得異桃服之乃愈寶弟福妻陳氏亦剔臂療姑知縣李扶益旌之及寶卒鄉人以其孝行足風祠祀折桂里東山之陽縣志

李大紹字宗烈幼時父天爵歿痛不及養刻木以奉朔望瞻拜如事生焉鄉人咸擬之丁蘭事寡母陳氏歷八十餘載竭力承顏有如一日性好善凡橋梁道路多爲脩整閩書

程光遠字日照莆田人幼涉經史事親孝飲饌必躬致精致潔嘗刲股愈父病父歿廬墓兄病又刲股愈之兄晚得奇疾光遠日夜扶掖無倦色縣志

李文字日章僊遊人母黃氏病文祝天刲肘和糜其長子洪毓醫母如其父推官殷宗器扁曰孝行重光四子瑀亦以孝聞瑀病長子開英妻傅氏刲股愈之瑀妻卓氏病開英亦祝天刲股一門孝行爲世罕覯舊縣志

陳聖玉號碧峯僊遊人事親以孝聞時父病聖玉焚香祝天一日甘露降於庭父吸而愈咸須其孝縣志

國朝

張自蘭字芳遠僊遊諸生崇正末寇亂賊陳尾擄其兄自蘭年甫十八歲詣賊營願以身代賊義之因得脫郭爾隆寇興泰里拔寨索餉自蘭破產以護族黨縣志

陳高春僊遊人性孝母吳氏方娠七月父諸生仲純遊學金陵卒於旅邸高春年十五尋父骸歸葬順治初海氛方熾負母逃難母歿刻像事之每詣墓號慟喜爲善事縣志

宋十三莆田人當海氛未靖隨父避難遇賊將刃其

父固持賊手號泣求代爲賊所害父獲免後五日家人收其屍面如生眼猶流血年未冠而捐軀全父其至性有過人者族人祔於祖祠稱爲篤孝縣志

朱光鼎字薇南莆田人家貧其父居屋光鼎鬻冠稟稱庠文名日起旦暮代父肩而往還久弗倦市井①傳爲美談父歿喪盡哀每祭必縞素哭泣歲以爲常教人視其材多所造就張中丞伯行選入鼇峰聘至江蘇皆與同邑鄭文炳俱年五十八卒同稱孝子云縣志

陳日進字邦祚僊遊人好學明理爲士林所重尤精

校注：①傳

易理耿藩叛率鄉人築天齊寨以爲固部署徵發皆按紀律凡寇之遲速戰之勝負以卜決之無不奇中鄉人避亂者多依之弟邦棟疎財重義喜急人之患族鄰恃其言以爲信縣志

翁炳文字與剛莆田人與人交敦尚古處閩變後棄舉子業以濟人爲事嘗過東門河見瀕河枯骸相錯持一甕往收遺拾遺多積至數十甕買山掩瘞其好義多此類子帝城舉人孫霈霖辛巳進士縣志

林煌字建仲莆田增生海寇至父衍端被執哀懇釋父代死寇俱釋之母患眼疾奉侍不離待諸弟雍

睦無間著竹園集四卷祠志義祠縣志

宋慶曾字沂公莆田人有夙慧經書過目成誦年十四就布政使于成龍試援筆立就延入署讀書補弟子員益鍵戶淬礪家庭相師友有環山詩草性至孝父楙①復病侍湯藥衣不解帶既歿哀毀異常喪葬如禮康熙癸巳由明經秉寧洋鐸道險不得奉母往留室侍養獨挈長子英行抵署見學宮傾頹即捐俸脩葺又設規條以勗士生平在家孝友接物和平士林重之英字兼邦邑貢生八歲能文受業於同邑鄭文炳父有疾昕夕侍湯藥及歿毀

校注：①楙

幾滅性躬奉櫬歸徒跣號哭行道爲之感泣時兩
弟俱幼祖母吾白英獨力措拄事祖母生盡養死
盡禮又孝事母及生母出告反面事必稟而後行
搆祠祀治窀穸攝家政分毫不入私橐與諸弟怡
怡友善務帝賚乾隆庚午舉人縣志
魏和僊遊人父卧病母不得於其父因爲所棄和昔
諫不從事父愈謹家貧或周以穀不受或助金爲
婚娶曰母何在敢及此耶自力以養三十年不避
寒暑偶以事出必囑諸鄰周視歸則風雨不失鄰
亦代爲之炊有徵租者至和適輪膳避久乃至其

人餓詈之和笑受或曰此孝子也侍父食畢乃來耳其人嘆服不忍食而去縣志

劉鴻字磐侯莆田人少失怙事母孝與妻翁氏竭力奉菽水并推先志以養叔父鄉里之貧者周之邑遭耿亂鴻力脩祖祠砌行路重濬笏石通溝及涵汀水心塘暇則與邑中耆老結社賦詩孫祖堯邑庠生善承先志文行可爲模楷著有學敬齋言行錄曾孫雄萬乾隆己卯舉人閩縣教諭縣冊

徐萬寶字祖寧僊遊人出蔡世遠之門蔡深器之年十四時母李病刲股肉以進父南高年好施萬寶

承志而行雍正乙巳丙午歲洊饑萬實竭藏以濟米粥兼賑日不下萬人分籌按給不令混淆男奇日女偶日無譁者一日給兩日食寒士以禮送至家族戚倍餽之前後共捐賑八千餘石全活甚衆竟以溽暑積勞卒議叙　恩贈奉直大夫縣志

黄瑞本僊遊人年十歲山寇肆掠奉嫡母陳氏避難遭寇欲殺其母瑞本爭刃請代寇奇之不數武又遇寇勢益暴母引頸受誅瑞本哀號泣抱天色倏暗寇對天驚謝願保送至家縣志

程大僖字而有莆田人鯢化子幼失恃事繼母如所

生善承父志隨父任部郎考授州同㥶撫寧令邑當山海要衝甫下車悉心吏治設易知單革陋規雜派聽斷明決人不敢欺垂橐去官家居力行善事析已產爲學田設義田助族人冠婚喪葬建義塾課族中子弟他如置義塚砌石路施藥及構又爲守令委築鋪前隄濬小西湖木蘭陂萬金陡門諸河雖捐貲不惜也同邑康熙甲午舉人戴程甸字學佩知廣東仁化縣愛民禮士脩先賢周濂溪祠及致仕歸治宅寥葺祠宇創脩龍坡祖社族戚鄉隣有不足者量力周助一鄉德之縣志

鄭偉字蒼伊僊遊諸生戸部正學孫衢州教授承禎子承禎患疽偉衣不解帶歷十晝夜父憐之詭云已愈令就寢偉仍立門外父意其已寢累呻吟而偉已至父歿哀毀終喪忌辰前三日即齋戒掛像於堂哭之生平不苟取歲饑有乘夜竊投以米偉見之輒取置門外閉其門以寢年七十五一日忽具衣冠辭親友曰某日某時將永訣矣應期而逝縣志

張振華字子京莆田人先世遭明季亂有仇者率賊索餉不得戕其族振華痛之求其後脩族系建祠

祀并營葬族之無後者乾隆九年歲饑捐賑以濟鄉人德之年七十七卒著存畊堂詩鈔子琛庠生省心堂集

程學泗字立曾莆田人甫孩提便知獻羹大父前年十二隸郡傳士籍旋食餼事親色養處昆季無間言嘗赴省試居停主婦少而寡頗致殷勤翼日托故他徙一貧士將鬻室學泗勉徇其請既而轉售他氏價浮數十金袖以予之或怪而問故曰此固某之業也忍求利乎凡親朋就試無資輒出金佐之無纖微德色其敦尚氣誼如此縣志

宋濂字爾凝莆田人父萬葉在途病卒濂甫八歲與兄璵佺瀅孝事祖母旣長砥礪廉隅篤學授徒視名利得喪泊如也館穀有餘輒施諸窮餓者子聖時十二歲而濂歿聖時事寡母以孝論文積學寒暑無間至嘔血成疾生平質厚然諾不欺施予不吝年四十六卒孫若霖辛未進士保山知縣（縣志）

鄭士仁字立公莆田人文炳子文炳行萬餘里至滇尋父世稱孝子士仁稟庭訓工爲文章尋入太學時張清恪公伯行巡撫江蘇延文炳爲書院掌教士仁隨父聞緒論學篤而行益脩伯行曰有是父

必有是子後文炳爲洞橋山長議脩文廟又因大旱爲民禱雨得應太守贈以金數辭不獲因以脩嶺路之險壞者士仁皆承指畫克襄其成而尤切於報本追遠脩先墓葺遠代宗祠置租充祭親歿廬墓側與弟帝眷友愛甚篤病而藥歿而葬撫遺孤以至成立益孝友其天性也他如出粟平值施櫬置塚善行不可枚舉以歲貢授司訓年六十二卒著有藹香居詩集子清芳遠芳廉芳皆績學能文承遺令修平海衛學書院克世其家隱拙齋文鈔叅縣册

車應藩字扶潛莆田人服賈以養母母遘奇病醫不

能𥩝①應藩刲股進不効援刀取肝和糜奉母病果霍然又有黄安母病燃臂祝天腕無完肉疾劇復割肝以療又馮露市販養父母弟妹母疾篤刲股弗効割肝刀鈍以槌奮擊入骨數寸仆地死縣志

方正和字叶士莆田人幼隨父於建安喪母號慟幾絶比長事父備極孝養兄遺二孤正和母事寡嫂子視諸姪嘗率子廣贈布司經歷脩廟學葺朱子祠捐義倉穀襄造寧海橋脩堤砌路以利行人季子名欽貢生有學行事親先意承志購置祭產以其餘賑饑之者自父殁奔歸新祠墓建義塾聚族

校注：①治

人紘誦其中著有萃馨亭集縣治有旌善坊名欽與焉縣志

林翼卿僊遊人事寡母盡孝以利濟爲心敦行不怠邑有金馬橋圮於水往來病涉翼卿捨舟爲渡復捐貲建橋又大圳村之大濟橋積雨衝圮其孫雲倡義興脩以承先志林氏家傳

徐光宇士直弟上宇士德俱僊遊庠生兄弟友愛孝親睦族力行善事造邑之青龍石馬周澤白馬平政湯泉晏宮等石橋又脩明倫堂勸構書院置塚施槥光授雲南彌勒州知州　誥封奉直大夫上

候選同知以子貴誥贈奉政大夫光子大成歲貢生大源中書科中書上子大瑞州同大猷國學生大巖候補同知俱克繼父志造莆邑龍鬚菰蘆石橋又脩雙坑白馬青龍石橋及砌築孔道鄉人義之縣冊

福建續志卷五十終

孝義二

泉州府

宋

曾孝純字君施晉江人父公亮卒詔遺蔭外增推恩二人孝純爲殿中丞賜同進士出身力辭以所得官予①族人之未仕者二十四年不改秩紹聖中權太常丞執政沮之遂杜門不仕治家有法子弟非冠帶不見晝日不得居内闔門雍肅家無私財故其子孫獨貧縣志

校注：①予

黃章取肝救母劉祥取肝救父並見章文忠公德秀勸孝文又有趙希琳取肝以療母疾俱晉江人府志

明

張願惠安人恤孤賑貧作家塾延名儒教子孫親戚子弟來學者悉廩之歲大疫鄉人或闔門病願將粉漿藥物沿户省視正統中沙寇作亂扼要堅守令拙大户轉米餉軍人洶洶謀避願率先詣縣受米尹郎委之督餉願勒什伍止宿輸納悉有次第無一亂行者府志

李訓歸安溪人森從兄也正統中森賑饑乏鏹謀於

訓掃嘗若干篋以從無吝色性至孝父宗源以上世軍罪歿於南都訓掃年十三獨往數千里負父櫬舟遇風幾覆呼天哭泣忽風息波靜如有默相之者訓掃所爲皆因心則友似易而難鄉閭共稱道之府志

郭濱字本淵晉江人幼有至性兄弟七人濱最少父毋兄弟皆鍾愛之父歿諸昆遵遺命欲以家產盡遺之濱固辭均分父伯叔兄子逋解金數百濱悉輸私業代償於是家徒四壁精岐黃術恒捐貲市藥以應人求惠邑令背發癰延濱治之偕友往既

瘗致謝與友分之令駭異濱曰吾寠友也義不敢私嘗曰醫活人術也試術以幸其能藏術以顯其功挾術以邀其利皆非活人者也性仗義友人告窘則傾囊應之鄉人有搆難者泉喻勸解必求其釋乃已於是姻戚皆感嘆年六十一卒

林昌安溪人骯髒有機智所居地患寇寇至則舉族逃竄山谷中昌出貲築樓十仞倉囷井臼爨䉵床凳之屬皆具分居男女外樓具穿窓孔可以開弓發銃炮外溝三丈許嘉靖中白葉坂寇至不得攻倭寇猖獗人皆來樓中避寇倭聲言攻樓昌課僮

耕作若無事者獨令人買弓矢火藥募戰手寇至
攻樓連二月昌率衆禦之斃賊四十餘而樓中人
中寇矢者一人而已久之斃其酋寇各閉營不出
旋引去府志
陳建沆晉江人父歿母改適與其祖母居及五六歲
問祖母曰人皆有母何我獨無祖母語故輒掩涕
不食稍長習攻金跡母所在時時持錢奉母母所
適死無以爲生卽迎歸與祖母並養家人事母稍
不至卽忿恚自撾晚歲母疾親滌溺器櫛笄總視
飲食搔癢設榻母旁以待呼名如是者三年每

食必祝曰天佑吾母時有家犬乳猫鷄互翼雛之異又喜賙濟戚族有司旌其門郡邑稱爲孝順先生子延表安慶訓導縣志

張守化字時化晋江人少孤事母至孝家酷貧年十七出授書以供母母殁哀禮如度嘉靖中值倭寇兄陷賊索贖金乃檢橐中束脩及妻裝携以往賊少之守化悽愴哀慟賊爲感動縱之去出授弟子海上寺以其束脩販米市中時推其餘以哺餓者人謂舌耕之遺幾何可復繼乎守化曰烏忿繼後惟當前不能已吾心而推之耳後兄病問醫古雷

山天大雨渡水幾没得巨木亂流而濟蓋孝友之
報云子爲刑部郎贈如其官何鏡山文集

王應篤南安人嘉靖季邑中寇將發其祖塚應篤募
死士與寇爲出入發大火舝歸寇物色之已空塚
嘆嗟去復捐貲脩祖祠傾囊贖兄弟之陷寇者少
喪母而哀事繼母無怠猶子産疽醫謂黑不可幾
吮之或治應篤即爲吮焉族有窮不能婚喪者助
以舉殁時子衿列狀有司表曰孝行何鏡山集

楊守愷南安人奉母承歡兄弟至老不忍析箸妯娌
襁子互乳無間時稱楊孝子嘗築亭青山嶺至今

傳之閩書

顧應蘭字維心晉江諸生户部侍郎珀仲孫也珀居鄉每值凶災捐穀出賑而應蘭能承其志嘉靖庚申辛酉間民患倭大死疫應蘭召役夫舉虆梩竹籠裒屍一萬六千餘而髆骼髑髏且以萬具別男女而卯之縣志

傳[1]新養字汝成南安人嘉靖三十九年倭寇發新養捐貲募兵破賊時山賊驚遁復從仙遊犯永春永春典史侯爵蓬壺義士尤濂約兵合攻之新養中伏矢及妻王氏姪君和皆被執去新養仰天大呼

遂自刎時同邑黃元謙因倭與邑中無良相煽爲盜元謙從弟赤髮兒從之元謙大義滅親赤髮兒投之水殁而殯殮之盜遂執元謙露刃刼之元謙瞋目曰寧死肯從賊乎賊亦投元謙水中死府志

蔡希旦同安人爲人謹嚴刻苦讀書野寺一婦夜款門希旦曰可速去恐僧見辱婦固求宿希旦大恚閉門不納倭寇至所居平林闔謀禦之推希旦爲首悉括丁壯得二百餘人晝夜廵警數日賊大至希旦挺身出衆從之已而賊三道繞其後衆奔潰賊遂剚刃希旦死焉後以子守愚貴贈四川按察

使縣志

陳文七福清人梓匠於泉家有祖父一日謂儕輩曰日吾心悸豈吾祖有恙乎馳歸福清祖果疾草焚香籲天願割肝以療援刀割腹覔不知肝處恍有神人搯其背俄肝出煑粥以進祖果瘳自此皮膚突起一疤人稱爲疤孝孫祖終爲泉人携販呂朱呂宋聞其孝厚賚之家遂以富

王肇禎同安人與父伯騰網魚牛鼻溪伯騰溺深處肇禎援之胥溺焉會同儕者亟拯肇禎曰未出吾父也復投淵求之與父偕殞

康朔字用復惠安人 剛弟剛志好學督學田汝成試其形勢策奇之曰此子足跡殆遍天下嘗自銘座右曰中庸吾弗措之訓可以爲學曾子日三省之言可以立身孟子三自反之論可以居鄉嘉靖癸卯領鄉舉布衣蔬食絕意仕進以例遙授都察院都事致仕朔居喪不入内遇祖父母父母諱辰齋素三日哭泣哀慕婚冠一衣一冠必依家禮晏延鄉賓不就年七十七卒病篤時聞冢婦歿曰豈可以不任廢服加衣冠身首乃絕子士廸鄉貢爲無錫丞合浦有士行閩書 惠安志

陳煇字季昭惠安人參政膚之孫知州煒知府煌之弟而煇爲知縣世傳三牧爲人孝友醇謹有萬石風早喪母哀毁如禮事繼母如所生聰敏博學嘉靖初年薦於國學會當謁銓而繼母歿時煇已嗣叔父後猶心喪三年服除授翁源知縣未及任而卒府志

吳良丞南安人中年哭母喪明辛酉寇亂火及親舍良丞號慟衛母柩不肯去既而反風滅火母櫬獲全人以爲孝感云縣志

莊①鳳章字誠夫晉江人用賓子明中葉倭亂發其先

校注：①莊

塚鳳章叔用晦抵賊營奪骸鬬死鳳章突陣負骸并叔尸以歸後入國子監伏闕上父叔功得贈蔭客死武清武清令曾曰唯爲之殯殮今配祀用賓崇賢祠府志

黄深晉江人嘉靖季賊發人塚深宜往欲啓父墳出櫬正値賊至塚次欲發塚顧饑頓走掠食未遑也深伏身灌莽中入夜取櫬出會天驟雷雨賊解散得其渡溪棄船載櫬以歸府志

詹仰憲原名仰成以字行安溪人仰庇弟敏智算善擘畫輕財而恥自封郡邑大夫有興作之事輒俾

仰憲士之仰憲於木楦輒毹潹鬆塗墁蹦賤竄良心計目審不失尺寸公帑或不時給仰憲先以家貲爲損減時時持平於親友間賑饑濟貧惟力是視繕郡城脩洛陽橋作嶽神祠塔至其少孤事兄仰庇若嚴父歲饑殍死相望有司開倉發帑請仰憲屏當必往城市村落隨處散給益以巳貲煮粥賑饑若或分以錢人多賴以全活景壁集參安溪志

陳安字叔勉晉江人父會涪州州判善徑尺書安萬曆歲貢授靖江訓導累遷台州教授以國子典籍乞歸其事親至孝事兄如父執喪水漿不入口斷

葬酒者三年友人趙生陷倭難被質捐①貲贖②之趙生力營償金辭弗受四爲師儒官肅範章軌標表諸生而於台州陶鑄尤多台人肖像祠之又祀名宦子鳴華見選舉志舊志參閩書

傅晚遲字廷勉南安人五歲父陣亡母王氏被獲百計求死賊知爲新養妻壯其義而歸之晚遲孤母寡艱苦萬狀母嘗病則密割股調羹以進病愈問故晚遲疑妻邱氏漏故終身不與言時邱氏已生男志節五歲矣亦能順孝府志

黄俞叔同安諸生能詩父商於粤十九年不歸俞叔

校注：①捐　②贖

尋至化州得之父已病瞽徒步負父歸竭蹶終養族人文炤爲著興山孝子傳舊志參同安志

蕭聚庶安溪人崇正强寇廖君應君禮焚刼村舍聚庶督率鄉兵戢靖後陳爾峰潘惜復煽亂更糾衆擒之未幾强賊張六角起焚掠湖頭盤踞感德里勢甚鋭聚庶復會鄉勇分道夾攻戰於康趙山躬冒矢石生擒賊魁王開尋鄭元等復寇又同屯兵擒之屢次裹糧從征不費官鏹歷縛渠魁不損一兵當道多其義勇予把總劄付旌其門府志

張璇光號義山同安廩生崇正末時事日非每劇飲

大醉慷慨悲歌繼以痛哭甲申之變絶粒數日不死持巾櫛歎曰太祖須諸生巾自冠臨朝三日取前庶人後三公之義諸生獨不可以義自効乎自櫛髮投井中水淺乃俛首就水死張氏家傳

國朝

潘見龍字正南晋江人幼孤事母有至性弱冠補諸生順治戊子長兄某歿於安邑見龍歸其喪會海氛薄郡城中戒嚴民出入皆有印記見龍間道歸訃母老嫂寡諸孤幼圍城中必不可活乃負母先出趨閩湖次及寡嫂諸孤最後始挈其妻又入賊

壘慟哭旬日脫其從兄歸陳恭尹爲叙其行誼稱爲篤行君子縣志

梁濟字平甫南安人宋丞相克家之後順治初奉母避寇挈弟妹諸甥十餘口均衣推食極力保護有黃十一與其族孝廉有隙欲得而手刃之憤族人閉土堡匿護積薪四門將盡燔以洩忿濟經其鄉爲開譬講解活人千計又嘗救束縛①者十餘人室女被掠者十餘人有喪母携金市棺者爲土豪攖去濟白豪帥追給之子國寶康熙庚辰進士鍾平和縣志府志

校注：①縛

李日熼字葆甫號漁仲安溪人先春子相國光地世父也順治甲午貢於鄉時鼎革初山海煽亂一家十二人悉被擄先春以憂殞日熼遠出奔歸既痛父又悲弟姪之在羈也衰麻詣賊壘聲淚甚哀引義慷慨渠魁亦感動然終邀賂日熼自賊還料家僮得百人涕泗與謀衆皆願出死力夜月大霧捫藤以登度天已曉即鳴螺直偪賊帳賊出不意又霧重不辨衆寡狼狽奔竄墮崖死者無算出弟姪二人餘又縶入他壘魁既走脫遂大徵合遠近賊將萬餘人晝夜攻奪故壘日熼率衆拒之小大百

餘戰賊散亡畧盡勢蹙歸命於官其家長幼悉出而數縣積寇皆平入肄國子選通判不就而歸善古文辭綜所著名曰傭言終年八十八後光地入覲奏聞其事

聖祖賜在原至誼額以旌其家李氏家傳

洪寶基字伯珍南安人爲諸生慷慨有大節時海氛山寇竊發族推寶基督鄉兵備盜一鄉賴焉嘗從數人廵徼至石坑猝遇巨魁廖丑丑爲賊前鋒驍勇冠其屬同行數人皆引避寶基挺身迎之竟擒丑梟其首而歸由此名震邑里提軍嘉勞之後

白頭賊攻安溪寶基復與族叔啓範率鄉兵由間道解安溪之圍會鄭氏索餉至英山族攻殺之鄭大怒且勦洪氏適族中有與鄭交者哀解稍釋遣校來探洪氏紛紛欲逃寶基曰此時州郡皆鄭據逃且安之乃領鼓吹前迎十里外誡族人曰若等登呰碧望吾信息吉凶以決進退吉則皆前凶則各任所之校見寶基大喜下馬握曰固知公等無他吾豈以數人累舉族洪氏由是獲全府志

洪啓範字爾錫南安人少讀書沉靜有智慮當山海騷擾族以啓範爲呰碧長時泉標朱中軍威望素著

與洪氏深相結山寇陳申李復貴會攻洪砦中軍提兵擒二酋鄉人以安嗣白頭賊圍安溪拒援兵於巖嶺嶺峻溪惡相持累月安溪幾不支啓範曰從吾鄉間道由英格出賊不意可救安溪往見朱中軍言狀中軍避之乃曰平時握手若兄弟軍中則無戲言啓範曰願當軍法遂導官軍攀陟而上以鄉兵爲前鋒是日重霧瀰山谷兵抵嶺上據勝地賊乃覺一戰而潰墮梳坑谷不可勝數乘勝抵安邑制閫上其功下詔襃嘉清溪人至今嘖嘖焉

陳曙字樹初晉江人事親以孝聞十三歲父母患疫禱天願以身代比長値母病痢親嘗湯藥滌厠牏母眼昏以舌舐得復明順治丁亥戊子閒充鄉導引大兵撫泉與旗弁査將軍爲異姓兄弟及鄭氏平査將軍爲大帥駐兵東門外遣騎持令箭䕶其家有婦女百餘爲兵縲纍見箭乃駭散各還家得免俘辱騎詢曙巳故二子避入永春其長孫及一僕方被縶南去尋至演武塲得之引見査將軍予金贈衣又遺以佩劍弓矢使庇家親至曙座前奠酒未幾有他駐兵踞其宅索酒食不給適白頭賊

夜襲郡敗走駐兵得賊號衣容擲其家床下誣與賊通噶長孫持弓矢衣服自明寧海將軍驗實釋之乾隆六年以孝　旌表建坊乾隆十六年以孫大玠貴馳贈中書舍人近道齋文集劉存菴撰傳參

蕭從我安溪人追賊林良於崇信之劉竹宮時七社鄉兵未集從我獨以其鄉四十餘人陷陣戰賊數千斬百餘級搴其旗自是凡有師旅之事高山社遂以黑旗稱焉從我每戰輒爭先間足爲荆棘所絆被刃死鄉閭哀之府志

李光益字利卿安溪人當海寇圍泉中丞吳興祚將

由永救泉被賊踞白鴿嶺峻險難越李光地令光益領鄉壯援引光益濟師乘黑夜直逼寇壘斬關奪隘賊驚竄大破之黎明詰募獻馘吳中丞嘉其義曰此神勇也薦授守備府志

王生晋江人康熙甲寅海寇亂失寡母唐生遂棄家賣卜誓不得母不歸後十年宿潮州旅舍夢神人指母處明日得母於陳氏家白主人負之而還居數年生舟行覆溺聞空中人呼孝子在遂得一板附之以活府志

蘇國珍晋江人爲貴州敷勇衛諸生以父功授錦衣

衛正千斤癸未父兄殉安慶之難蓬跣千里舁櫬歸念兄國瓓清宦割腴遺之所居鄰邇巨寇鄉人數擾國珍出資築土堡禦之遠近五百餘口受其庇又濬大陂渠溉洋田千餘頃至今人誦之編集先正格言著樵寄垂後錄年八十一卒府志

李光垤字阜卿安溪諸生康熙間耿逆平後鄭經猶據厦島流賊蔡寅突至盤嶺兄光地比里伍丁壯以爲聲援光垤自請往禦遂直抵嶺下適値雲霧四起咫尺不辨賊據嶺巔臨谷下望滿野蔬畦木栈皆爲我衆遽驚退是歲僞將劉國軒圍泉斷漳

興橋諸軍皆不得進光埕領鄉壯由永春兼行路

與賊遇三戰皆捷奪白鴿嶺迎巡撫之師復爲先

導拔永春長驅而下泉圍遂解時僞鎮尚有在德

邑南庭者光埕遂逼賊壘賊望風夜遁餘黨悉平

叙勳授府通判辭不就李氏家傳

黄士珍字邦祉惠安人父懷佳値寇亂嘗以背積掠

民士珍少孤露父毋瘞海邊値海氛令下棄邊地

越者無赦士珍潛以瓦棺拾親骸歸遇邏卒執之

泣告且示得免貧不能再瘞時哭於棺旁同邑孫

氏捨地瘞焉士珍生平好學著有讀史一得錄府志

陳聲滔字希敬惠安人幼有至性值甲寅之亂父設教於竹嶺會賊至聲滔聞警疾趨視館舍已灰燼號泣踉蹌遍履積屍於亂草中求得其父扶之歸道復遇賊憐而釋之性好施凡有興舉創築獨力經營邑令錢名世延赴賓筵年六十八卒府志

李光斗字樞卿安溪人通判日爆子太學生性至孝時時爲嬰兒慕以娛父毋父毋別字之曰萊菴爲人慷慨尚義綽有父風方日爆之急難也光斗隨父行間寢戈沫血不離側康熙戊午妖人蔡寅剽刼郡縣光斗遣僕黃鵬領家僮數十人佐邑令李

釬擊敗之是歲海寇圍泉州①悉寧海將軍統大軍救援入杉關駐師漳界寇斷江東橋師不得達光斗率鄉旅間道過漳平石柱嶺鑿山支橋迎導王師由湖頭鄉出安溪進援圍遂解時兵役薦興追呼孔急光斗爲邑人代輸不取其償府志

王錫卣字文人晋江人命岳長子性孝友母病嘗糞毋歿居喪盡哀盡禮事繼毋尤謹父歿盡以產讓二弟康熙間拔貢歷建寧府教授政績著聞府志

王家奬同安人五世同居一門六十餘口男女各治其事操中饋五日一輪一味之微必長幼分嘗遷

校注：①急

界時四野流離而王氏保聚如初所飼蜂房既分
復聚鄉人傳其事邑令給扁旌之縣志

鄧熾字夏明安溪諸生幼從其父孕傑受六經博綜
三禮尤篤孝友有弟居德化每歲時必相就把袂
言歡累月乃歸課子孫有法府志

王贊槐同安人世有隱德父覲為寧海州判五世同
居贊槐善繼其志內外愈無間言紳士為作王氏
五世同居詩以美之府志

林崧字肇芴晉江人父為桓為仇家所害崧年十七
宿露餐風間道偵之閱八十餘日懸圭惡之首剖

胸出肺肝獻父靈前復求手及父者卒遇諸山闘
撞其胸仆之不數日死遂陷囹圄久之海氛熾得
脱歸率衆捍衛鄉里奪還惠邑男女被掠者故紳
李夢祥子孫衰替櫬暴道傍訪其族人資之營葬
子延獅舉人府志
鄭台源晋江人父病割股和藥嘗得遺金五十餘兩
訪主還之值寇亂以家貲贖難民二十五人府志
方惟正同安人伯兄早逝撫孤姪如已出傾家財爲
次兄惟中營生惟中客死復往負其骸歸其子復
夭婦守志待之加篤云府志

陳萬寶字時初安溪人遷鶴子登康熙壬午賢書次弟歿撫兩孤姪如子丁丑丙戌泉郡大饑煮粥於承天開元二寺以食貧者泉人義之安溪令許封男卒於官萬寶捐貲遣家人護櫬歸江右子覺世字莘志雍正甲辰舉人事父祖甚得歡心母晚病瘋坐起須人覺世朝夕寢帷調護累歲居喪泣至嘔血庚寅歲大歉計租所入給升斗多寡有差穀貴常減價平糶鄉人稱德府志

王忠輔安溪貢生幼有至性十歲時家貧嘗長起索米於十里外歸作飯父適之田母恐忠輔饑欲先

食之不忍飲以薄糜又不忍持飯餉父食畢歸然
後敢食又屢入深林中採藥賣之以供父母比長
經營四方凡父母之養生送死無不周至他如葺
宮牆治道路賙里黨賑困窮具多義舉府志

林鼎漢晉江人少從父服賈歸舟父殁倉猝莫辨又
恐舟人及同舟者惡之與父屍寢處晨昏進食如
常抵岸始痛哭殯殮盡禮母因海氛赴水死鼎漢
尋遺骸不得終身不衣帛食肉縣志

莊琛字堯甫惠安監生居家孝友嘗浮海至姑蘇遭
颶風舟幾覆籲天乞生還事母俄而風息撫二兄

遺孤若巳出歲饑出粟以濟鄉人橋梁道路多所脩築孫世英兵部郎中世芳舉人以世英貴累贈中憲大夫乾隆癸未年　旌表孝子建坊入祠子維禱字天相監生亦有孝行居喪哀毀會隣火弗戒將及親柩維禱抱柩號泣火忽止又脩惠寧德懋二橋以子世英貴贈中憲大夫府志

漳州府

宋

黃槩字平叔龍溪人好學力行事親至孝嘗語人曰學爲忠孝而巳不爾雖讀書與不識字同父有疾

傾貲求醫或謂槩家貧獨不爲子孫計乎槩泣曰苟吾父可愈雖饑餓何傷父將卒曰爲人子若爾者可無憾矣以子彥臣貴封承議郎賜緋累贈朝散郎子孫登科不絕人以爲孝行之報府志

陳謣字昌國龍溪人有至性少遊太學累試不效歸以其學教授里人以孝弟忠信爲本兄弟友愛不分居崇寧初郡舉八行謣爲首授岳州文學縣志

陳湜龍溪人政和間嘗有牙嫗遺珠於其門莫記其所嫗過其門四顧若有所物色湜呼問之嫗曰嘗遺珠爲主逼取雖市屋鬻女度不能償湜曰第言

其狀媼以實告湜全歸之媼驚喜拜謝而去里人有喪遺其白金器皿湜拾得之屢問掌事者器皿有遺否掌事急求未得湜卽歸之鄉人咏嘆不已湜嘗夢人告之曰汝壽終七十二後至八十四其①陰德之報也縣志

明

林賁漳浦人知府表之次子篤行好義嘗捐田租一百二十石充學以贍貧士歲荒煮粥以飼饑者葉士阮琳爲流賊所執將害賁遺金賊壘琳得釋歸督學郤銳榜其事於學宮祀鄉賢府志

校注：①蓋

陳約字守甫海澄人性友愛好義嘗走闕下訟其季弟寃獄二十四將之亂率族人依險樹栅衆賴以安既而議設縣治衙署廹隘約捐祖居充之又倡廣泮池祀鄉賢府志

林維聰南靖人幼聰敏六歲而孤母守志教養長領成化鄉薦任南昌推官有廉能聲以不得朝夕迎養思慕輒泣下屢欲辭官比見寧藩有逆志即解組歸吏部課其宦行取浩然不就人稱其慕親之孝見幾之哲閩書叅縣志

林逸龍溪人篤行好學早喪父獨奉母以居兄贅居

桐城逸欲請其兄嫂同居以養母妻楊氏不聽對案不食楊氏感化順從及兄嫂歸逸事之甚謹不私蓄一錢鄉人皆取則焉縣志

盧元漳浦人父卒家貧弗克葬因鬻其子旣授以值而未携去一日元採薪山中得金二錠以充葬原值悉還子得完聚府志

許尚端沈胄詔安人俱以善事母著尚端母卒廬墓而胄能置產以分其弟顧性皆好義沙寇之亂舉城紛紛尚端乃散其家財募衆捍禦而胄奮勇突圍請兵於潮卒使涂膺成全城之功者二人有力

馮縣志

蕭墀龍溪人給事中璿之子性純孝事二母如一嫡母陳氏病癰墀吮之愈庶母阮氏楚撻墀承顔跪受阮終感悟慈愛如巳出遇風雨至父墳哀號西鄰失火將及父坊墀仰天號訴火遂滅郡守張鵬以其事聞縣志

蔡家海澄人敦尚孝友長幼五十餘口同居共爨一錢尺帛不入私室至於娣姒亦相和睦子五人廸達遄迴選俱恪守家法至孫曾四世雍睦之風流於遠邇府志

紀孚兆字道範海澄人善事父母甘旨寒溫竭力營辦授徒遠村朔望必歸省母有不豫色率妻蔣氏跪問必得其意父遺田宅悉以讓其弟居父喪廬墓三年不入卧內一時若蔡烈林一陽皆傾心下之著有心極圖說妻蔣氏亦善事其姑縣志

吳霞龍溪人今海澄爲邑弟子天性孝友篤志好古築小室曰顏巷聚書讀之立祠堂以祀先祭必恪恭著有射禮輯說道原錄年八十一卒蔡烈題其墓曰古學君子縣志參癸酉志

潘桂芳字隹値龍溪人應貢廷試第一任錢塘泰寧

兩學博以勸學成德爲己任擢國子典簿歷梧州別駕司礮悉以義餘三千輸歸公將致仕歸桂芳天性孝友幼失怙事大母鄭及母謝悉得歡心館穀所入爲弟妹畢婚嫁無所吝府志

侯任字志尹龍溪人博古能詩家貧授徒養親而婚其弟葬其期功五六喪其子不能婚不恤也嘉靖己未倭入寇被執素聞其名不忍加害嘗與潘鳴時施仁往來講學著有論學大旨讀左偶見霞山雜錄縣志參癸酉志

陳茂馨南靖人事父及繼母以孝祖母林氏年九十

餘茂馨親爲櫛沐一夜三炊衣不解帶嘉靖辛酉
寇陷邑城茂馨侍之弗忍去賊至妻許氏及二女
俱死焉督學宋儀望爲著一門三節傳萬歷辛巳
以貢授淮安訓導歲饑請於漕撫給粥賑濟又請
於鹺使賑諸貧生淮人士甚德之府志
黎時中字愼甫漳州衛人萬歷舉人才名籍甚父弗
治産家益落時中拮据俯仰爲弟妹婚嫁七人凡
饋問所入悉推奉養均諸弟不私一錙久之窘甚
乃謁選壽昌令多善政而性狷介果於任事補潮
州奉委省獄雪無辜死刑三十餘人遷感恩令卒

府志

鄭榮字邦信龍溪人父業農命往田間每懷書以誦稍長入郡庠以孝聞其弟卞性急書忍字以警之操履端方言行必飭居峻林學者稱峻林先生姪正學字道獻亦不妄取與爲文奇警著有家禮辨、文山十不如前論縣志參癸酉志

余喬烈詔安人賃傭養親親百餘歲齒脫所不能食者已不忍食親病衣不解帶親不能浴雖盛暑不浴也親死哀毀瘠立廬墓三年哀如初喪薦紳咸推重之府志

陳仕祿詔安人事嫡母以孝稱其父苦風疾醫云蚺蛇可愈求之弗得仕祿乃入山索蛇月餘得之調藥以進果愈與兄分產兄數年蕩盡仕祿復分所得予之兄没姪負債復捐田俾鬻以償隣里之喪而貧者咸恤焉傳有餓婦竊其園之荳仕祿望見而避之使拾以去府志

國朝

陳謙海澄人海澄公黃梧婿也少補諸生性豪邁梧最愛之城將困傾貲佐軍將數百人守東門伺賊方晏開門擊之城陷被執時同殉難者長泰戴鐇

好走馬擊劍嘗結納勇士甲寅之變白芳度行妝
兵得死士數百人故其部曲最彊城陷亦被執張
濟者梧姪婿也幼讀書爲平和巨族海寇將至或
勸之遁曰事迫矣燕巢於幕逃之入家山庶可免
平濟曰受黄氏恩多矣臨難不可去乃將兵擊賊
城陷被執黄芳名梧胞姪也亦諸生性恬淡無驕
氣乙卯芳度使掌北門亦被執黄翼黄香梧族也
翼性孝同梧納土歸誠調同安壓水師右路總兵
因誤失職芳度令守西門被執九子暨全家殉難
香掌火攻屢破賊城陷亦被執蔡隆海澄人以軍

功陞副將守南門朱武泉人爲隨標遊擊吳友平
和人因亂募兵同芳度守禦賊薄城爲炮擊死隆
與武俱被執陳驥平和人原任水師左營遊擊驍
勇善戰守西門城陷被執俱不屈死事聞朝廷各
贈廕有差府志

按閩州經耿鄭之亂一時義勇激發執干戈
衛社稷慷慨就死而不顧者指不勝屈
聖朝立祠褒祀殉難大臣閩人黃芳度陳丹赤輩
既功作元祀矣今
天子卽位特命詞臣彙輯死節臣僚立牌以祀於京

師之昭忠祠八閩死難者自黄相而下計四
十六人如黄相賴陞張松齡戴璣羅文舉鄭
宗煥戴鏻陳謙張濟朱王造鄒儀周施大晁
葉有挺孔念厚謝邦協劉渭龍李鍾國何履
鉌鍾和宇毛錦生志乘具載事蹟彰彰外若
副將胡希孔包太興守備林炫張玉彭𨖠知
州魏人鏡通判許文耀知縣陳培亭教諭余
光辰縣丞俞之琛吏目鄭亮諸生劉元昇朱
光球千總陳元曾珍把總閆榮范得時歐春
吳麟張天成蔡以藩吳兆𡢽鄭光宏劉祥葉

龍將弁張國柱皆節秉丹忱名列功載而捜其行事郡志或缺焉今依翰林院功臣館移文所載以備稽考云

葉心一名逢春以字行海澄人隱德實行孚於里黨當海寇時獨心一所居相戒無擾五鄉倚爲安宅僞海兵起虜人徵餉稍拂意輒殺人心一多方營救全活無數嘗有二十四人漁於大小担之間爲賊所困詰知爲心一鄉人遣二人孥舟還留二十二人爲質曰延心一至則免汝不則若輩懸吾手矣二人告急心一憮然曰賊卽欲得我而甘心亦

當以一身爲二十二人往徑赴賊舟其酋盛服倚舷而迎曰受恩久不酬欲藉此來會耳因厚出金帛心一概不受惟以二十四人還縣志

柯求長泰人其兄爲劇賊林掠鴿所殺及掠鴿就撫求荷鋤伏道左出其不意從背後揮殺之斷其頭獻於有司當事方以撫賊爲計竟坐求擅殺棄市君子謂葉任爲孝子柯求爲悌弟府志

孫淵光字陸陶詔安庠生爲人忠厚寬和外翁壬之嗣有子爲螟蛉別居家計托淵光外翁歿淵光名其子悉還之甲辰間民遷移內地歲凶艱食有健卒

掠買婦女數十驅以北行淵光聞哭聲度武人不可勸以義乃募諸亡命告曰若素所行皆非正能解此厄乃丈夫耳皆曰諾鷄初鳴伏近郊聞卒過梃擊之卒梟竄亡命乃謂諸婦女曰吾非賊承孫君意救爾耳乃各歸其家府志

陳明節字省軒龍溪人性孝友爲諸弟婚娶時濟其乏後被誣入獄子志超奔訴於戎帥寃得白父子嘗挾貲避寇猝與賊遇賊欲刃明節志超號泣請代賊義釋之明節歿志超與諸弟友愛善承父志縣志

黃金鐘龍溪人由郡諸生授杭州府同知權南權事除陋規禁私索商船便之攝僊居邑篆奸民以例金進峻拒之以病告歸金鐘未仕時喜爲德於鄉子天瑞雍正癸丑進士官刑部主事亦能舉其職縣志

黃淑孕字碩壺父爲海寇所執索贖金淑孕年十四號泣請代賊憐而釋之子文煥文揚皆以孝聞縣志

沈攀桂詔安諸生慷慨尚義乾隆七年奸徒陳作謀亂邑帥聚兵守城城中人驚散攀桂倡義糾合鄉勇伏擊之擒賊奪軍械無算民賴安堵後議敘將

援以官會攀桂病歸乃寢沈氏家傳

余士前字庸然漳州人父賈西洋娶婦生三子先是婦浴於溪觸海氣孕鰌魚置諸海及父卒士前携三弟歸登舟鰌魚隨焉舟犯萬里長沙觸之碎士前兄弟與同舟十七人得不死匍匐海島渴甚號天得雨截竹貯之束壞木爲槎排洶浪望救槎數翻鰌悉負以出凡十八日遇商船風駛壓槎沉久復出衆爭緣以上大舟士前先扶擁三弟過船已獨後而槎解衆撤長繩使挽之再墜乃得升鰌亦逝士前於絶島驚濤中出萬死護三弱弟卒與俱

瀕人咸謂友於之報縣志

許長灝字遠谿龍溪人幼失怙恃育於祖母祖母病瀹血告天以股肉進弗效灝不勝哀亦卒縣志

阮道泰字志同漳浦人幼舉止異常兒父家居不暖席道泰獨與兄奉母遇譴怒必長跪竟日事悉聽命於兄有問以私植者不應嘗曰兄弟合食而私異財物畛域若行路遮蔽若穿窬吾耻之父卒號痛幾絕素篤於學至是益自刻勵工文章風雨壞屋廬父母柩未葬道泰恐危於風雨哀號竟日遂得病病草①欲起拜母母止之泣且言曰不孝不能

校注：①革

長侍母側死乞青布衫一襲爲歛勿用繒帛重兒罪也遂卒縣志

延平府

宋

祝染沙縣人好施予遇歉歲爲粥以食貧者後生一子性聰慧攻舉子業赴舉大魁天下縣志

明

任琉順昌人生六月失怙母吳氏矢節撫之琉性孝母疾以香附臂爇之哀號籲天疾竟愈母壽九十一而卒殯葬惟禮廬墓三年哀毀如初叅議肙鸞

題其堂曰永思府志

黄中字大本南平人以貢入南雍授武康縣丞視篆疏河廣儲均役民咸利之性孝父疽發背侍湯藥匝月衣不解帶葬伯鉞賙從叔濟歸族叔瀚之櫬於珠崖不私其產以予焯貴封禮部主事年八十屢與大賓閩書參縣志

蕭文秀字廷實順昌人父章應貢將北上秀跪曰大人年踰八十奈何以頹齡履修途不可請隨行又不可甫抵杭果以疾報文秀即徒步往遇父櫬於江郎山痛哭瀕絶葬祭力行古禮不作浮屠事奉

毋娛順母卒寢息柩旁廬葬祇求棲神勿計後福未幾流寇猝至未葬者焚毒備慘人以文秀爲誠孝先見云府志

陳嘉謨字應良順昌人十歲失怙哭奠如成人禮奉瞽母黄氏一如其意食息皆親持抱弗令出他人手母年九十卒哀毀骨立行人爲之感愴力求善地以葬積雪凝寒廬墓自若遘疾而殁府志

官天緯沙縣庠生事母黄氏篤孝母年八十一卒哀慟幾絶水漿不入口者累日既葬廬墓三年縣志

彭繼美將樂人父病劇求醫不效或勸割股繼美云

恐股非藥且無毁傷理或曰豈眞在股君子積誠堅水①且泮冬楂且萌繼美悟如其言以進父病果愈巡按湯兆京旌其門府志

王吉清永安人忠懿王審知裔幼負才名試輒冠軍以艱再阻遂却仕進與其子京寶相繼樂善遇貧而逋負者悉賬以焚其劵郡邑賓焉府志

蕭日煦將樂人以律學爲應山尉捧檄督築藩城時隣州盜起刻期決戰日煦率兵先往擊其不備賊驚散去盜復椎埋數十人監司委日煦籍捕盜操百金祈免日煦輒斥去竟坐之法盜憾捐金爲間

校注：①冰

免官歸府志

揭中行將樂人邑水災山川崩改縣令蔡行誠確凡建置悉委經營俱克報命曾捐山助建禁山堂止射利人鑿山壞蔭邑人識之弟中獻陷非罪鬻己田以贖聞者稱義府志

廖叢梓將樂人少貧餒弟兄五人叢梓獨孝友每值膳親妻張氏淅飯以進夫婦惟飲米汁比長外商瀛所得值慨然賑布遠近資之嘗焚券千金鄉飲登筵人稱爲積德翁年七十三府志

游如棣沙縣人家貧負販敝衣糲食而趨步卓有儒

風專親溫犨母年①髦飲食步履維艱匆棣廿脆無
鈌父柩停家忽大水驟溢如棣扶柩號哭不去已
而水平人以爲孝感府志
黄應賢南平人週歲失怙長而盡心奉母母陳氏侍
舅姑孝及母節上於朝應賢爲建坊晚膺歲薦母
年八十矣遂家居終養妻童氏亦竭力事姑時稱
雙孝縣志
國朝
謝豐郡庠生賦性樂易生平未嘗疾言遽色父宗尹
郡之名宿動遵禮法好施與橐雖慳必委曲承順

校注：①耄

稍見不豫即治具延父友抵舍笑談以快父意父母喪葬悉從厚已年八十遇忌辰必素衣哭泣悲戚府志

連文生吉田農民幼失怙未嘗讀書識字家貧力耕養母母瞽以舌餂之性嗜榛栗嚼以哺之冬溫夏清不改其常府志

陳光耀邑庠生事繼母孝出必告反必面將有所往每囑其妻具甘旨遭耿逆之亂急於母而後妻子日則以肩輿送母匿山夜則輿歸以爲常士論多之縣志

吳瑆青字丰藻恩貢生平性醇厚竭力養親雍睦以待諸弟姪祖父遺產悉讓與弟族中力不能葬者爲謀窀穸當事欲舉優行謙讓未遑其謹恪如此府志

魏懋泰沙縣人事父及繼母俱得歡心繼母病瘵三年躬滌褻衣朝夕無懈色父殁哀毁盡禮遭繼母喪亦如之經營窀穸廬墓以居雖山蔬野蔌食必先祭其親三年如一日縣志

嚴崇高沙縣人父嗜魚貧不能給崇高日垂釣溪潭以所得供親冬寒魚不上餌臨溪而泣人多貸以

相貽母病量水秤藥數十夜不寐縣册

羅日葵沙縣人父嗜菰筍日葵入山尋採父會飲隔河鄰家日午驟雨父渡舟至中流船頭欹墮水中日葵冐死入河背父出母病葵虔禱願減齡以增母壽每夜必四五起縣册

福建續志卷之五十一終

福建續志卷五十二

孝義三

建寧府

明

鄒伯陽又名文復建安人明初總兵胡廷瑞圍城久不下欲屠之太守翟某募耆德詣師伯陽應命往言詞慷慨廷瑞爲動曰姑聽於天封三牌鐵一銅一牙一令探之决曰得鐵屠得銅搜括金帛得牙活伯陽以禱得牙城遂獲全府志

徐日昇字初陽崇安舉人歷安慶郡丞以廉能聞數

視邑篆多德政旋改衢州通水利疏鹽課民有清如水皎如鏡之謡毋年七十九溫清孝養者五年毋卒卧棺側三載年七十五卒縣志

魏宗欽建安人自幼讀書恒以古人自期父康爲斗役虧糧法當死宗欽毅然别妻子詣官請代父罪繫獄歲餘將論決遇赦得免府志

藍森字公懋浦城人父疾篤刲股爲糜以進尋瘥尤精於醫或以疾告輒施以劑凡學宫橋梁傾圮即捐貲葺之景泰中輸粟五百石賑饑朝廷旌之府志

蔣宣字文昭甌寧人生有膂力走及奔馬正統戊辰

沙尤盜熾取道建之吉陽以截驛路宜與羅佛①[illegible]范宗南范永清糾集鄉衆奮先攻之斬馘無算驛路遂通知府張瑛征勦高陽餘寇宣隨至大湖嶺遇賊衆駭奔宣手殺數人後無繼者力屈而死府志

趙泰字世亨建陽人宏治間邑令張公津掇鄉賢祠祀先儒劉文簡諸公泰輸田以助歲祀歲大祲作糜食饑者全活甚衆油源三陂堤壞泰完築之又瀦水以救旱凡山谿險隘間多建橋亭甃石道以便行旅府志

蔡志仁周日大皆壽寧人嘉靖初流徙聚刧隣邑震

校注：①童

勤二人奉檄領兵收捕賊勢猖獗衆皆散遁二人獨當其鋒斬首數十級力屈賊執之不降皆被殺縣志

李培字汝耘默之子建安人隆慶恩貢事繼毋得其歡心撫孤侄若已出親朋不能葬者捐資以助鄉里重之府志

□三崇安人嘉靖十九年歲饑散穀行賑次年饑又賑如前三十四年又饑於六十以上者賑穀伍斗餘者三斗几三發賑共散穀四千餘石府志

夏福松溪人隆慶間戍福州衛父病篤思見福遣人

迺之癒聞痛絕禱天割雙肱肉持歸父病瘳兩院書額旌之府志

葉新魁松溪人五歲喪母祖母鄭氏撫養成人鄭病篤新魁侍奉不離左右求醫無効籲天割股和藥鄭愈而妻死誓不再娶府志

謝勳字汝賢建安人蚤年喪父流寇突入其家家人盡走勳念孀母在堂挺身捍禦身被重傷母賴不死又推業以讓兄郡守許天贈旌其門縣志

李廷輔性至孝居建陽水南父歿未葬時洪水暴至平地長一丈水南地濱大溪勢尤洶湧廷輔度父

棺不可徙遂以布纏其棺梁上自上據之與水相出没凡二晝夜水退棺竟獲全府志

陳坊字鍾溪甌寧人孝子榮裔孫萬歷三十七年郡大水父柩在家爲懸其柩於梁上水大至抱柩不忍去與水出没者連晝夜友愛慷慨族親戚賴其力縣志

暨日華崇安諸生家火父檢所藏於樓上火迫樓日華年十九從火躍入負父出父老雅好琴日華郎學琴以娛之授徒所得必奉諸親人以稱養志府志

楊遜崇安人業縫衣萬歷四十一年水暴至遜負母

登山妻子俱溺死府志

張其思字得吾浦城人師事鄭應苹應苹廷試京師家口悉其思贍給及應苹死燕臺不憚萬里爲扶櫬歸縣志

戴冠字章甫浦城人母病渴嗜甘泉躬汲數里外冬泉溫則備梨汁啖之後三年病革父娶繼母繼母又病冠懼貽父憂遍求名醫遇異人授以綠橘一枚持歸奉母食之立愈縣志

張貞度字惕生建安人從學莆中朱吉林後朱卒貞度爲扶櫬以歸朱故貧家有六喪未葬貞度哀之

爲葬而後回明末由拔貢選雷州府通判以親老不赴子寅恭登進士府志

徐世俊建陽人母患血崩三載不瘳世俊晨夕侍奉未嘗離側母病劇刲胸肉雜藥以進母病卒不起世俊竭力營喪棺衾之事不以累兄府志

黃懋誠字仲明甌寧諸生值歲歉設粥平糶郡大水復散粟賑如前一日讀范文正公義田記喟然曰范公不但忠於國亦自仁於家誠不敏不能如公仁願割己產之半立義莊於是設義學施義棺立義塚賑貧卹孤皆出於此府志

王加封字抱赤建寧右衛副千户之臣子之臣饒於
財然皆節儉老且死命异巨簏聽事召諸親友會
曰吾以儉起家與諸君子分甘絶少然吾豈爲吝
者哉欲人善用吾財耳今與諸君訣宜各有贈因
開巨簏散千金加封故豪俠甲申國變散父遺財
募義勇從軍婺源死之閣部黄道周爲文祭之府志

國朝

鄭國佐字振華建安人幼失怙依兄國卿事母黄氏
盡孝道母嘗病燃臂香哀叩北辰病隨以瘳事兄
友愛甚篤家庭間循循敦禮節不衣冠不敢見長

者喜讀書見書所載忠孝事津津道以淑家人子重時齒稺即解大人意授孝經必拜而後讀母徐氏課學尤嚴雖祖母黄極愛其孫而不廢慈教黄卒年八十三順治四年秋七月王祁據郡城蔡若百姓國佐挈眷避西鄉以母病無所得藥復入城就醫迎徐氏使侍湯藥母以天年終僅僅出喪構而王師已臨城下賊思突圍國佐憂之語徐曰賊欲突圍必焚城城焚則玉石無所分我家世孝義今以母故陷圍中此天數也子爲母死孝婦爲夫死義綱常大節我兩人全之可以視之如歸矣遂

作血書寘墻隙與火自焚子重自鄉亟來省詰故
址得血書娓娓皆忠孝慟哭曰我父母居恒名節
相勗今果然哀哉重後中順治戊戌進士官刑部
侍郎弟黙維縣令重晉秩光祿大夫贈國佐如其
官母徐氏贈一品夫人府志

江梅一梅三梅四梅五者崇安人順治甲午土賊桓
夢龍肆掠江罵曰今日招兵明日打糧自數年來
崇之西鄉爲汝害久矣兄弟抽刀殺賊數十人大
呼曰不爲良民作賊者視此賊衆怒併四兄弟圍
殺之邑人嘆其義勇縣志

江日采松溪諸生順治初　王師至父兆恒遽出城南日采奉祖母攜妻子從之趨西北嶺師已集郊外兆恒爲遊騎所殺日采至抱屍慟不已已而師大至遂被害府志

葉茂盛字德盛松溪人與兄茂俱以奉檄監坑冶自邑徙居遂應場下塘橋巨寇黃華誘茂盛至將殺之茂度不兩全麾盛速去吾已子若未娶存祀撫孤可也盛招與同去者三華追至茂直前曰汝大小只殺一人耳遂遇害盛以木①士置枕席後在外敎授三載一日告弟子以故俾助薪芻夜潛抵華舍

校注：①主

焚滅殆盡葬茂寶珠山下至今稱義墓云門人爲立祠府志

滕峻字兩華建安貢生事母曾氏承歡無怠所居兵猝至峻負母逃深山宅毀傷不顧曰吾得母無恙足矣叔早逝遺一女峻視若同懷竭其產奩之而一無所私祖居憂①旱峻出財倡衆修壩堰流泉源穀歲以稔里有貧而稱貸者悉出劵焚之

葉正鑑建陽人族孽葉先鋒素爲劇賊窺正鑑之嫂美欲强娶之先殺其父兄先鋒招安來郡城孝子踪跡殺之未便也會漢壽亭侯誕辰正鑑將祝曰

校注：①旱

公爲明神我爲孤子神如相予助我一指力頃之先鋒至看劇叢人中正鑑亟取屠刀直入刺之大呼曰吾今有以報吾父矣腸胃迸裂血般流地衆擁見知府高攀龍高訊其實義釋之府志

賴達卿崇安人順治中山寇竊發扶母入山避難寇猝至欲殺其母達卿引頸代受刃賊義而釋之已而父又被賊掠去隻身入賊巢尋父父縛樹間達卿哀慟求釋值前釋母之賊詗責其黨曰奈何辱孝童遂並得免事父母先意承志親歿營葬廬墓四年縣冊

袁光潮建陽人竭力事親數十年孺慕如一日厚宗族睦鄉鄰年饑捐穀以賑又蠲佃民之租施棺①揜骼修橋通行乾隆間旌縣冊

董睿思崇安人端純有學行寇發劫其父及弟睿思冒險入賊營救之以哀泣動賊魁賊釋其父父還又設計贖弟歸親柩在堂鄰火延及睿思抱柩號哭誓與俱燼火爲之返從兄年老厚其養而恤其孤孤姪貧田糧追呼孔棘代爲納之及客死又收其骨葬之周急濟貧羣推仁孝縣冊

潘廷雲崇安人天性純篤母目疾幾失明廷雲日跪

校注：①棺

神前虔禱久之膝皮爛腐而不知也母因此復明兄任懷寧令多官負售業以償廷雲體父志竭蹷孝養又周其兄弟宗族之貧者事庶母儼如所生仁聲著乎鄉里縣冊

林伯駿建安人明御史有臺曾孫十歲喪父事母仝氏唯謹遇疾湯藥必嘗而進母老足不能行出入躬自背負及卒哀毀骨立立宗祠置祭田戚族之貧者厚給之兼理其婚嫁治家嚴整教以義方子孫多爲諸生循循守禮同里林雲翔事親孝親歿廬墓建祠篤於孝友任䘏之義與伯駿並稱縣志

劉學成建安人年十七隨父遷居郡城父遭寇害學成負父屍入山林潛避賊平負骸歸葬事母曲盡子道母病思梨家去城百二十里學成倉猝奔城中覓梨盡一晝夜而歸以奉母母病遂愈外祖黃應奇父子遭變相繼殁學成盡力營葬以慰母心

監生吳樹崇安縣孝子乾隆間建祖祠置祀田善行多此類縣志

邵武府

明

謝恩邵武人幼失怙母朱氏年甫二十一孀居撫恩

成人成化六年母病卒愿哀號擗踊三日勺水不入口絶而復甦既奉柩與父合葬躬負土成墳結廬居墓側寢苫枕塊疏①食水飲朝夕悲慟三年非奉祭祀夫婦未嘗一相見每歲忌日輙齋戒終月每朔望日必躬詣塋拜掃年六十孝心純篤不以老而衰府志

李純智泰寧人由貢歷任通判善事二親敬兄如父居官有慈母之謡囊無餘貸首捄醮田復置田祀兄尤人所難也府志

劉台卿光澤人性孝極貧攻苦有志時年十八父忘

校注：①蔬

堅病瘵幾不起苦無醫劑潛夜禱天刲左股煮湯以食之病遂愈不數日母葉氏復病劇仍禱刲股以進母病亦愈萬曆辛丑補郡庠生府志

江繼瀾光澤人菽水奉親言無苟出少失母父復雙瞽奉之靡不遂意俗尚誦經父常越經堂會誦至暮瀾必負之而歸歷三十年如一日娶危氏三年歿遺男方二歲自撫養之授以舉子業署縣事蕭通判上其事按院劉賞銀褒嘉扁曰孝義閩書

張遇〇〇人幼年失父事母楊氏孝母病痁幾死醫莫效遇禱刲股煎藥服之遂愈未幾母足生人面

瘡痛入骨日夜叫號遇不知所出禱天期以身代仍封股和藥以進瘡卽瘥母壽七十餘

陶鉞邵武衛軍嘉靖三十九年流賊逼郡有武生楊永紹丁應機府吏聞奇過萬年橋賊追急鉞時爲銃手舉空銃向賊三人因得脫旣而伎窮爲賊毒殺有司命葬於西塔監以陣亡勇士陶鉞之墓府志

廖成賢字赤許建寧人少負氣誼重然諾遇事剛果直行歲壬寅學宮燬成賢倡義重新萬歷已未以貢謁選授和州州判有能聲陞靈川知縣丁內艱服闋補永淳縣縣固粵西之僻瘠地也民染徭俗

士不知學成賢以禮義誨人課士陋風大變而且虚心以决久滯之疑獄捐捧①以築水圮之城垣纍纍善政上下交譽考績時膺兩臺最舉病卒於官府志

危純中字守道邵武人英毅沉重言笑不苟人自不敢褻視旦喪父事母誠敬母死會純中應試省闈奔歸抱尸不舍流血號天滴水不入口者三日兄病溺穢俱不自主純中朝夕抱負湯藥親嘗歷數月未嘗倦兄嘗謂吾非弟早從地下遊矣弟兄同爨四十餘年無異心以書經領萬歷鄉薦司理瓊

校注：①俸

州執法不狥三載未嘗輕出入人罪瓊海事幾蝟集署篆持大體與民休息有激變生黎者純中撫諭之尋平服生平以至誠待人不輕然諾循法守正奏最擢夔州同知未幾以疾卒兄用中令大竹亦卒於官縣志

鄭可大字居業鳳孫萬歷間以選貢授惠來令爲政持大體先教後罰邑濱海難治大陳其弊獻六議民甚便之調停隆井鹽課查丁審引釐政遂不爲蠹歲大祲鳥船敗糴遏至可大嚴爲禁而發粟賑民歲不爲災林華封鄉白眼皆逋寇人莫敢誰何

可大生致之邑乃安堵他如城坊靖海之城建蓮亭
田二橋飭學宮新講堂皆捐俸經理不費民一錢
已而以郤賑故陰忤當道可大嘆曰吾不負百姓
足矣遂解組歸居林下風尚高雅絕跡不爲干謁
年五十九卒府志

張于屏字綏侯邵武人萬歷舉人遷葬祖父母五柩
殫心盡力戊辰列副榜後令金堂甫三日流寇猝
至于屏督鄉勇禦之寇獲其姪鴻業剮目剖心弗
顧也以援絕勢孤與久任城陷者同罪次子鴻儀
匍匐走數千里擊登聞鼓申父冤乃獲釋而歸府志

吳起龍字德溥邵武人幼聰敏篤學年十四補邑弟子員父一山以選貢入京廷試久絕音耗龍思親尋訪入都遍覓父匆得勞瘁哀慟至家成疾遇異僧施圭匕乃痊人以爲孝感所致尤善書楷草皆倣①王右軍筆意應萬歷末年貢詮部考選第一授江西上猶令居任清慎有渠賊以苞苴行餌起龍怒寘之法士人仰望其丰采焉歸林下督課子侄暇則詩酒自娛郡守魯史以總修郡志請龍與焉舉鄉飲大賓十次壽八十終續府志

鄭之賢字立宇邵武人言之孫也天姿靈異泰昌選

校注：①倣

貢授安鄉令初抵任凡里長馬户例有常餽約千金許賢曰陋規也卻除之永著爲令先是縣有驛馬四十匹悉派民間牧養供應往來無少休息民力疲甚之賢廉其狀改爲官牧民咸德之他如隆學校禁火耗懲輕生雪沉獄善績尤多會洞庭水溢邑中田禾盡沒民皆就食他方稅糧無徵之賢以已俸二百兩抵解因課不及額調北直栢鄉教諭尋罷歸府志

趙獻璧字畤輝泰寧庠生獻璧父好義貲產日落弱冠父喪書則坐肆爲賈以奉二母甘旨撫養二幼

弟夜則篝燈誦讀竭力盡瘁妻生子國祥僅半歲不得嫡母之歡心立出之私誓子成立當終身不娶設帳訓生徒貧者不責束修多方造就及門多顯者學宮不利首倡改建於邑治前文察復學田以贍寒士邑建文昌塔費貲無算議者難之獻璧力勸富室助之邑自改學建塔後科甲倍昔璧嘗斷居多也初嘗有訟者攜重賂請璧求關通璧峻拒之其生平廉介皆類此孝友行誼孚於鄉閭始終如一府志

蕭建寧泰寧人善事父母至老不倦有萊子舞斑之

風隣族中多爲感化府志

李明賢建寧人質性端謹母亡後卽斷葷茹素念父老且多病晨夕侍寢處有故外出雖丙夜必返及父歿遂於停柩之旁苫寢其側凡遇飲啖必肅容先獻如是者十九年直指李公賜以孝聲茂著扁額續志

朱國漢字爲章建寧人少孤事母以孝聞崇正甲申闖變狂走登故越王臺址北向號慟累日夜不休悉焚素業托於賈人以自晦歷吳越燕趙荆豫與僮僕傭僧共甘苦權子母所至遇古忠臣名賢祠

廟墟墓俯伏拜奠歌詩憑弔有騷人之遺意與同邑丁之賢有綏安二布衣詩鈔蕭山毛奇齡爲之序
榕陰詩話

丁之賢字德舉建寧人崇正時流寇起西北之賢挾策入都客南司空邸第欲獻書闕下言兵事會司空罷歸秦中挾之賢與俱書不果上之賢請於司空辦裝齎糧短衣疋馬循賀蘭山出長城訪求古戰壘畫沙聚米爲籌賊計謀甫合而李自成陷西安破潼關明社遂亡之賢念家有老母脫身南下有王將軍者建牙汀州聞之賢名招致幕下復稍

稍資給之贈之以婢生一子未幾王將軍調去之
賢偕婢僦屋城東桃花溪上以卒榕陰詩話

國朝

廖應龍泰寧人有母耄而瞽奉養唯謹順治九年游
兵破依口長關龍率弟負母前遁自執鈀蹕其後
兵將逼矣龍一人且卻且拒如是者久母得全府志

朱臺黃惠塗人耳義相結而爲賈兄臺而弟惠兄行
賈弟居貨兩人一甘苦出入弗籍盈縮弗稽迫貲
盈畝益則質劑書一姓掌握任一人且母家娣姒
雍睦臧獲趨事如一主後臺族有胥而盜庫鏹者

累臺償五百金惠取兩人公帑償之臺有子二惠子一迨析產欲以子爲率分而爲三臺欲以身爲率剖而爲二此亦近代之袁桃管鮑矣縣志

汀州府

唐

賴小大郎長汀人襲指揮以孝義聞在螺墩潭中獲金牛有司以聞部悉還之賴創金泉院仙隱觀金砂橋復置興賢莊田二百畝詳見古蹟府志

五代

甯伯泰寧化人父詳唐進士生子八人生相友愛約

葬同邱塚以聯同氣之誼子孫遂守遺命而葬之長伯泰次立次馴次强次郡次御次鄭次均皆以名繫伯其墓在縣之沙村　國朝副都御史鋐其裔孫也方望溪集

明

許浩志連城人以舉人爲同安教諭未任遇寇發率鄉人登冠豸寨協力保障衆賴生全府志

伍伯遜寧化人僑寓南昌與弟伯暘伯達同居數百口雍睦無間祭酒胡儼嘉歎之子恒從吳與弼學景泰間辟賢良以親老辭府志

雷稔清流人母卒值寇至舉家奔竄稔獨守母尸不去賊憐之不忍殺成化間歸化民葉永堅遺銀六十兩稔中子道拾之歸語稔稔命還永堅一無所取府志

童玘武平人正德間寇作以勇士應縣令劉璣募及璣被執玘率衆直抵賊壘格殺遇害同邑江環李賤生俞世旺同赴義死詔賜恤從祀璣廟府志

程仲武正德間賊經武平挺身赴難死之府志

曾軻寧化人有異術嘉靖中廣寇顧子傳突至軻率男婦百餘人屯北門山樹下賊至若無覩者知縣

神其事委之禦寇時賊乞食四出抄掠輒募壯士黎永達雷某二人設伏誘賊首子傳出擒之餘悉遁當事嘉永達勇欲辟爲中軍永達曰向者之役吾爲地方紓一時之急耳辭不就而輒亦病目旋卒府志

馬榮長汀人嘉靖中禦寇死焉子如龍亦以孝聞縣志

吳毓嘉長汀人性孝友繼母鍾氏目盲以舌舐之父因食榴卒見榴輒感泣不忍食生母賴氏柩被盜匿去毓嘉籲天披荊歷險獲歸安厝以歲貢授來安訓導陞湖口教諭歲饑所得俸悉分貧士空囊

而歸府志

林上元寧化人嘉靖間繼母爲寇所掠上元奮不顧身持鎗殺寇奪母而歸府志

張友信寧化人嘗於四門設義塚以瘞枯骸復捐租田煮茗修橋造舟設渡以濟行者府志

鄭廷惠長汀人時苗嘗爲累惠獨鬻已業以應嘉靖季寇亂兩弟被執捐金詣壘贖之更爲弟償貸贖產人皆服其義府志

胡汝橋字瑞虹長汀諸生性至孝母歿哀毀過情廬墓金斗山父得噎病閱四月父進一粥則已進一

粥父噎已亦痛不食父歿躃踊骨立而死縣志

詹恒高上杭諸生性孝友父商於外祖柩厝南岡洪水驟淩時恒高年十三即號哭倩人移柩柩出水已沒所厝矣居喪哀毀骨立有友某館永定病沒恒高經紀其喪輿櫬歸時分束脯贍其遺孤縣志

馬懋德長汀人山寇肆掠與姪乾分禦漁滄隘汀人恃以無患乾禦牛嶺隘失援遇害邑人祠祀之乾妻黃氏亦殉節死府志

邱雋字愼夫寧化人崇正辛未武進士授泉州守備淸介自守恩撫士卒有儒將風解組歸值田仰潰

卒至鄉人悞以爲寇强隽爲帥禦之兵未交而衆自潰隽遂遇害隽有戚屬吳維城奔救無及亦死之府志

張翼鵬寧化人任香山澳都司崇正中解紅彝銃至京兵部欲別差解往登州翼鵬自請往卒於難府志

國朝

李楷字有端長汀諸生康熙間歲屢祲咸出粟以賑復築鄭公陂人享其利府志

黃國舉連城諸生順治四年土寇據城被執迫撰僞示安民國舉大哭罵賊而死子拱高嘗捐五十金

代周世遠償債免其夫婦離異人咸義之府志

項惟祿連城人明末大饑惟祿施予糜粥以延殘喘又掩埋胔骼時流寇四起乃傾產募鄉勇捍禦幸獲保全縣志

藍楨字孕和武平諸生順治丙戌粵寇犯境楨募鄉勇守金雞大嶺隘賊不能攻圍解鄉民乏食出粟以賑子灝春有擒林耀湘功府志

項人龍連城人以太學生授潮州推官未任而明亡遂隱不仕順治戊子楊齊雲劫掠河源里人龍父時選禦寇陷於池人龍冒死赴水救父並遇害府志

林鸞上杭人順治丁酉舉人甲寅耿變僞將劉應麟威脅從逆不屈應麟怒械至汀州旋釋歸丙辰大師平復閩疆應麟兵遁鸞爲率衆據城不納邑人德之府志

盧光萬永定諸生當鼎革之際土寇延蔓官軍欲盡勦之光萬慮株及無辜率衆攻擒殄其渠魁餘悉平府志

蔣受俞正春子從正春擊賊於涯婆嶺殺獲最多康熙甲寅耿變拒僞劄弗受率衆立社爲守禦計後以援泉州功授守備府志

鄭永大永定監生事繼母撫異弟以孝友聞歲饑劉粟賑貸康熙間豁免錢糧有主七佃三之令永大復全蠲佃租以廣 皇仁府志

林捷春武平人年十四粵寇犯境將殺其父號泣請以身代賊憐而釋之母病目舐之復明人稱其孝府志

甯世守字衛天寧化人甲寅之變奉父母播越險阻以避志養無違父爲仇家所誣世守以身代質自寧抵府晝夜行二百里嘔血數升事得白而家以大乏親歿歲時祭祀常作孺子泣叔父歿於江右

諸孤藐爾亟遂櫬歸與父合葬焉家居新祠宇修譜系備祭器族之無後者書於牌定期以祭墳荒者甃石誌之子鳴高邑廩生醇質而善文以孫鋐贈中憲大夫副都御史蔡①世遠撰②誌

陰爕理字寅賓寧化人善事母時土寇竊發爕理上六議當事多用之後叛師訌變復捐金勵衆爲驅除寇懼而遁父母喪哀痛而死著有愼餘堂集府志

王名佐清流人當耿逆之變羣盜四起逼城郭名佐率鄉人與賊戰邑賴以安其子嬰死於陣府志

童偉清流人當耿變僞將劉應麟勒偉父受劉堅節

校注：①蔡　②撰

不屈脅以非刑偉出數千金賂之得脫康熙初臺洋鄭黨散掠郡邑時清揚①未設弁營偉爲母疾篤多出金粟募里中丁壯守濠壘闔邑得免於難父殁廬墓三年性樂施予荒祲賑恤不遺餘力乾隆

間旌府志

曾斌生清流人甲寅耿變斌父老渠被執銜圍輸貲請以身代賊感而並釋之後父患癰百療不效斌號泣禱天吮咀其毒而愈府志

童日鼎連城貢生父在浙爲人誣陷於獄鬻身以贖耿逆之變力拒僞職任壽寧訓導巡撫張伯行器

校注：①流

重之府志

李國蕙清流人少孤居喪盡禮值寇起男婦奔逸國蕙守棺不去賊欲火其居力拒之刀傷左臂猶罵賊不休賊亦感動不復舉火及葬築廬墓側日歸奉母夜出守墳里黨欽之府志

蕭士魁長汀人康熙丙辰寇變奉母挈兒走避至中途母踵蹶不能進士魁棄兒道旁負母疾奔後兒爲族人所獲卒完聚焉府志

李夢烈武平人事父母鷄初鳴即入問安父病目以舌舐而愈母又患痢朝夕服勞以手承穢疾尋僉①

校注：①愈

爲人樂施與借貲以贖人妻鬻產以救客子同里

李嵛周文美鍾國安亦以孝聞

鄧星弁清流人品端行篤父早歿哀毁盡禮蹕墓草屨易哀念不忘康熙雍正間二次以粟賑饑全活無算

童廷瑞連城人負母避寇賊欲害母泣曰若獨無母忍加害也卒釋之隣人吳七弗順於母一日與廷瑞同行迅雷震吳斃仆瑞獨無恙吳亦感化同邑羅起彰亦負母入山遇賊哀求得免嘗殮埋舟溺七尸人咸義之府志

羅承綰長汀監生家貧備極色養每奔走數百里獲時鮮必歸以跪奉老親親歿哀毀一如古禮骨肉極友愛三世一門不忍異産凡掩骼埋齒修葺橋路弗可悉紀府志

羅爾鵬連城監生兄某死蜀爾鵬爲萬里奔喪路爲苗掠幾死者數泣以情告苗亦義釋之府志

謝世重連城監生幼孤事母以孝母患背疽百療不痊世重以口吮毒日備號泣及歿哀毀失血友愛其兄推廬讓産自取其薄瘠者大吏旌之府志

周朝聘字公尹長汀太學生恪敦本行事繼母四俱

能得其歡心兄死代撫遺腹孤姪大又撫其四孤俾克成立里閈以孝友稱制府表其閭以倡修文廟請入祀功祠府志

余若琮日煌子連城人自祖廷褒與伯祖廷謨兄弟友愛世傳孝友若琮嘗隨父舟行至九龍灘灘險舟壞父溺琮冒險救父值寇亂盜欲傷其母哀慟呼籲賊憐而釋之昆弟數世同爨人稱義門乾隆間旌之府志

謝朝膺寧化人幼孤苦能力孝養逆藩之叛舉家避村落中募鄉勇起團練自成壁壘賊不敢窺丁巳

王師靖閩流民失業朝庸毀家輯之又捐創祖祠置祀田尚義好施歲祲民饑多設糜粥以賑當事旌其門府志

周天鼎字禹成連城監生性恬淡喜施與人有宿負不能償輙折券還之橫逆之來犯而不校詩泒宗阮陶課子弟奉朱子家訓爲式弟夭撫姪如己子人比田眞姜肱云府志

鄭維崑長汀人恂恂長者父母俱染瘋疾維崑日夕祈禱歷十餘年如一日康熙丙戌洪水作父喪七日柩爲浪所泊維崑創呼號天柩以逆流返入舍

人稱孝感所致雍正間祀忠孝祠府志

曾鍈字叔啓弱冠游庠留心經濟之學惠施鄉里備竭心力郡有壽山橋萬行橋山水發無期鍈作二石梁人不病涉康熙中海寇猖獗軍民乏食郡守舉鍈運糧協濟軍民賴以全活府志

黃文裡字雲章上杭人五歲父殁哭泣盡哀七歲就外塾同館有送瓜者分食之文裡受瓜不食日留以奉母年十三營父葬事而雨不止文裡號泣呼天俄而雨散日出僉謂孝感母病床蓐三載躬親易燥濕日夜不離側及卒哀毀如癡年七十四夢

母召即預知死期焚香拜天地祖宗端坐而逝同時有孝子數人薛桂奇侍母病累月夜不解帶及歿負土成墳溫濟早失怙授經至蓼莪章輒流涕思父而事母益孝陳鸞事繼母如所生父歿喪葬獨任之遺貲悉讓兩兄又捐千金建宗祠劉翥鳳負米養親貿易得贏與弟均分薛人驤不仕奉親出入必告必面林成耀父母雙盲入挾出負朝夕祈禱親目復明有司俱旌焉縣志

任惠民淸流人父歿五月始生家貧力穡以奉菽水時痛父歿血淚交迸母死呼搶肝腸碎裂而卒府志

曾篤周清流人孝事嫡母母病禱求減算延母壽果愈及歿慟觸屋柱絶而復蘇每讀父書執母器悲啼不已同邑鄒時翊善養親周急並稱孝義府志

張雯錦連城庠生事親孝親病侍疾罔懈及卒二載泣血未嘗見齒友愛昆弟五世同居縣志

張孝瑞連城人家貧力田養親時值寇變負母避山中涉險百里外力作以供饘粥父渡溪溺孝瑞援而出之父虞後涉者遂築橋以成父志同里童蘭盛桐瑊力耕奉親以孝弟聞縣志

鍾振春武平人幼喪父哀毀備至事母孝母病躬親

厠牏穢褻之事母目疾朝夕舌舐之兩目復明縣冊

伍立觀寧化人年十一失怙事母盡孝母患喘立觀朝夕侍羹湯藥餌必親奉不以委妻孥歷五年不懈及母卒絕粒四日三年不飲酒食肉縣冊

傅維清字斯漣上杭人居父喪盡哀水漿不入口母歿哀痛至失明服闋目復明里有浮糧百餘石民苦無償維清痛言其患陳情辭免里人賴之縣冊

鄒元振清流人幼失父奉母曲意承歡耄年猶侍膝前作嬰兒狀及歿盡哀遇諱日哀慕如新喪縣冊

伍奏旋寧化人性孝友尚義鄉里有木橋遇水輒圮

行者病之奏旌欲易以石不果疾革遺命繼妻雷氏與其子士雋士宣士官等即於雍正十三年鳩工至乾隆四年而工竣更名安寧橋費四千金有奇十一年奏旌祀忠義孝悌祠士雋士宣俱議敘府志

雷在雲字瑞熊寧化人幼讀書後服賈客遊楚粵歲必歸省嘗適漢口道拾遺金在雲持以待至晚有客來泣告在雲還之客欲分不受問姓名弗告亦不問客姓氏其外舅馬某無嗣欲以產之半爲義莊半予在雲在雲不可爲之覓妾强勸其納之後

生子麟入太學時父母年高遂歸奉養及喪哀毀盡禮兄胥庠生宴甚在雲贍之待弟亦然年五十八卒族叔鉉爲志墓稱其有士君子之行子維觀歲貢維泰乾隆癸酉舉人孫兆乾諸生雷鉉撰墓志

雷崇禮寧化人幼嗜學康熙六十一年偕父應郡試父卧病旅舍旣入闈城中火起崇禮踰垣出冒烟焰負父出手足焦裂嘔血不可止人欲以孝行聞當事崇禮止之曰事父母能竭其力分也豈邀名乎後父歿廬墓六年又性樂施子節館金以惠急難嘗於黃泥舖拾連城黃世瑞遺金五封候至晚

還之府志

廖孝翹永定人侍奉父母雖處窮約而洗腆必豐母病喪明以舌舐之六年浣滌躬親舉動必循禮法雍正三年詔旌其孝府志

羅其豐清流人時曹天貴寇掠父被執其豐隨父往書交號哭賊義之而歸其父次年陳贇復寇禁土堡爲一鄉守禦計丙午歲飢煮糜以飼餓者府志

湯聖球清流人年十六先怙家貧祖母老而思子聖球奉養起居親扶掖之及卒殯殮盡禮連遭喪故家無儋石遂棄儒而賈供母菽水晨昏定省無怠

父殁時弟甫生四月乏乳聖球日抱弟丐哺隣家稍長督就外傅謀婚娶至老共爨而食無間言又善撫弱妹及笄擇配歸之母寢疾籲天求減算以延母壽卒不可救聖球絶粒號呼母殁半月而聖球亦逝人稱爲死孝云縣志

巫天嵋字眉山清流貢生性至孝五歲喪母泣不欲生父死廬墓五年著哀哀吟孺慕藏稿五經要畧漁滄廟志香遠堂集府志

馬履序字彬然長汀廪生孝友樂善康熙戊子歲祲出官畲莊積穀以賑饑耿逆之變負父逃蕭屋山

募鄉勇爲守禦計乃免於患鄉人德之從祀忠孝祠孫在時字躍宜邑增生還潮州黃饒用遺金八十四兩乾隆中　旌表邑令方暨讀作傳府志

監生戴家基長汀縣孝子乾隆間　旌縣冊

福寧府

元

陳預九福安人有勇力至正十三年政和穆洋康二得謀逆劫預九以僞爵脅之馳歸自縊邑人重其義府志

明

高頤字應昌福安人性至孝親歿廬墓三年嘗教鄉校日暇輒至墓拜哭洪武初舉孝廉上曰何爲孝對曰臣不能孝惟生事葬祭不敢違禮又問何爲廉對曰讀書修身雖貧不苟取而已又問所讀何書對曰勉讀經書但媿未明以稱旨授海鹽令卒於官祀鄉賢（舊州志）

阮貢福安人三歲孤母卓氏甘貧守志貢竭力事之母病湯藥必先嘗目不交睫者數月籲天減壽延母母八十卒水漿不入寢苫枕塊烏啼集其屋既葬刻木爲像事之如生親有遺髮寶藏不怠（府志）

蔣文臺字彦高霞浦人侃諤不阿愼取與人有不給周之宏治初御史宗彜按部令舉善行三人文臺與杜子新俞棫榜旌善亭以示勸府志

林琦字宗韓霞浦人思齊子性純孝母病侍湯藥衣不解帶逾月趾腐緣母病遂通醫業活鄉里甚衆舉鄉試知高淳縣平易近人民有病與藥輒痊遠近德之閩書

陳膏字希和霞浦人積學能文渾樸若椎魯蚤孤孝事母母多病躬侍晨昏自衣服飲膳櫛髮盥洗至牏厠必親之及老兒婦請代弗許母九十四終服

勞數十年如一日壽年八十府志

周大賢霞浦人在妊三月父亡成童依母不少離夜
祈天祝母家籍隸戎戍海上明發哀思淚漬枕席
當道聶公豹憐爲脫籍白其母節而旌之知州史
起欽嘉其孝府志

繆邦棘字良卿福安人少負奇氣能文章試輒冠軍
與人交規過不倦父疾革乞以身代執喪哀毀骨
立奉母温凊備至督學旌其孝友年三十五卒著
有藤囊草府志

吳德茂壽寧人孝友而勇於有爲父母喪廬墓三年

歲饑顛連無告者賑之貧乏無償者焚其券縣尹旌其墓府志

張子成霞浦人性好義有友人將鬻子完徵代之輸並取其稻百餘石慰而釋之時稱長者府志

柳必用壽寧人父瞽必用以舌舐歲餘目重明壽至八十母痼疾三年嘗糞告母復延年撫弟姪皆出至性天啓七年邑令周申表曰孝行可風府志

湯農寧德人赤貧養母母七十病劇思瓜時冬月無瓜遠至霍童山朱姓得一瓜重價購回奉母疾遂愈府志

鄭滌字自新寧德人承順悅親父疾篤祈天減年爲親壽親歿廬墓數年晨昏號泣聞者墜淚縣志

劉泗福安人少孤患瘋攣母吳氏相依爲命長娶於薛婚兩月母卒號泣仆地絶而復甦者數次葬其母於磐石晨夕詣哭烈風甚雨望墳大慟聞者傷之著有種德集卒祀孝子祠府志

陳三達字智夫福安人母疽背割肉敷之愈又病亟三達號天減算以延母壽割股和藥進之疾瘳與

國朝

郭大順孝友並著云舊州志

陳端硯性剛直膂力過人與林允忠服賈耿逆爲亂陷賊中誘以僞爵不屈駡賊死府志

危必昌霞浦貢生性孝友兄弟三人同爨無私財樂施不倦値歲飢秉燭夜坐周給貧乏不問姓名子姪與梅與樞孫祐啓俱登賢書議者以爲善報府志

游璠字友玉霞浦人性孝友事父母能得歡心兄璦早故嫂常疾遺姪七人俱幼璠時方壯無子與妻林氏撫兄孤如已子各爲婚娶後以兄子庠生煒爲嗣姪烱爀俱登賢書府志

吳上省字若曾壽寧人性友愛有弟自耗其家不能

婚娶仍給其貧乏又折屋開通水道入泮池工楷書通易理精於卜筮賑恤尤多舉賓筵卒年八十六邑令趙廷璣旌其門府志

陳大煜字元昭福鼎庠生性友愛少孤事兄至敬好施與有貧而貸者不能還則焚其券鄉有兄弟爭産不決煜平之夜歸中途鬼爲持火與兄元章俱年八十餘府志

左天墉字御青寧德人家貧砥行風雅多才精書法領康熙丙子鄉薦少孤依於祖母孝養承順祖母疾躬治溺器侍湯藥衣不解帶及歿哀毀骨立喪

葬如禮未仕而卒府志

王鳳翔字紫庭福鼎庠生減糶賑饑捐置學田急公尚義事親不離左右凡飲食几杖必親進父疾湯藥必親嘗及歿哀毀骨立至老與親友道及輒欷歔流涕府志

鄭世源字伯澄福安人幼知大義母病篤世源刲股和藥飲而愈弟世派字伯裔隨兄徙居康園世源嘗爲虎所搏世派奔救虎遂逸人謂二難府志

葉亞字希元壽寧廩生少孤事母至孝家貧力田供母年七十五奉侍不離左右有疾數月衣不解帶

母歿哀毀卒府志

范孚字伯尹壽寧人性孝母病禱以身代刲股以進至誠所感不藥自瘳逾年父卒家貧負土以葬力竭而卒士論哀之府志

范光瑛字常修壽寧人事親孝處兄弟無間言掌教義塾從者甚衆徵儒學不就八十餘歲清操如一同時柳攀龍亦以孝友聞府志

游鳳儀字儀韶州庠生以孫烱貴封文林郎早孤事寡母以孝聞篤友恭盡以腴田讓兄母卒喪葬盡禮伯氏中落鳳儀復爲之殯葬修郡學及橋亭道

路靡不率先倡捐府志

楊勉字及修郡庠生性孝友養親承志弟兄四人及子孫四世共爨將滿五十口內外無間言凡一錢一帛不私於室婚姻喪葬祭祀飲食分給有常數一門肅雍縣令藍應襲旌其門曰孝友兼全府志

臺灣府

國朝

吳振生臺灣人勇於爲善邑治十字街爲郡城通衢振生出貲悉砌以石行人便之次子有聲康熙壬午武舉縣志

傅夢弼字帝簡臺灣人髫齡餼於庠家酷貧常減飧以贍其母母病卜不吉夢弼禱於神求以身代凡七日母痊而夢弼病卒縣志

黃國英字遜卿臺灣貢生淡水都司會榮子少好施予戚屬貧乏者月給銀米以贍之北路鹽水港淤塞舟楫難通國英捐已業龍溝潭莊西糠榔墘截其半復出千金別濬一港遠近載貨之舟賴以抵府仍增置營房請於總鎮王郡撥兵防守尋以州同卽用卒於漳縣志

侯瑞珍臺灣人性淳厚少孤善事節母門庭無間言

毋歿時瑞珍年六十六矣廬墓終喪七十四卒縣志

施世榜字文標臺灣拔貢性好施閭黨姻族多所周恤建敬聖樓於大南門外募修以拾字紙由壽寧教諭授兵馬司副指揮令長子貢生士安捐資修葺鳳山學宮又置田千畝充海東書院膏火令第五子拔貢生士膺捐社倉穀千石皆其義行也縣志

陳鵬南字雲垂臺灣人篤志力行與兄安國定國柱國四世同居百餘口莫不敦睦司訓連江除陋規勤考課與諸生論文尤以實踐爲諄諄乾隆二年連邑風災 文廟倒塌殆盡鵬南傾橐修建又採

買穀石平糶貧士及開河輸銀制撫上其事　詔加一級府志

曾潛龍臺灣人少失怙母房氏食貧守節潛龍事母至孝篤友于之誼與物無忤至於葺祠宇橋梁及親串婚喪緩急無不盡力人感其惠子日輝監生縣冊

林爲棟臺灣人性孝友篤於家庭和於里閭恤孤慈幼一鄉稱其孝弟縣冊

林公業字永秀臺灣人孝事父母於昆弟友愛性好義問①里有不平者咸質成之排難解紛無不服其

校注：①閭

忠而懷其惠者縣冊

涂應球字桐君鳳山人性耿介尚氣節巡撫張伯行以孝廉方正舉不赴後朱一貴亂南路賊郭傳募使畫策應球不可强迫之則紿曰明蚤往歸即挈家夜遁募者不獲焚其廬亂平掌教書院十餘年卒縣冊

卓夢采字衍夫朱一貴募致之夢采曰不善不入昔有明訓辭不起强之再三虞其不免挈家遁鼓山深處吟咏自娛散其資以給戚屬隣里戒曰寧餓死無從賊一鄉皆化爲善良

劉魁才原籍廣東後家臺灣朱一貴爲逆魁才率義民李直三殺賊有功授外委雍正十年大甲番作梗圾知縣陳同善魁才奮勇擊賊脫同善之危時陣亡者陳第五富陳純臺灣人林相國黃國軒黃彩揚龍溪人張保南靖人陳榮漳浦人李壯詔安人黃德惠安人黃自達黃啓熊陽邦連徐如旺廣東人曾良漢曾維光巫鳳正程鄉人洪旺南安人蕭燕童法同安人鄭瑜永春人趙會鄭五陝西人黃開湖廣人余丙候官人後魁才從總兵呂瑞麟於大肚溪北征番番突至縱殺陳亡是年提督王

郡征大甲西兇番義民周宗盛古旺成陳正學等充鄉導九月乘勝鋭入由大甲西歷溪登大坪山宗盛等與賊對壘戰死之縣冊

張從政字達夫臺灣人事母盡孝乾隆五年分修郡志著有剛齋詩文子岳丙辰舉人縣志

永春州

宋

張興渭德化人母病百藥弗痊興渭籲天刲肝以進母病立愈閩書

鄭師孟字醇仲德化人操履純端窓几閒①書聖賢格

校注：①間

言以自警三世同居睦族賙鄰事親教子咸可師法閩書

明

陳嘉謨字思復永春人嘉靖中貢生廷試第一授道州學正調均州陞國子監學錄不就居家讓產伯氏有孝友聲掌教二州時捐俸賑饑修學時稱君子舊邑志

李陽初永春人謙謹若不勝衣幼孤事繼母至孝母歿哭之傷肺病哮終身好施予尤急其族人爲續一鬻子而婚之嘗建啓聖祠立義田築陂以資鄉

粼灌溉閩書續邑志

王廷鉞德化諸生有陰德活人於死者姢三聘以孝稱母病割股病旋愈閩書

涂洪三德化人有勇畧嘉靖初汀漳盜猖獗莫禦各縣督兵會勦賊奔邑之小尤中團逍入民黄舜大家洪三度其當夜走獨持短兵伺於要路盡殲之以功授指揮縣志

顔鉅卿永春人時謝愛夫來寇鉅卿佐訓導呂嶽竭力守禦寇退築城有功復置義塚以瘞遺骸人欽其義纂續邑志

曾滙德化諸生邑民耕屯田者爲泉郡豪幹所虐滙貲助佃民周龍珪寃十六等叩閽事下各佃歲省浮費數千石滙前後費千金龍珪瀕死獲免而十六竟爲勢豪所害縣志

陳倫大田人自始祖壽山至倫凡六世同居共爨長幼雍睦舊通志

陳輝世大田諸生遭喪遇寇出父柩於鋒鏑之下又嘗遇災出母於烈火天爲反風育弟恤鄰名多里閈延平府志

魏光輝字有本大田人鄧茂七亂與蔣伯良結砦捍

衛以吏任龍泉主簿值歲饑賑恤有方大田縣志

陳誠大田人值鄧茂七亂誠與兄忠率義兵三千擒賊將余寶斬首數百忠亦以孝友聞大田縣志

國朝

劉鋌字式侯德化人順治己未隨父僑居大田父爲賊所虜鋌傾家集鄉勇三百餘人攻賊竟出其父德化縣志

謝猶龍字飈儒德化諸生性孝友服賈所得與兄弟共之二兄歿撫諸姪子姓數百指不析箸仲兄子虜於賊猶龍求以身代賊義釋之順治末遷民流

離傾貲以賑多所全活子青鍾康熙壬子舉人知瑞安縣有善政著有越山十輩怪齋史談詩詞文集德化縣志

溫榮三大田人　國初寇作榮三與戰死焉時同被難者有楊連五林聯四張正元林阿相吳子華樂阿蒼林爾英曹景二陳永三葉紹薇章標九饒別我吳春榮田阿貞葉三品林阿先張顯忠鄭思高蔡子星陳宗興陳我宇劉阿壽二十二人府志

李緣字儲奎德化人康熙初寓邵武甲寅之亂邵武令某為賊所脅緣力護之致芻米贍其家總兵樂

燦招安復叛將盡殲萬年寨二百七十餘人祿奔救得免德化縣志

張祥斯大田人性至孝康熙間父永吉有罪當刑祥斯號泣請代有司察其誠爲諭減父得不死州志

徐士萬字咸甫德化人值海寇索餉徐姓叔姪四人士萬獨往拷掠無完膚僞縣令某誘之曰呼爾叔出吾免爾士萬佯諾而密令諸叔遠遁越日某怪其不至士萬厲聲曰某已在網中安可令諸叔同入死地乎我但有死耳某嘆其義遣之德化縣志

王業焕字韜光德化人慷慨好施嘗焚券於雲龍橋

賊陷縣城東門磨石嶺屍相枕藉業熯容荷畚往埋數日屍腐難近有告賊使收業熯者業熯笑曰死者有靈吾知免矣德化縣志

鄭振郁德化人甲寅山海嘯聚捐貲集鄉勇捍衛有劉姓者爲仇人所縛乘亂將殺之振郁持百金以贖又有泉郡人見擄於賊聞振郁好施詭稱有銀寄振郁家賊令往取值振郁外出妻如數與之得不死振郁歸知其僞而不問人尤爲其義德化縣志

郭于暹大田諸生康熙甲寅于暹率鄉勇爲守禦討僞將攻之不克乃退鄉里獲安州志

鄭啓岐字用山永春人夙尚氣節歲祲出粟賑民至鬻田買米邑有相讐者欲因死爲利啓岐力勸得解孫夢馨任武宣令贈如其官州志

尤元會字禮侯永春人嘗葺學宮新城隍廟造永安種德二橋修州東南至五通格西北至虎豹關孔道百餘里雍正丙午歲饑出粟二千餘石賑之乙卯大水復捐貲周䘏當道旌其廬子錫觀臨清知州錫蘭貢生有父風纂續邑志

龍巖州

明

陳雍漳平人宣德初以歲貢入監除户部陝西司主事陞本部員外郎卒於官雍天性孝友居母楊氏喪哀慼盡禮已田讓與其兄子從弟貧不能婚捐貲助之邦人欽其德讓閩書

柯潤龍巖人事繼母以孝聞幼失恃遭亂忘母棺埋所朝夕哀號求之不得忽有異人指其處而獲焉葬以爲異以子元伯貴贈東陽知縣州志

張秀岐漳平人嘗爲鄉練總從知縣魏文瑞勦賊文瑞遇害當事律以失護之罪責令勦賊贖死秀岐奮不顧身率衆直抵賊巢示以單弱誘賊首楊一

出戰擒之剮以祭文瑞事聞授千總舊漳平志

陳原吉漳平人性至孝親歿既葬結廬墓側悲號三年將歸有山人指其墓左曰此吉壤也及已歿遂葬焉其後裔果貴顯人稱孝感墓州志

陳思齊字效卿漳平廩生事父母盡孝既歿哀毀踰禮鬚髮盡白又負土石營塚常有甘露降靈芝生結廬墓側弗忍去遂家焉服闋應貢以祿養弗逮辭鄉人稱曰陳孝子州志

鄧邦佐龍巖人素行淳樸會母病篤禱於神夜夢神告以割股肉餤之可愈遂如其言以進母病果愈

州志

國朝

邱翹燃字穀之龍巖人好義樂施會龍津橋圮編木橋以濟民咸賴之歲久復圮順治丁酉知縣王有容與建石橋翹燃捐金倡助橋賴以成州志

倪著字太微龍巖庠生尚義俠嘗嚼指血作書勸族人重建祖祠見貧不能殮者輙施以棺又爲里中請豁夫役里人立碑記之順治乙未寇警倡捐輸餉按君學使義之均匾旌焉州志

楊範字衍洛龍巖人弱冠首拔郡庠後隨父往漳應

試遇山寇夜刼其父去範乃盡變產業借兵壯爲
援親入賊營贖父歸逮耿逆叛督師姚啓聖延入
幕府參機密欲授以武職辭乃委任漳郡訓導教
士有方所賞識皆成大器州志

曹光伯寧洋人康熙甲寅寇入城居民驚走光伯父
有足疾不能避遣光伯謀自存光伯守父不去遂
被執寇詢而義之戒勿殺並得免時光伯年甫十
七耳至父母生事死葬俱能承志盡禮撫兄弟子
如巳子人稱孝友州志

石介木龍巖人少孤隨母醮於楊繼父楊聰美失足

墮水介木郎赴水救甫趯及父身灘高水溜順流下遂同死續傳

陳天達字可行漳平縣學生少孤窶甚授徒自給爲弟姊婚嫁康熙庚戌成進士時年五十九矣甲寅耿變携家入山與其子講明經義耿脅之任不應幾得禍丁巳恢復總督姚公啓聖爲天達同年友將特疏薦之天達以老病固辭日與親友子弟講學課文年九十猶手不釋卷與人推誠相與一無所飾但非禮不可犯親知顯貴不輕問遺非公事未嘗一至郡縣卒年九十二州志

倪元俊字豈凡龍巖監生性樂善巖之南爲往漳大道嶺路崎嶇遇雨泥濘行人多躓元俊傾囊金自盂頭至嶺頂袤十餘里悉甃以石建亭於牛嶺以憩焉其他助修橋梁道路賑饑恤貧不勝枚舉續傳

吳卓字濬原寧洋學生弱冠失怙事祖母孝仲弟珏早逝其婦張氏少寡守孤卓爲衣食訓誨得成立全節凡宗族姻婭有急無不周恤雖耗家弗顧也龍巖陞州後搬建學署文場修學宮重建明倫堂築城隄諸大役皆力董之寒暑靡間者三載積勞成疾而卒續傳